USERS .code

TÍTULO:	IMPLEMENTACION Y DEBUGGING
AUTOR:	Dante Cantone
COLECCIÓN:	Manuales USERS
FORMATO:	17 x 24 cm
PÁGINAS:	320

Cantone, Dante
Implementación y debugging - 1a ed. - Buenos Aires : Gradi S.A., 2006.
v. 97, 320 p. ; 24x19 cm.

ISBN 987-22995-7-9
ISBN 978-987-22995-7-6

1. Informática. I. Título
CDD 004.1

PRÓLOGO

En el primer capítulo de su famoso libro *Análisis y Diseño Orientado a Objetos*, Grady Booch describe una situación en donde un médico, un ingeniero civil y un profesional de la informática discuten acerca de cuál sería la profesión más antigua del mundo. Más allá de la suspicacia con la que el lector tomaría la pregunta, en aquel intercambio la discusión tomó otros carriles más filosóficos: el médico expresó que Dios creó a Eva a partir de una costilla del hombre, por lo que requirió la primera cirugía; el ingeniero civil replicó que Dios creó el orden a partir del caos aun antes de que la tierra hubiera sido creada –la primera aplicación de la ingeniería civil–; el profesional de la informática, que hasta ese momento había permanecido callado y observando, dijo: "Pero bueno, ¿quién pensáis que creó el caos?".

Esta última contestación reflejaba claramente la situación por la que el sector estaba pasando, cuando el Análisis y el Diseño Orientado a Objetos irrumpió ante la necesidad de dar una respuesta al caos existente.

Dante Cantone nos abre la puerta de ese nuevo mundo en donde el caos no tiene lugar, fundamentándonos que para encarar cualquier proyecto de software lo primero que necesitamos adoptar es una metodología.

¿Por qué una metodología? Todo tiene una razón. El libro no sólo expresa claramente este punto, sino que, además, nos muestra las distintas etapas y los puntos en los que enfatiza cada una de ellas, por supuesto, haciendo una necesaria retrospectiva para mostrarnos la evolución de esta temática hasta nuestros días.

La manera de escribir el código y los comentarios, cómo documentar, la forma de tomar conocimiento de la configuración de hardware y cómo optimizar nuestro software, la ausencia de ambigüedades, el debugging, las bases de datos y su estructura, todos son temas relevantes en este libro, y por eso se le dedicó un capítulo a cada uno; por supuesto, tampoco se descuidó la mejor manera de resguardar los datos y los programas. Pues, entonces, los invito a ingresar en este mundo, donde, obviamente, no cabe preguntar si esto puede hacerse, sino ¿cuál es la mejor manera de hacerlo?

Jorge Augusto Tuzi
IT / Specialist
IBM Argentina

EL LIBRO DE UN VISTAZO

Abordaremos dos etapas del ciclo de vida de un software: la implementación de un proyecto y su debugging. Explicaremos los modelos que nos ayudarán a conseguir el producto o servicio final, para luego saber cómo llevar a cabo la implementación: se tendrán en cuenta criterios y pruebas que nos aseguren que el producto final tendrá aceptación. En cuanto a la implementación, se detallan las claves para que la codificación de nuestra aplicación sea exitosa y así obtener código de calidad. Sobre debugging se explican modelos, técnicas y criterios para obtener un producto sin errores.

Capítulo 1
CICLO DE VIDA DE UNA APLICACIÓN

Explicaremos los motivos y la necesidad de seguir una metodología para crear un producto de software, veremos algunas definiciones, y haremos una reseña enumerativa y explicativa de algunos modelos de ciclo de vida: sus ventajas y desventajas.

Capítulo 2
IMPLEMENTACIÓN DE UN ALGORITMO

Daremos pautas para seguir cuando se comienza con la codificación de una aplicación, consejos de cómo escribir código, convenciones que se impusieron con el tiempo y estándares aceptados por la mayoría de la comunidad desarrolladora.

Capítulo 3
VELOCIDAD

Veremos cómo trabaja la CPU, los distintos tipos de memoria y cómo influyen en la performance de nuestra aplicación. Porque hay algoritmos que utilizan más memoria y otros que requieren más tiempo de procesamiento.

Capítulo 4
INTEGRIDAD DE DATOS

Definiremos la integridad de los datos que componen el conjunto de una aplicación.

Repasaremos una a una las diferentes cualidades que puede poseer un producto de software, la importancia y relevancia de cada una de ellas.

Capítulo 5
ESPACIO EN DISCO

Indicaremos qué hacer cuando manejamos grandes volúmenes de información, o cuando el espacio en disco es un recurso por economizar. Cuándo debemos optar por gestionar la información fuera del disco, y cuándo y cómo podemos comprimirla.

Capítulo 6
DEBUGGING

Explicaremos la necesidad de un proceso de depuración y por qué es necesario sistematizarlo. Veremos los modelos, las técnicas más utilizadas y los criterios de los cuales disponemos para conseguir un producto final sin errores.

Capítulo 7
BASES DE DATOS

Veremos los puntos que podemos optimizar cuando nuestra aplicación administra una base de datos. Cómo diseñar una estructura eficiente y fiable, cómo mejorar su eficiencia, su velocidad de actualización y respuesta. Todas las claves para administrarla.

Capítulo 8

AMIGABILIDAD

Definiremos algunos conceptos sobre la amigabilidad y usabilidad de aplicaciones. La relevancia en nuestros desarrollos, su importancia, y los procesos que intervienen en esta cualidad. También explicaremos cómo testear y probar una cualidad tan subjetiva.

Apéndice A

EL LENGUAJE C#

En este apéndice veremos una pequeña introducción al lenguaje C#: su sintaxis, semántica y palabras reservadas. Una explicación necesaria para aquellos que desconocen la sintaxis de este lenguaje tan difundido por Microsoft, y en el cual se han realizado los ejemplos de este libro.

Apéndice B

EL LENGUAJE SQL

Veremos los comandos más utilizados para que aquellos que desconocen el lenguaje SQL; de esta manera, podrán comprender los ejemplos del capítulo 7 referentes a bases de datos.

Apéndice C

DOCUMENTACIÓN EN C#

Uno de los pilares de un desarrollo prolijo es la documentación. Veremos las facilidades que nos otorga el compilador de C#.

Apéndice D

SERVICIOS AL LECTOR

Hemos escogido los sitios más interesantes. En ellos encontraremos información adicional que nos resultará de importancia en temas relacionados al desarrollo.

! INFORMACIÓN COMPLEMENTARIA

A lo largo de este manual encontrará una serie de recuadros que le brindarán información complementaria: curiosidades, trucos, ideas y consejos sobre los temas tratados.
Cada recuadro está identificado con uno de los siguientes iconos:

 CURIOSIDADES E IDEAS
 ATENCIÓN
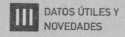 DATOS ÚTILES Y NOVEDADES
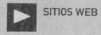 SITIOS WEB

UNA NUEVA DIMENSIÓN
EN LIBROS

TUTORIALES

Aquí encontrará diferentes tutoriales en video relacionados con el libro. Sólo deberá hacer un clic en Ver Tutorial para bajar el video a su PC.

GUÍA

Una completa guía con sitios web, para acceder a más información y recursos útiles que le permitirán profundizar sus conocimientos.

SOFTWARE

Las mejores aplicaciones y herramientas accesorias, ejemplos y listados del libro para que no tenga que invertir su tiempo en transcribirlos.

OnWeb, el sitio que le permitirá aprovechar al máximo cada uno de nuestros libros, con contenido exclusivo: la mejor selección de software y los ejemplos analizados en el texto, tutoriales en video y una completa guía de sitios de Internet. > Además, un foro a través del cual podrá realizar interconsultas con otros lectores y usuarios, debatir con ellos y estar en contacto con la editorial. Como siempre, **MP Ediciones**, a la vanguardia en la divulgación de la tecnología.

BIENVENIDO A LOS SERVICIOS EXCLUSIVOS DE ONWEB:

Ingrese al sitio **usershop.mpediciones.com**. La primera vez que acceda, deberá registrarse con un nombre de usuario y una clave. Para completar el proceso de registro, se le hará una pregunta referida al libro y se le solicitarán sus datos personales.

USERSHOP.MPEDICIONES.COM

CONTENIDO

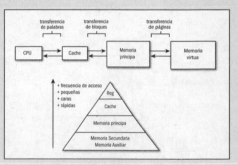

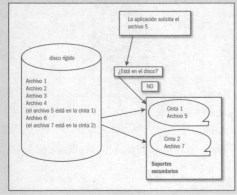

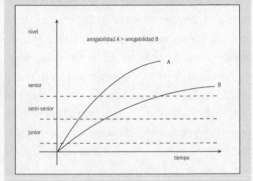

Apéndice A

Apéndice B

Apéndice C

Apéndice D

INTRODUCCIÓN

Todo proyecto para desarrollar una aplicación está sujeto a un proceso que comprende un conjunto de actividades. Algunas de estas actividades pueden agruparse en etapas que facilitan la gestión del proyecto; el conjunto de estas etapas se denomina **ciclo de vida**.

Suele suceder que en muchos casos no se sigue al pie de la letra estas etapas, o se elige un modelo equivocado. Así, se logra que la aplicación obtenida funcione **de milagro**, o tal vez que la puesta en producción demore más de lo esperado. Aunque también existen casos en los que, aun guiándose por el ciclo de vida correcto y respetando todas y cada una de sus etapas, la aplicación obtenida no es del todo satisfactoria (por velocidad, robustez, facilidad de uso, etc.). Entonces, hay que replantearse las etapas del proceso y, muchas veces, refactorizar la aplicación para obtener la cualidad que no tuvo en su génesis, y que en el **90%** de los casos no la tendrá. Y, si la legibilidad del código es precaria, la tarea que se debe llevar adelante será muy fastidiosa.

Estos obstáculos no se deben a que ha fallado el modelo ejecutivo del ciclo de vida, ni a las herramientas elegidas; y hay veces en que ni siquiera se puede culpar al lenguaje de programación elegido. Estas fallas son particularmente de codificación, y la falta de un debugging serio y formalizado del producto.

Hoy en día, desapareció el concepto de **programador**, aquel gladiador que peleaba día a día, con espada y azor, una dura batalla contra los bytes, que parecían multiplicarse una vez que se les daba vida, consumiendo los recursos del sistema. Aquel **estratega** que, buscando conformar a sus colegas y a sí mismo, formulaba el algoritmo con la lógica más sencilla, y escrita lo más inteligiblemente posible. Estamos evolucionando, como toda raza, y nos estamos convirtiendo en **desarrolladores**: individuos de indiscutible conocimiento, capaces de levantar los más fastuosos monumentos informáticos, gracias al ensamblaje mágico de módulos compatibles; pero nos estamos olvidando de que debajo de nuestras maravillas, debemos tener un piso sólido. Este piso será tan sólido, no sólo como adecuadas las elecciones que hagamos durante el ciclo de vida, sino también, tan sólido como codifiquemos y depuremos la aplicación.

Este libro tratará sobre esas bases, por eso no veremos grandes detalles en el capítulo que trata el ciclo de vida y sus distintos modelos. Aunque sí serán tratados en profundidad los temas sobre la implementación y las cualidades del código fuente y del producto software en su conjunto en los capítulos que se refieren a ello, pues es en el momento de codificación en que creamos los cimientos de nuestra aplicación. Asimismo, también se profundizará el tema de debugging en el capítulo correspondiente. Se verá cómo llevar de modo sistemático esta tarea, que suele considerarse más un arte que una técnica. Porque nosotros, como profesionales, no podemos depender de los artilugios del arte, sino que, con el afán de otorgar un buen producto y libre de errores, procuraremos ejercer esta tarea bajo normas y sistemáticamente.

Verán cómo todos los capítulos apuntan a un mismo objetivo: obtener un producto software de calidad. Años atrás, cuando se intercambiaban opiniones, reflexiones y fragmentos de código, era con la intención de ejecutar un programa con los mínimos recursos necesarios (y más de una vez, los únicos disponibles). O tal vez para indicar puntos que mejorarían las cualidades de nuestros programas.

Hoy, para un simple procesador de texto necesitamos el último hardware y la última versión del sistema operativo que estamos utilizando. Si bien esto obedece a ciertas reglas del marketing y del consumo, no olvidemos que éstos son productos estándar y para consumo masivo. Cuando nosotros nos volcamos a realizar una aplicación es porque, por cuestiones diversas, estos productos no satisfacen nuestras expectativas o requisitos: confiabilidad, robustez, velocidad, requerimientos de hardware, etc.

En nuestra tarea cotidiana de programadores (sea en forma independiente o dentro de una empresa), muchas veces se nos exige que el programa que desarrollemos, no sólo sea correcto (que cumpla su cometido), sino que lo haga bajo ciertas condiciones, impedimentos, compartiendo recursos o bajo cierto hardware; y es este último, muchas veces, quien nos pone las limitaciones (procesador, memoria, y no nos olvidemos del espacio en disco).

Es importante destacar que, si bien la velocidad depende del lenguaje que utilicemos, (un algoritmo en **C++** será más veloz comparado con uno en **Java** que se ejecuta sobre una máquina virtual), no es muy loable malgastar recursos. Entonces, no importa cuál es el lenguaje que utilicemos o cuál es nuestro lenguaje preferido, debemos sacarle el mayor provecho. Además, son pocas las veces en que podemos elegir en qué lenguaje implementar un algoritmo.

También existen razones que nos obligan a crear código más legible, mejor estructurado, quizás portable y, por qué no, que facilite tanto a nosotros como a otros programadores su mantenimiento; entonces, debe ser mucho más que legible.

Procuré no entrar en terrenos incómodos, como teoría de lenguajes, aunque sí he tocado algunos que se arriman en incomodidad porque los creí necesarios, como es el caso del hardware o el debugging. Fue mi intención ser lo más claro posible y no llenar páginas enteras de código que nadie probará, sino incluir aplicaciones, si bien completas en algunos casos, de escaso código, para hacer foco en el código que conlleva el concepto explicado.

No sólo hay razones externas que nos obligan a mejorar nuestro código. Convengamos, que todos los programadores tenemos un amor propio que nos empuja a escribir aplicaciones que nadie tenga la oportunidad de criticar.

Son, entonces, éstas las razones por las que en los siguientes capítulos, pretendo condensar no sólo las normas que rigen la codificación, mayormente aceptadas, sino también pautas, consejos, metodologías y técnicas para aquellos programadores que, día a día, se esfuerzan por obtener un código de excelencia.

Espero haberlo logrado.

Ciclo de vida del software

Los temas tratados en este libro se refieren a dos etapas del ciclo de vida del software. Corresponde, entonces, que le dediquemos el primer capítulo. Veremos las etapas que componen este ciclo, la necesidad de adoptarlo y su definición. Las metodologías que podemos adoptar. Además, haremos un repaso a los modelos de ciclo de vida y a algunas de sus ventajas como así también a los tipos de proyectos más beneficiosos de utilizar.

NECESIDAD DE UNA METODOLOGÍA

Cuando surgió la necesidad de adaptar los sistemas informáticos a las exigencias del mercado, el programador realizaba un relevamiento de las solicitudes de quien necesitaba cierto programa o producto software, y con aquellos requerimientos bajo el brazo comenzaba la dura tarea de codificar. Esta tarea no estaba administrada, supervisada o gestionada de ningún modo, por lo que se iba corrigiendo a medida que surgían los errores, tantos los lógicos provenientes de la codificación, como los de requerimientos solicitados por el cliente o usuario final.

En la década de 1970 los programas fueron creciendo en complejidad, por lo que la antigua técnica de **code & fix** (codificar y corregir) terminó quedando obsoleta. Esta técnica se basaba en requerimientos ambiguos y sin especificaciones puntuales. Al no seguir normas para el proyecto, el cliente o usuario sólo impartían especificaciones muy generales del producto final. Se programaba, se corregía, y se volvía a programar sobre la misma marcha del proyecto. El ciclo de vida de este tipo de proyectos finalizaba cuando se satisfacían las especificaciones, no sólo las primeras por las cuales nació la necesidad del programa, sino también todas aquellas que fueron surgiendo sobre la marcha.

Esta técnica tiene las ventajas de no gastar recursos en análisis, planificación, gestión de recursos, documentación, etc., y bien sabemos que es muy cómoda y muchas veces recomendable cuando el proyecto es **muy pequeño** y es llevado adelante por uno o dos programadores. Por otro lado, cuando el sistema no es pequeño o es más complejo de lo creído (tengamos en cuenta que no hubo análisis) nos trae desventajas en lo que se refiere a costo de recursos, que siempre será mayor del previsto; aumentará el tiempo de desarrollo y la calidad del código será bastante dudosa.

DEFINICIÓN DE METODOLOGÍA

La metodología para el desarrollo de software es un modo sistemático de realizar, gestionar y administrar un proyecto para llevarlo a cabo con **altas posibilidades de éxito**. Esta sistematización nos indica cómo dividiremos un gran proyecto en módulos más pequeños llamados etapas, y las acciones que corresponden en cada una de ellas, nos ayuda a definir entradas y salidas para cada una de las etapas y, sobre todo, normaliza el modo en que administraremos el proyecto. Entonces, una metodología para el desarrollo de software son los procesos a seguir sistemáticamente para idear, implementar y mantener un producto software desde que surge la necesidad del producto hasta que cumplimos el objetivo por el cual fue creado.

Desde un punto de vista general puede considerarse que el ciclo de vida de un software tiene tres etapas claramente diferenciadas, las cuales se detallan a continuacion:

• **Planificación:** idearemos un planeamiento detallado que guíe la gestión del proyecto, temporal y económicamente.
• **Implementación:** acordaremos el conjunto de actividades que componen la realización del producto.
• **Puesta en producción:** nuestro proyecto entra en la etapa de definición, allí donde se lo presentamos al cliente o usuario final, sabiendo que funciona correctamente y responde a los requerimientos solicitados en su momento. Esta etapa es muy importante no sólo por representar la aceptación o no del proyecto por parte del cliente o usuario final sino por las múltiples dificultades que suele presentar en la práctica, alargándose excesivamente y provocando costos no previstos.

A estas tres grandes etapas es conveniente añadir otras dos que, si bien pudieron enunciarse junto a las otras, es conveniente hacer una diferenciación ya que se tiende a menospreciarlas o a no darles la importancia que requieren.

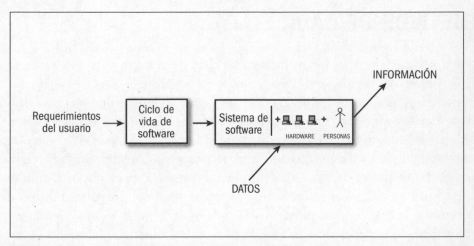

Figura 1. *El ciclo de vida de un producto software se desarrolla fuera del ámbito productivo, aunque debemos conocer el entorno* (environment) *en el que será ejecutado.*

||| ISO12207

La **ISO**, International Organization for Standardization, en su norma **12207** define al **ciclo de vida de un software** como un marco de referencia que contiene las actividades y las tareas involucradas en el desarrollo, la explotación y el mantenimiento de un producto software, abarcando desde la definición hasta la finalización de su uso.

- **Inicio:** éste es el nacimiento de la idea. Aquí definimos los objetivos del proyecto y los recursos necesarios para su ejecución. Hacia dónde queremos ir, y no cómo queremos ir. Las características implícitas o explícitas de cada proyecto hacen necesaria una etapa previa destinada a obtener el objetivo por el cual se escribirán miles o cientos de miles de líneas de código. Un alto porcentaje del éxito de nuestro proyecto se definirá en estas etapas que, al igual que la etapa de debugging, muchos líderes de proyecto subestiman.
- **Control en producción:** control del producto, analizando cómo el proceso difiere o no de los requerimientos originales e iniciando las acciones correctivas si fuesen necesarias. Cuando decimos que hay que corregir el producto, hacemos referencia a pequeñas desviaciones de los requerimientos originales que puedan llegar a surgir en el ambiente productivo. Si nuestro programa no realiza la tarea para lo cual fue creada, esta etapa no es la adecuada para el **rediseño**. Incluimos también en esta etapa el liderazgo, documentación y capacitación, proporcionando directivas a los recursos humanos, para que hagan su trabajo en forma correcta y efectiva.

OBJETIVOS DE CADA ETAPA

En cada una de las etapas de un modelo de ciclo de vida, se pueden establecer una serie de objetivos, tareas y actividades que lo caracterizan.

Haremos un repaso y una pequeña descripción de cada una de las etapas del ciclo de vida del software; una vez conocidas las etapas, tendremos que analizar cómo abordarlas en su conjunto. Existen distintos modelos de ciclo de vida, y la elección de un modelo para un determinado tipo de proyecto es realmente importante; el orden de las etapas es uno de estos puntos importantes, Si elegimos el modelo de cascada puro en el cual la validación se realiza al final del proyecto, y luego debemos retomar etapas previas, puede resultarnos no sólo incómodo, sino costoso.

- **Expresión de necesidades:** esta etapa tiene como objetivo el armado de un documento en el cual se reflejan los requerimientos y funcionalidades que ofrecerá al usuario el sistema a implementar (qué, y no cómo, se va a implementar).

{} REINGENIERÍA

La reingeniería utiliza los resultados obtenidos por la ingeniería inversa para corregir o prevenir errores en un software. En los umbrales del año 2000, se reflejó la importancia de la reingeniería para evitar el **efecto Y2K**.

- **Especificaciones:** formalizamos los requerimientos; el documento obtenido en la etapa anterior se tomará como punto de partida para esta etapa.
- **Análisis:** determinamos los elementos que intervienen en el sistema a desarrollar, su estructura, relaciones, evolución temporal, funcionalidades, tendremos una descripción clara de qué producto vamos a construir, qué funcionalidades aportará y qué comportamiento tendrá.
- **Diseño:** ya sabemos qué hacer, ahora tenemos que determinar cómo debemos hacerlo (¿cómo debe ser construido el sistema en cuestion?; definimos en detalle entidades y relaciones de las bases de datos, seleccionamos el lenguaje que vamos a utilizar, el Sistema Gestor de Bases de Datos, etc.).
- **Implementación:** empezamos a codificar algoritmos y estructuras de datos, definidos en las etapas anteriores, en el correspondiente lenguaje de programación o para un determinado sistema gestor de bases de datos. En muchos proyectos se pasa directamente a esta etapa; son proyectos muy arriesgados que adoptan un modelo de ciclo de vida de code & fix (codificar y corregir) donde se eliminan las etapas de especificaciones, análisis y diseño con la consiguiente pérdida de control sobre la gestión del proyecto.
- **Debugging:** el objetivo de esta etapa es garantizar que nuestro programa no contiene errores de diseño o codificación. En esta etapa no deseamos saber si nuestro programa realiza lo que solicitó el usuario, esa tarea le corresponde a la etapa de implementación. En ésta deseamos encontrar la mayor cantidad de errores. Todas los programas contienen errores: encontrarlos es cuestión de tiempo. Lo ideal es encontrar la mayoría, si no todos, en esta etapa. También se pueden agregar testeos de performance.
- **Validación:** esta etapa tiene como objetivo la verificación de que el sistema desarrollado cumple con los requerimientos expresados inicialmente por el cliente y que han dado lugar al presente proyecto. En muchos proyectos las etapas de validación y debugging se realizan en paralelo por la estrecha relación que llevan. Sin embargo, tenemos que evitar la confusión: podemos realizarlos en paralelo, pero no como una única etapa.
- **Evolución:** en la mayoría de los proyectos se considera esta etapa como **Mantenimiento y evolución**, y se le asigna, no sólo el agregado de nuevas funcionalida-

III PARADIGMAS DE PROGRAMACIÓN

Los paradigmas de programación son las estrategias para crear la estructura de un programa. Existen dos grupos: la **programación imperativa** y la **declarativa**. En la primera codificamos qué hacer y cómo, en la segunda sólo qué hacer, el lenguaje que utilizado hará el resto. Un ejemplo de la última es el lenguaje **SQL**, mediante el cual pedimos datos de una base pero no cómo hacerlo.

des (evolución); sino la corrección de errores que surgen (mantenimiento). En la práctica esta denominación no es del todo errónea, ya que es posible que aun luego de una etapa de debugging y validación exhaustiva, se filtren errores.

FINALIDAD DE UNA METODOLOGÍA

Lo que buscamos guiándonos con una metodología es prolijidad, corrección y control en cada etapa del desarrollo de un programa. Lo que nos permitirá una forma sistemática para poder obtener un producto correcto y libre de errores.

Clasificación de las metodologías

Existen dos metodologías que tienen analogía en la práctica con los **paradigmas de programación**. Metodología estructurada y metodología orientada a objetos.

- **Metodología estructurada:** la orientación de esta metodología se dirige hacia los procesos que intervienen en el sistema a desarrollar, es decir, cada función a realizar por el sistema se descompone en pequeños módulos individuales. Es más fácil resolver problemas pequeños, y luego unir cada una de las soluciones, que abordar un problema grande.
- **Metodología orientada a objetos:** a diferencia de la metodología mencionada anteriormente, ésta no comprende los procesos como funciones sino que arma módulos basados en componentes, es decir, cada componente es independiente del otro. Esto nos permite que el código sea reutilizable. Es más fácil de mantener porque los cambios están localizados en cada uno de estos componentes.

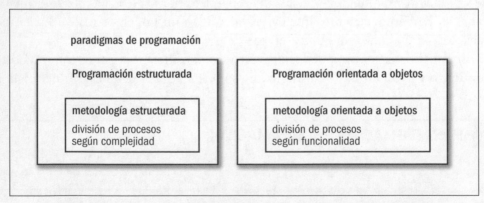

Figura 2. *Las distintas metodologías nos ayudarán a abordar el proceso de desarrollo. Un consejo: la mejor metodología, es la que mejor conocemos.*

MODELOS DE CICLO DE VIDA

Las principales diferencias entre distintos modelos de ciclo de vida están divididas en tres grandes visiones:

- **El alcance del ciclo de vida**, que depende de hasta dónde deseamos llegar con el proyecto: sólo saber si es viable el desarrollo de un producto, el desarrollo completo o el desarrollo completo más las actualizaciones y el mantenimiento.
- **La cualidad y cantidad de las etapas** en que dividiremos el ciclo de vida: según el ciclo de vida que adoptemos, y el proyecto para el cual lo adoptemos.
- **La estructura y la sucesión de las etapas**, si hay realimentación entre ellas, y si tenemos libertad de repetirlas (iterar).

En los distintos modelos de ciclo de vida mencionaremos el **riesgo** que suponemos aceptar al elegirlo. Cuando hablamos de riesgo, nos referimos a la probabilidad que tendremos de volver a retomar una de las etapas anteriores, perdiendo tiempo, dinero y esfuerzo.

Ciclo de vida lineal

Es el más sencillo de todos los modelos. Consiste en descomponer la actividad global del proyecto en etapas separadas que son realizadas de manera lineal, es decir, cada etapa se realiza una sola vez, a continuación de la etapa anterior y antes de la etapa siguiente. Con un ciclo de vida lineal es muy fácil dividir las tareas, y prever los tiempos (sumando linealmente los de cada etapa).

Las actividades de cada una de las etapas mencionadas deben ser independientes entre sí, es decir, que es condición primordial que no haya retroalimentación entre ellas, aunque sí pueden admitirse ciertos supuestos de realimentación correctiva. Desde el punto de vista de la gestión, requiere también que se conozca desde el primer momento, con excesiva rigidez, lo que va a ocurrir en cada una de las distintas etapas antes de comenzarla. Esto ultimo minimiza, también, las posibilidades de errores durante la codificacion y reduce al mínimo la necesidad de requerir informacion del cliente o del usuario.

✳ RIESGOS

Ninguno de los modelos de ciclo de vida evitan los riesgos que pueden aparecer en el desarrollo de un proyecto. Si evitaran los riesgos, entonces, eliminarían la **incertidumbre** que supone el cambio, agregado de requerimientos o errores cuando el proyecto se encuentra avanzado y ninguno lo hace. Intentan en mayor medida **prepararse para estos cambios o problemas.**

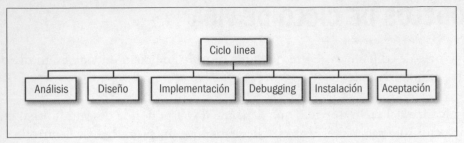

Figura 3. *La sencillez del ciclo de vida lineal es la razón por la cual es el más elegido en el desarrollo de programas pequeños.*

Se destaca como ventaja la sencillez de su gestión y administración tanto económica como temporal, ya que se acomoda perfectamente a proyectos internos de una empresa para programas muy pequeños de **ABM** (sistemas que realizan Altas, Bajas y Modificaciones sobre un conjunto de datos). Tiene como desventaja que no es apto para Desarrollos que superen mínimamente requerimientos de retroalimentación entre etapas, es decir, es muy costoso retomar una etapa anterior al detectar alguna falla.

Es válido tomar este ciclo de vida cuando algún sector pequeño de una empresa necesita llevar un registro de datos acumulativos, sin necesidad de realizar procesos sobre ellos más que una consulta simple. Es decir, una aplicación que se dedique exclusivamente a almacenar datos, sea una base de datos o un archivo plano. Debido a que la realización de las etapas es muy simple y el código muy sencillo.

Ciclo de vida en cascada puro

Este modelo de ciclo de vida fue propuesto por Winston Royce en el año 1970. Es un ciclo de vida que admite iteraciones, contrariamente a la creencia de que es un ciclo de vida secuencial como el lineal. Después de cada etapa se realiza una o varias revisiones para comprobar si se puede pasar a la siguiente. Es un modelo rígido, poco flexible, y con muchas restricciones. Aunque fue uno de los primeros, y sirvió de base para el resto de los modelos de ciclo de vida.

✱ INCERTIDUMBRE

Los modelos de ciclo de vida del software detallados en este libro desean tener cierta medida de la incertidumbre. Y muchos de estos ciclos de vida consideran que se puede medir, en un sentido de deseo, como la cantidad de información necesaria para evitar los riesgos posibles cuando se emprende la tarea del desarrollo de software.

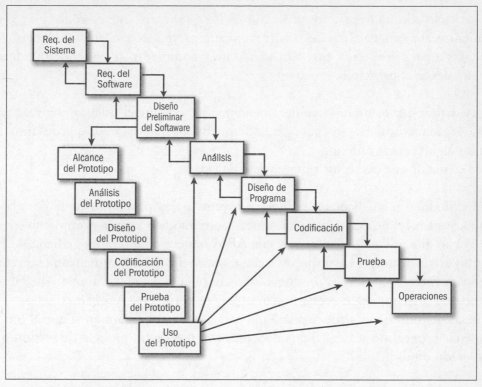

Figura 4. *La necesidad de conocer los requerimientos al principio del proyecto es primordial al elegir este modelo de ciclo de vida a pesar de permitir iteraciones.*

Una de sus ventajas, además de su planificación sencilla, es la de proveer un producto con un elevado grado de calidad sin necesidad de un personal altamente calificado. Se pueden considerar como inconvenientes: la necesidad de contar con todos los requerimientos (o la mayoría) al comienzo del proyecto, y, si se han cometido errores y no se detectan en la etapa inmediata siguiente, es costoso y difícil volver atrás para realizar la correccion posterior.

Además, los resultados no los veremos hasta que no estemos en las etapas finales del ciclo, por lo que, cualquier error detectado nos trae retraso y aumenta el costo del desarrollo en funcion del tiempo que insume la correccion de éstos.

{} CICLO DE VIDA CON COMPONENTES

Muchas veces se necesita un programa en tiempo récord, o se desea administrar el proyecto despreocupándonos por una o varias etapas (principalmente la etapa de implementación). En los últimos años se empezó a considerar ciclo de vida con componentes al ensamblaje de software desarrollado por terceros en programas propios.

Es un ciclo adecuado para los proyectos en los que se dispone de todos los requerimientos al comienzo, para el desarrollo de un producto con funcionalidades conocidas o para proyectos, que aun siendo muy complejos, se entienden perfectamente desde el principio.

Se evidencia que es un modelo puramente teórico, ya que el usuario rara vez mantiene los requerimientos iniciales y existen muchas posibilidades de que debamos retomar alguna etapa anterior.
Pero es mejor que no seguir ningún ciclo de vida.

Fue utilizado en medianos y grandes proyectos hasta principios de la década de 1990, y a finales de esta década las críticas a este modelo aumentaron notablemente. Por lo que hoy en día sólo se lo cita como mero ejemplo bibliográfico. No podemos evitar decir que hay aspectos a cuestionar. Se le criticó, principalmente, el retardo en entregar partes del producto, su metodología para la corrección de errores, su obstinación por exigir requerimientos previos completos, y su alta rigidez.
A pesar de todo no es erróneo adaptarlo para alguna aplicación en la que el modelo de ciclo lineal no sea del todo adecuado, y el uso de un modelo de gestión más elaborado no lo justifique.

Ciclo de vida en V

Este ciclo fue diseñado por Alan Davis, y contiene las mismas etapas que el ciclo de vida en cascada puro. A diferencia de aquél, a éste se le agregaron dos subetapas de retroalimentación entre las etapas de análisis y mantenimiento, y entre las de diseño y debugging.

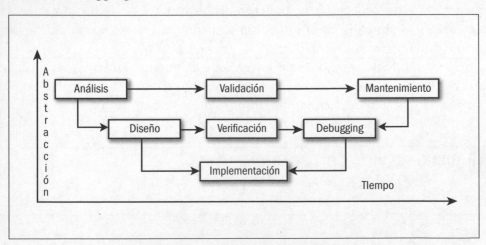

Figura 5. Este modelo nos ofrece mayor garantía de corrección al terminar el proyecto.

Las ventajas y desventajas de este modelo son las mismas del ciclo anterior, con el agregado de los controles cruzados entre etapas para lograr una mayor corrección.

Podemos utilizar este modelo de ciclo de vida en aplicaciones, que si bien son simples (pequeñas transacciones sobre bases de datos por ejemplo), necesitan una confiabilidad muy alta. Un ejemplo claro en el que no nos podemos permitir el lujo de cometer errores es una aplicación de facturación, en la que si bien los procedimientos vistos individualmente son de codificación e interpretación sencilla, la aplicación en su conjunto puede tener matices complicados.

Ciclo de vida tipo Sashimi

Este ciclo de vida es parecido al ciclo de vida en cascada puro, con la diferencia de que en el ciclo de vida en cascada no se pueden solapar las etapas, y en éste sí. Esto suele, en muchos casos, aumentar su eficiencia ya que la retroalimentación entre etapas se encuentra implícitamente en el modelo

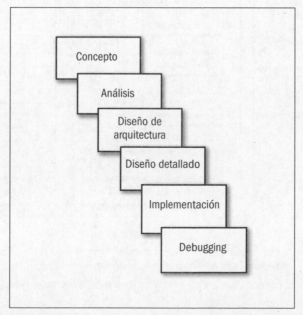

Figura 6. *El nombre procede del modelo del estilo japonés de presentar el pescado crudo cortado, en el que los cortes se solapan entre sí.*

Se hace notar como ventajas la ganancia de calidad en lo que respecta al producto final, la falta de necesidad de una documentación detallada (el ahorro proviene por el solapado de las etapas). Sus desventajas también se refieren al solapamiento de las etapas: es muy difícil gestionar el comienzo y fin de cada etapa y los problemas de comunicación, si aparecen, generan inconsistencias en el proyecto.

Cuando necesitemos realizar una aplicación que compartirá los recursos (CPU, memoria o espacio de almacenamiento) con otras aplicaciones en un ambiente productivo, este modelo de ciclo de vida es una opción muy válida. El solapamiento de sus etapas nos permite en la práctica jugar un poco con el **modelo de tres capas** ahorrando recursos.

Ciclo de vida en cascada con subproyectos

Sigue el modelo de ciclo de vida en cascada. Cada una de las cascadas se dividen en subetapas independientes que se pueden desarrollar en paralelo.

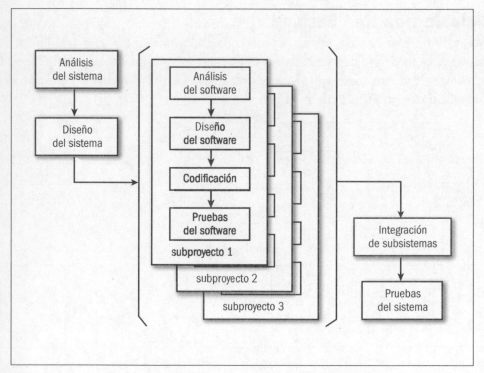

Figura 7. *El modelo de ciclo de vida ideal cuando se cuenta con un plantel de programadores numeroso.*

III MODELO DE TRES CAPAS

Es un modelo de programación para aplicaciones de acceso a datos en que se busca separar la arquitectura del programa en tres capas. En la capa de datos solo nos preocupamos del almacenamiento de éstos, en la capa de negocios situamos todas las transacciones y validaciones y en la capa de presentación sólo encontraremos las rutinas de visualización e interacción con el usuario.

La ventaja es que se puede tener más gente trabajando al mismo tiempo, pero la desventaja es que pueden surgir dependencias entre las distintas subetapas que detengan el proyecto temporalmente si no es gestionado de manera correcta.

Podemos utilizar este modelo para administrar cualquier proyecto mencionado en los modelos anteriores. Pero cuidando de administrar muy bien los tiempos.

Ciclo de vida iterativo

También derivado del ciclo de vida en cascada puro, este modelo busca reducir el riesgo que surge entre las necesidades del usuario y el producto final por malos entendidos durante la etapa de solicitud de requerimientos.

Es la iteración de varios ciclos de vida en cascada. Al final de cada iteración se le entrega al cliente una versión mejorada o con mayores funcionalidades del producto. El cliente es quien luego de cada iteración, evalúa el producto y lo corrige o propone mejoras. Estas iteraciones se repetirán hasta obtener un producto que satisfaga al cliente.

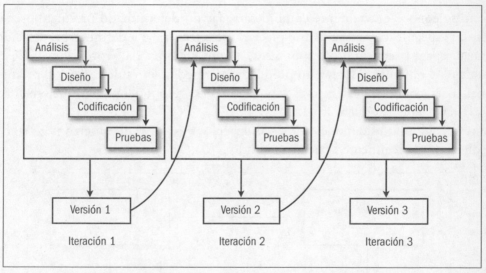

Figura8. *Es un modelo ideal a seguir cuando el usuario necesita entregas rápidas aunque el proyecto no esté terminado.*

✳ INGENIERÍA INVERSA

En casos en que ya se tiene un sistema y se necesita agregarle funcionalidades o modificarlo, pero no se dispone de la documentación. La ingeniería inversa se encarga de obtener y analizar el resultado de una etapa del ciclo de vida para obtener el resultado de la etapa anterior. lo que se busca es analizar el código para obtener el diseño con el cual fue implementado.

Se suele utilizar en proyectos en los que los requerimientos no están claros de parte del usuario, por lo que se hace necesaria la creación de distintos prototipos para presentarlos y conseguir la conformidad del cliente.

Podemos adoptar el modelo mencionado en aplicaciones medianas a grandes, en las que el usuario o cliente final no necesita todas las funcionalidades desde el principio del proyecto. Quizás una empresa que debe migrar sus aplicaciones hacia otra arquitectura, y desea hacerlo paulatinamente, es un candidato ideal para este tipo de modelo de ciclo de vida.

Ciclo de vida por prototipos

El uso de programas prototipo no es exclusivo del ciclo de vida iterativo. En la práctica los prototipos se utilizan para validar los requerimientos de los usuarios en cualquier ciclo de vida.

Si no se conoce exactamente cómo desarrollar un determinado producto o cuáles son las especificaciones de forma precisa, suele recurrirse a definir especificaciones iniciales para hacer un prototipo, o sea, un producto parcial y provisional. En este modelo, el objetivo es lograr un producto intermedio, antes de realizar el producto final, para conocer mediante el prototipo cómo responderán las funcionalidades previstas para el producto final.

Antes de adoptar este modelo de ciclo debemos evaluar si el esfuerzo por crear un prototipo vale realmente la pena adoptarlo.

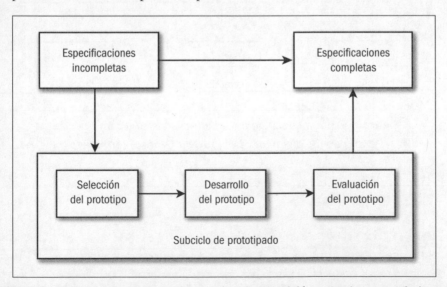

Figura 9. *Este modelo nos permite suavizar la transición entre los requerimientos iniciales y finales que surgen en la creación de un proyecto con grandes innovaciones.*

Se utiliza mayoritariamente en desarrollos de productos con innovaciones importantes, o en el uso de tecnologías nuevas o poco probadas, en las que la incertidumbre sobre los resultados a obtener, o la ignorancia sobre el comportamiento, impiden iniciar un proyecto secuencial.

La ventaja de este ciclo se basa en que es el único apto para desarrollos en los que no se conoce a priori sus especificaciones o la tecnología a utilizar. Como contrapartida, por este desconocimiento, tiene la desventaja de ser altamente costoso y difícil para la administración temporal.

Si deseamos migrar aplicaciones de tecnología para adoptar sus nuevas funcionalidades o simplemente para estar en la **cresta de la ola**, este modelo es ideal. Un claro ejemplo son las llegadas de Java y la tecnología .NET que si bien contaban con respaldo y material de ayuda, implantaron nuevas tendencias.

Ciclo de vida evolutivo

Este modelo acepta que los requerimientos del usuario pueden cambiar en cualquier momento.

La práctica nos demuestra que obtener todos los requerimientos al comienzo del proyecto es extremadamente difícil, no sólo por la dificultad del usuario de transmitir su idea, sino porque estos requerimientos evolucionan durante el desarrollo y de esta manera, surgen nuevos requerimientos a cumplir. El modelo de ciclo de vida evolutivo afronta este problema mediante una iteración de ciclos **requerimientos–desarrollo–evaluación**.

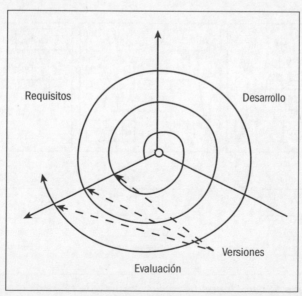

Figura 10. *Luego de cada desarrollo obtenemos una nueva versión del producto.*

Resulta ser un modelo muy útil cuando desconocemos la mayoría de los requerimientos iniciales, o estos requerimientos no están completos.

Tomemos como ejemplo un sistema centralizado de stock–ventas–facturación, en el cual hay muchas áreas que utilizarán la aplicación. Tenemos dos complicaciones: la primera, los usuarios no conocen de informática, la segunda, no es uno, sino varios los sectores que nos pueden pedir modificaciones o hacer nuevas solicitudes. Además, el pedido de un sector puede influir en los requerimientos del otro. Se hace necesario, entonces, lograr que la aplicación evolucione hasta lograr las satisfacciones de los todos los sectores involucrados.

Ciclo de vida incremental

Este modelo de ciclo de vida se basa en la filosofía de construir incrementando las funcionalidades del programa.

Se realiza construyendo por modulos que cumplen las diferentes funciones del sistema. Esto permite ir aumentando gradualmente las capacidades del software.

Este ciclo de vida facilita la tarea del desarrollo permitiendo a cada miembro del equipo desarrollar un modulo particular en el caso de que el proyecto sea realizado por un equipo de programadores.

Es una repetición del ciclo de vida en cascada, aplicándose este ciclo en cada funcionalidad del programa a construir. Al final de cada ciclo le entregamos una versión al cliente que contiene una nueva funcionalidad. Este ciclo de vida nos permite realizar una entrega al cliente antes de terminar el proyecto.

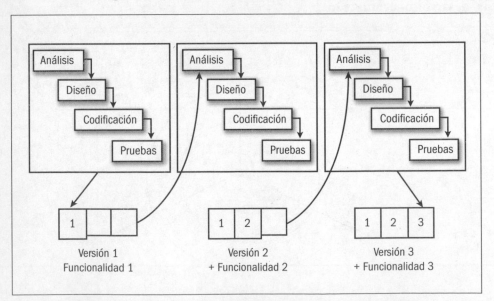

Figura 11. *Una forma de reducir los riesgos es ir construyendo partes del sistema adoptando este modelo.*

El modelo de ciclo de vida incremental nos genera algunos beneficios tales como los que se describen a continuacion:

- Construir un sistema pequeño siempre es menos riesgoso que construir un sistema grande.
- Como desarrollamos independientemente las funcionalidades, es más fácil relevar los requerimientos del usuario.
- Si se detecta un error grave, sólo desechamos la última iteración.
- No es necesario disponer de los requerimientos de todas las funcionalidades en el comienzo del proyecto y además facilita la labor del desarrollo con la conocida filosofía de **divide & conqueror**.

Este modelo de ciclo de vida no está pensado para cierto tipo de aplicaciones, sino que está orientado a cierto tipo de usuario o cliente. Podremos utilizar este modelo de ciclo de vida para casi cualquier proyecto, pero será verdaderamente útil cuando el usuario necesite entregas rápidas, aunque sean parciales.

Ciclo de vida en espiral

Este ciclo puede considerarse una variación del modelo con prototipado, fue diseñado por Boehm en el año 1988. El modelo se basa en una serie de ciclos repetitivos para ir ganando madurez en el producto final. Toma los beneficios de los ciclos de vida incremental y por prototipos, pero se tiene más en cuenta el concepto de riesgo que aparece debido a las incertidumbres e ignorancias de los requerimientos proporcionados al principio del proyecto o que surgirán durante el desarrollo. A medida que el ciclo se cumple (el avance del espiral), se van obteniendo prototipos sucesivos que van ganando la satisfacción del cliente o usuario. A menudo, la fuente de incertidumbres es el propio cliente o usuario, que en la mayoría de las oportunidades no sabe con perfección todas las funcionalidades que debe tener el producto.
En este modelo hay cuatro actividades que envuelven a las etapas.

✳ DIFERENCIAS

El modelo de ciclo incremental **no** es parecido al modelo de ciclo de vida evolutivo. En el incremental partimos de que no hay incertidumbre en los requerimientos iniciales, en el evolutivo somos conscientes de que comenzamos con un alto grado de incertidumbre. En el incremental **suponemos** que conocemos el problema, y lo dividimos. El evolutivo gestiona la incertidumbre.

- **Planificación:** Relevamiento de requerimientos iniciales o luego de una iteración.
- **Análisis de riesgo:** De acuerdo con el relevamiento de requerimientos decidimos si continuamos con el desarrollo.
- **Implementación:** desarrollamos un prototipo basado en los requerimientos.
- **Evaluación:** El cliente evalúa el prototipo, si da su conformidad, termina el proyecto. En caso contrario, incluimos los nuevos requerimientos solicitados por el cliente en la siguiente iteración.

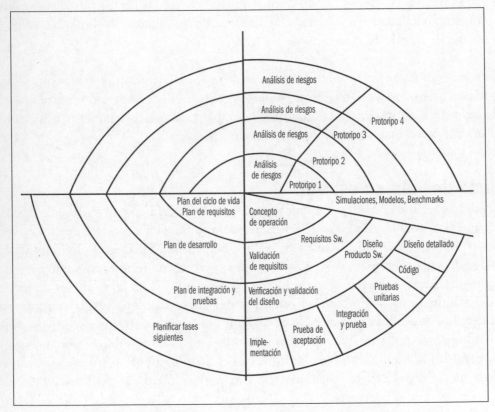

Figura 12. *El espiral se repite las veces que sea necesario hasta que el cliente o usuario obtiene la satisfacción de sus necesidades, momento en el cual nos retiramos del espiral.*

III INGENIERÍA DEL SOFTWARE

En cada una de las etapas de los distintos ciclos de vida del software mencionados interviene la llamada ingeniería del software, que la definimos como el establecimiento de los principios basicos y métodos de la ingeniería, orientados a obtener software de calidad económico, que sea fiable y que funcione de manera eficiente sobre **máquinas reales**.

La ventaja más notoria de este modelo de desarrollo de software es que puede comenzarse el proyecto con un alto grado de incertidumbre, se entiende también como ventaja el bajo riesgo de retraso en caso de detección de errores, ya que se puede solucionar en la próxima rama del espiral.

Algunas de las las desventajas son: el costo temporal que suma cada vuelta del espiral, la dificultad para evaluar los riesgos y la necesidad de la presencia o la comunicacion continua con el cliente o usuario.

Se observa que es un modelo adecuado para grandes proyectos internos de una empresa, en donde no es posible contar con todos los requerimientos desde el comienzo y el usuario está en nuestro mismo ambiente laboral.

Podemos citar una aplicación que administre reclamos, pedidos e incidentes, como ejemplo para utilizar este modelo de ciclo de vida, en el que los sectores que utilizarán el sistema son demasiados y con intereses muy diversos como para lograr un relevamiento exhaustivo y completo de los requerimientos.

Ciclo de vida orientado a objetos

Esta técnica fue presentada en la década del 90, tal vez como una de las mejores metodologías a seguir para la creación de productos software.

Puede considerarse como un modelo pleno a seguir, como así también una alternativa dentro de los modelos anteriores.

Al igual que la filosofía del paradigma de la programación orientada a objetos, en esta metodología cada funcionalidad, o requerimiento solicitado por el usuario, es considerado un objeto. Los objetos están representados por un conjunto de propiedades, a los cuales denominamos **atributos,** por otra parte, al comportamiento que tendrán estos objetos los denominamos **métodos.**

Vemos que tanto la filosofía de esta metodología, los términos utilizados en ella y sus fines, coinciden con la idea de obtener un concepto de **objeto** sobre casos de la vida real.

III CASOS DE USO

Es una situación particular que se presenta en el funcionamiento del programa, que comienza cuando algún usuario o módulo del sistema solicita realizar alguna transacción o secuencia de eventos. En esta situación debemos identificar los objetos que participan, qué función cumple cada uno, y la colaboración que obtiene de otros objetos, o sea, los métodos invocados.

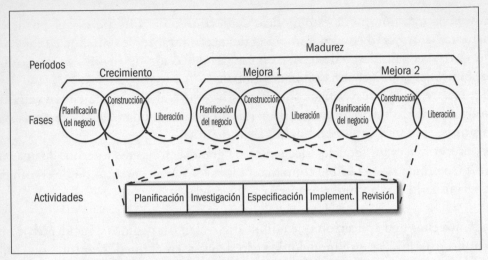

Figura 13. *Un modelo muy versátil, tanto para
pequeños como para grandes proyectos.*

La característica principal de este modelo es la **abstracción** de los requerimientos
de usuario, por lo que este modelo es mucho más flexible que los restantes, que son
rígidos en requerimientos y definición, soportando mejor la incertidumbre que los
anteriores, aunque sin garantizar la ausencia de riesgos. La abstracción es lo que nos
permite analizar y desarrollar las características esenciales de un objeto (requerimiento), despreocupándonos de las menos relevantes.
Favorece la reducción de la complejidad del problema que deseamos abordar y permite el perfeccionamiento del producto.

En este modelo se utilizan las llamadas fichas **CRC (clase–responsabilidades–colaboración)** como herramienta para obtener las abstracciones y mecanismos clave
de un sistema analizando los requerimientos del usuario. En la ficha CRC se escribe el nombre de la clase u objeto, sus responsabilidades (los métodos) y sus colabo-
radores (otras clases u objetos de los cuales necesita). Estas fichas, además, nos ayudan a confeccionar los denominados **casos de uso**.

No es correcto suponer que este modelo sólo es útil cuando se escoge para la implementación un lenguaje con orientación a objetos. Se puede utilizar independientemente del lenguaje elegido. Es un modelo a seguir, una técnica, y no nos obliga a
utilizar ningún lenguaje en particular.

Como mencionamos, es un modelo muy versátil, y por ser uno de los últimos en
aparecer, aprendió mucho de los anteriores. Las aplicaciones que podemos incluir
como ejemplo para su uso van desde programas de monitoreo de procesos, grandes
sistemas de transacciones sobre base de datos, hasta procesamiento por lotes.

Conclusión

Luego de ver algunos de los modelos de ciclo de vida más utilizados surge la pregunta con la respuesta más codiciada: ¿qué modelo de ciclo de vida elegir? Sabemos que ninguno predomina sobre los otros. Por ello, debemos elegir el modelo que mejor se adapte al proyecto que desarrollaremos. Podemos analizar, para guiarnos en nuestra elección, la **complejidad** del problema, el **tiempo** que disponemos para hacer la **entrega final**, o si el usuario o cliente desea **entregas parciales**, la **comunicación** que existe entre el equipo de desarrollo y el usuario y, por último, qué certeza (o incertidumbre) tenemos de que los **requerimientos** dados por el usuario son correctos y completos.

 **RESUMEN**

Hemos visto en este capítulo por qué necesitamos una metodología para realizar el desarrollo de productos de software. Definimos la metodología que utilizamos. Vimos los rasgos generales del ciclo de vida del software. Cada una de sus etapas, las actividades y los modelos más conocidos que existen en el mercado.

TEST DE AUTOEVALUACIÓN

1 ¿Por qué necesitamos una metodología?

2 ¿Sirve el modelo de ciclo de vida Code & Fix?

3 ¿Existe algún modelo de ciclo de vida que predomine?

4 ¿Seguir un modelo de ciclo de vida, nos garantiza el éxito del desarrollo?

5 ¿Se puede medir la incertidumbre que tenemos sobre los requerimientos iniciales?

6 ¿La generación de programas prototipo, es exclusiva de un solo modelo de ciclo de vida?

7 ¿Podemos utilizar un lenguaje imperativo para el modelo de ciclo de vida orientado a objetos?

8 Enumere el ciclo de vida y los pasos que seguiría, si debiese desarrollar una aplicación que monitoree el estado de las redes de una empresa.

9 Realice una lista de requerimientos hipotéticos para una aplicación que deba ejecutar archivos de música, pida la misma lista a un usuario no programador y compare las listas. ¿Qué enfoques encuentra en cada lista?

10 A modo de encuesta, pregunte a sus colegas programadores, quién y por qué ha utilizado un ciclo de vida. Indague sobre los resultados obtenidos.

Implementación de un algoritmo

En este capítulo intentamos remarcar aquellas recomendaciones que se presentan a la hora de escribir código. Estos ítems nos darán pautas para obtener legibilidad, escalabilidad y prolijidad en el código. Cabe aclarar que son pautas arbitrarias, y no obligatorias. No están vinculadas a un lenguaje en particular, aunque los ejemplos estén en C#, sino que serán válidas para casi todos los lenguajes.

IMPLEMENTACIÓN DE UN ALGORITMO

Recordemos que un algoritmo es un conjunto de instrucciones que especifican la secuencia de operaciones a realizar, en un orden establecido, para resolver un sistema específico o clase de problema. Entendamos que programar es solucionar los problemas que nos plantean. Cuando nos dan la tarea de crear una aplicación, nos están encomendando solucionar un problema. De allí en más nosotros seguiremos los pasos establecidos en el ciclo de vida que hayamos elegido, detallados anteriormente, y junto a una implementación normalizada buscaremos obtener **código de calidad** (una solución óptima). Si no volcamos en cada una de estas etapas un análisis exhaustivo y de este modo conseguir la calidad deseada, nos será muy difícil hacerlo una vez que el programa esté compilado y en ambiente productivo.

Cuando implementamos un algoritmo, lo traducimos del lenguaje natural extraído de los requerimientos del cliente o del usuario, a un lenguaje formal: codificamos en un lenguaje de programación concreto. Es decir, es ahora cuando comenzamos a construir realmente la aplicación.

Es en esta etapa del ciclo de vida del software cuando creamos el código fuente. Este texto contendrá todas las instrucciones de nuestro programa. Todos y cada uno de los pasos que debe seguir el procesador para cumplir los requerimientos del usuario final. Este código lo escribiremos en cualquier lenguaje de programación. Aunque no dejará de ser un archivo de texto el cual podremos leer, copiar e imprimir sin ningún tipo de inconvenientes.

También, es en esta etapa del ciclo de vida del software en la que encontramos el primer obstáculo a superar: **¿a que llamamos software de calidad?**. ¿Qué puntos, cualidades o propiedades nos indican que un programa es de buena o de mala mala calidad? ¿La confianza que tenemos sobre el programa es un buen índice o factor que garantice calidad? Quienes se hayan volcado a leer este libro, seguramente han leído muchos artículos que explican o hacen referencia a la calidad, buena o mala, de un determinado programa, sistema o producto de software. Y

✳ CÓDIGO DE CALIDAD – SOFTWARE DE CALIDAD

Existe una gran diferencia entre el código fuente escrito de un software y el software ya compilado y en funcionamiento. Reconocer la calidad en uno de ellos, no implica tácitamente reconocerla en el otro. Pueden tenerla o no tenerla los dos, o tenerla sólo uno de ellos.

en muchos de estos artículos han relacionado, sin temor a equivocarse, la calidad del programa con los errores que el mencionado software acusa.

Estamos de acuerdo en que nuestro programa no debe fallar, aunque también acordemos que hay otras características que indican que nuestros programas son de calidad. Si revisásemos nuestros códigos fuente, aun aquellos que denotan gran eficiencia y robustez, seguramente encontraríamos fragmentos de código fuente que se podrían mejorar.

A medida que aparecieron nuevos paradigmas de programación y al mismo tiempo fueron madurando, nos encontramos con más y mejores reglas a seguir, lo cual se ve reflejado en desarrollos más veloces y prolijos.

Por ejemplo, en el paradigma de programación orientada a objetos, el programador seguirá la regla de oro de este paradigma: todo aquello que codifique será un objeto. Logra, entonces, asemejar los problemas de programación a la vida real, sin ser tan traumática la abstracción que supone la creación de los algoritmos.
También tenemos el paradigma de programación declarativa, acompañada, desde luego, por lenguajes con la misma visión sobre la programación (un ejemplo claro es el lenguaje **SQL**). Este paradigma nos facilita mucho la tarea para situaciones que hoy consideramos triviales, pero que años atrás eran extenuantes en la codificación: obtener registros de una base de datos.

No obstante, estas reglas, si bien son correctas cada una en su uso particular, sólo nos ayudan con una visión global en nuestros desarrollos. Colaboran muy poco en los problemas de codificación práctica, como por ejemplo: cómo y cuándo escribir comentarios o cómo armar un condicional inteligible.

Se hace necesario, entonces, no sólo elegir el modelo de ciclo de vida que mejor se adapte a nuestras necesidades, o la mejor combinación de paradigma y lenguaje para nuestro desarrollo, sino que además, debemos normalizar la escritura de código. La calidad de nuestra aplicación no puede depender de la **inspiración** que tengamos nosotros o el equipo de desarrollo durante el proyecto.

III PARADIGMA DE PROGRAMACIÓN II

Se define al paradigma de programación como los preceptos, supuestos teóricos generales, las leyes, las técnicas y metodologías que adoptan los miembros de una determinada comunidad desarrolladora para la creación de algoritmos y su posterior implementación.

No puede ni debe estar ligado a un concepto de **Arte de programación**. Como profesionales, debemos guiarnos por técnicas definidas. La calidad de nuestro producto de software debe estar mínimamente garantizado por la normalización de cada una de las tareas, hasta el último detalle.

Es muy probable que las normas y recomendaciones mencionadas en este capítulo no sean suficientes, de acuerdo con las necesidades de cada equipo de desarrollo. Lo importante, no es seguir sí o sí las reglas o recomendaciones que mencionamos en este capítulo. Tampoco obligar al equipo de desarrollo a utilizar estas normas y no otras. Lo que queremos destacar es que en los proyectos de desarrollo de software se hace imprescindible, si queremos obtener código de calidad, remitirnos a normas y reglas sistemáticas en la codificación.

Además, las normas nos ayudarán, en gran medida, a evitar una **refactorización** de nuestra aplicación en un futuro. No sólo por lo costoso de la situación, sino por la mala imagen que le da a nuestro producto de software, si lo hacemos una vez que se encuentra en un ambiente productivo.

En este capítulo hablaremos de la calidad del código de nuestro programa, y no del programa en su conjunto, esto último será tratado en el **Capítulo 4**.

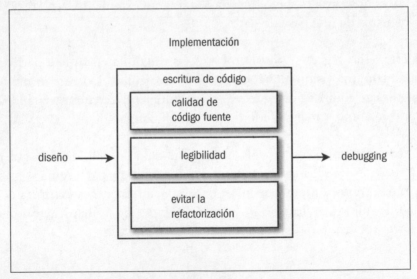

Figura 1. *La tarea de implementación debe estar orientada a un código fuente legible, con este objetivo lograremos calidad y evitaremos la refactorización.*

Escritura de código

Para que nuestro programa sea exitoso al realizar la tarea para la que fue creado, tenemos que respetar algunas recomendaciones. Veamos cuáles son.

Comentarios

Escribir un código legible y claro no es tan sencillo como parece, y es por eso que escuchamos que nos recomiendan documentar todos aquellos fragmentos de código que requieran de cierta explicación.

Sucede, con más frecuencia de la imaginada, que sabemos con exactitud qué realiza un algoritmo en el momento que lo codificamos, pero cuando volvemos de tomar un café, no comprendemos ni siquiera la primer sentencia. Si buscamos una definición con la cual guiarnos, podríamos decir que documentar el código de un programa es añadir suficiente información como para explicar lo que hace, de forma tal que no sólo el procesador sepa qué hacer (cuando sea traducido a lenguaje máquina), sino que además nosotros luego, u otros programadores, comprendamos qué se está procesando y por qué se lo está haciendo.

Comentar un programa no sólo está bien visto por la comunidad desarrolladora. Es, sin lugar a dudas, una necesidad que sólo sabremos apreciar como es debido cuando debamos depurar la aplicación y encontramos errores que hay que corregir; o cuando debemos extender el programa con nuevas funcionalidades; o cuando debamos modificarlo para que se adapte a un nuevo escenario.

No debemos olvidar nunca que **todos los programas tienen errores**, y encontrarlos es sólo cuestión de tiempo. Sabemos que aquellos programas que triunfan serán modificados para agregarles funcionalidades o quizás para solucionar problemas menores, que surgen por el uso masivo de ellos.
Sea la razón que fuere, todos los programas que triunfen serán modificados en el futuro, por el programador original o por cualquier otro programador. Teniendo en cuenta que el código fuente será revisado para corregir errores o para modificarlo, una de las normas más importantes a seguir en la implementación de un algoritmo es que el código fuente se entienda perfectamente, es decir, que no existan ambigüedades de interpretación por parte de los desarrolladores involucrados en el proyecto. Esta medida minimiza considerablemente la posibilidad de que se pruduzcan errores de interpretación.

III | REFACTORIZAR

Se define refactorización a modificar la estructura interna de una aplicación con el objetivo de ganar legibilidad y de esta manera lograr escalabilidad, de modo que el comportamiento externo observable del software al ejecutarse no se vea afectado.

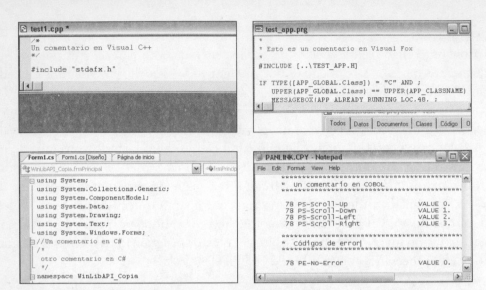

Figura 2. *Cualquier lenguaje nos da la posibilidad de incluir comentarios, es una de las armas más fuertes de las cuales disponemos para obtener código de calidad.*

No se puede establecer como norma, ni es recomendable tampoco, comentar todas y cada una de las sentencias que componen nuestro código fuente. Si así lo hiciésemos sólo estaríamos complicando aún más la legibilidad de nuestro código fuente. Entonces sólo comentaremos aquellas sentencias en las que no es claro o evidente la tarea que realizan. Para comprender perfectamente qué es correcto comentar, consideremos que los comentarios de nuestra aplicación son, a grandes rasgos, el **pseudocódigo** de nuestro programa.

Para obtener la claridad deseada comenzaremos con la declaración de variables. Es conveniente que las declaraciones estén al comienzo del programa, función, método, o clase (excepto en casos excepcionales, como puede ser la variable a utilizar por un bucle dentro de una función o método en particular), con un comentario de aquello que contendrá. Y si por el concepto por el cual fue creada la variable, sólo puede tomar valores dentro de un rango o valores muy específicos, es conveniente mencionarlos dentro del comentario.

III CONFIGURACIÓN DEL EDITOR I

La mayoría de los programadores utilizamos entornos de programación con el fondo del editor color blanco, no olvidemos que el color blanco, y los colores claros en general, son representados con mucha luz en nuestro monitor, produciéndonos sequedad lagrimal y dolor de cabeza.

```
//Ejemplo de comentarios para variables

class Descuento
{
    string strTipo;        // El tipo de descuento
    int intPorcentaje;     // El porcentaje (0 a 100)


    ...


}
```

Los comentarios deben escribirse en tercera persona. No resulta cómodo para la lectura posterior utilizar la primera persona, porque nos estamos refiriendo a la acción que efectúa nuestro programa, un objeto, una función, una sentencia, un fragmento de código o una explicación de cierto objetivo.

```
// Ejemplo de comentario incorrecto
// No utilizamos la tercera persona

using System;

class HolaMundo
// Imprimimos en pantalla "Hola mundo"
{
    static void Main()
    {
        Console.WriteLine("Hola mundo!");
    }
}
```

{} PSEUDOCÓDIGO

El pseudocódigo es una forma genérica de describir un algoritmo usando ciertas convenciones de los lenguajes de programación. Se escribe mezclando palabras de uso corriente con instrucciones de programación, respetando las estructuras de los lenguajes formales. Esta técnica nos permite concentrarnos en la solución, evitando la sintaxis de los lenguajes de programación.

```
// Ejemplo de comentario correcto
// utilizamos la tercera persona

using System;

class HolaMundo
// Clase que imprime en pantalla "Hola mundo"

{
    static void Main()
    {
            Console.WriteLine("Hola mundo");
    }
}
```

Los comentarios o aclaraciones referidos a una sentencia los escribiremos por encima o en su defecto al final de ésta. Pero nunca por debajo o **lejos**, ni aun indicando a qué sentencia nos referimos.

```
// Ejemplo de comentario incorrecto
// Comentario "Lejano"
using System;

// Con WriteLine se imprime la frase "Hola Mundo"

class HolaMundo!
{
    static void Main()
    {
            Console.WriteLine("Hola mundo");
    }
}
```

```
// Ejemplo de comentario correcto
// Comentario inmediato anterior
using System;

class HolaMundo
```

```
{
    static void Main()
    {
            //Impresión en pantalla de "Hola mundo"
            Console.WriteLine("Hola mundo");
    }
}
```

Cuando el comentario se refiera a un grupo de sentencias, la norma anterior es extensible, por lo que pondremos el comentario por encima de éstas.

```
// Ejemplo de comentario correcto
// Para un grupo de sentencias

class Persona
{
        ...

        //Impresión de los datos personales
        Console.WriteLine("Nombre: {0}",strNombre);
        Console.WriteLine("Edad: {0}", intEdad);


        ...
    }
}
```

En este último ejemplo también hacemos notar que el comentario acompaña la indentación de la sentencia.

Los comentarios que incluimos al final de líneas de código consecutivas debemos alinearlas por el inicio del comentario.

```
//Ejemplo de comentario correcto

class Automotor
{
    string strMarca;        // Marca del automotor
    int intModelo;          // El modelo del automotor
```

```
    ...

}
```

Todas las funciones o métodos que contenga nuestra aplicación deberán tener un comentario de aquello para lo cual fueron creados. Este comentario deberá estar situado junto al comienzo de la función o método y, mínimamente, deberemos enumerar los parámetros de entrada, si los tiene, como así también los requisitos que deberán cumplir éstos. ¡Cuidado!, de todos modos, se puede dar el caso que el nombre escogido para la función sea tan claro y evidente que resulte innecesario anexarle comentarios.

```
// Ejemplo de comentario para función o método

int SumarNumeros(int intNum1, int intNum2)

    // Suma dos números enteros
    // Recibe dos números enteros
    // Devuelve un entero

    {
            return intNum1 + intNum2;
    }
```

También es una buena norma a seguir colocar en el comentario del método o función algún separador formado por guiones o signos de igualdad repetidos que marquen su inicio y finalización. Este carácter debe prolongarse siempre hasta la misma columna, lo que da cierta prolijidad. De esta manera cuando leamos un archivo de código fuente que contiene muchas funciones será muy fácil, a simple vista, conocer dónde comienza y termina cada método o función.

En ocasiones, necesitamos anular cierto fragmento de código para que no se ejecute, sea en la fase de implementación y debugging, o en la fase de compilación y puesta en producción. En estas ocasiones, si la longitud del código es breve, comentaremos todas y cada una de las líneas que deseamos anular. Si utilizamos los comentarios para bloques, éstos sólo se ubican en la primer y última línea y, a menos que estemos trabajando con un editor gráfico que discrimine los colores de las sentencias, no nos resultará intuitivo qué se ejecutará y qué no. Y, por último, colocaremos por encima de este código la razón por la cual se anula.

También resulta muy útil que comentemos las sentencias **ELSE**, aunque no sea mucho más que la negación de la sentencia **IF** correspondiente. Si no colocamos este comentario, y la sentencia condicional abarca más líneas que las que nos muestra el monitor, deberemos desplazarnos hasta el **IF** para entender qué sucede en el **ELSE**, con la pérdida de tiempo para averiguar la condición.

Legibilidad del código

Para obtener un código legible necesitamos mucho más que comentarios. No alcanzará con que expliquemos qué hace cada sentencia, función, método o bloque de código, sino que debemos escribir el código fuente de manera tal que sea ordenado.

Que nuestra aplicación realice su cometido (que funcione correctamente) es independiente de los comentarios que le hayamos anexado o de la prolijidad u orden con que la hayamos escrito. Pero si nuestro programa carece de legibilidad, la práctica nos demuestra que tendrá una mayor probabilidad de cometer errores, será muy costoso depurarlo, y mantenerlo será imposible. Decimos que un programa está correctamente implementado, cuando cumple su cometido, y que está correctamente escrito, cuando tiene la cualidad de transmitir con facilidad su funcionamiento a otros desarrolladores.

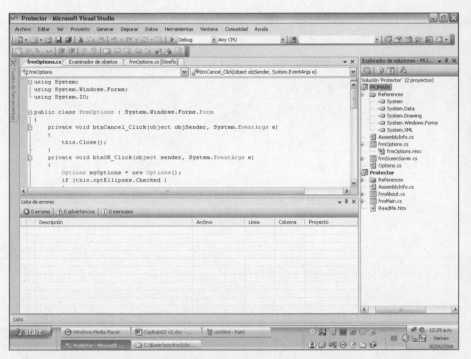

Figura 3. *Cuando disponemos de un entorno de desarrollo como Visual Studio la legibilidad del código se ve mejorada por las cualidades del editor.*

Cuando hablamos de legibilidad nos estamos refiriendo a la facilidad para interpretar cómo funciona el programa. La legibilidad de un código sólo nos incumbe a los desarrolladores. Al usuario le importa muy poco el nombre que les pongamos a las variables.

Indentación

Una correcta indentación nos guiará a través del laberinto de líneas de código, indicándonos en qué bloque está incluida cierta sentencia. También nos ayudará a encontrar fácilmente el inicio y el final de cada bloque de sentencias. La indentación es una de las técnicas más utilizadas y recomendadas para otorgar al código fuente legibilidad, y clarifica la estructura de manera que nos resulte fácil seguir la cadena de ejecución del nuestro código. Muchos editores permiten la indentación con caracteres de tabulación. Si una de las cualidades de nuestra aplicación es la portabilidad, entonces, es preferible utilizar espacios en blanco ya que la equivalencia entre la tabulación y los espacios en blanco no es igual en todos los sistemas operativos (por ejemplo **Unix** y **Windows** tienen 8 caracteres para la tabulación y **Macintosh** sólo 4).

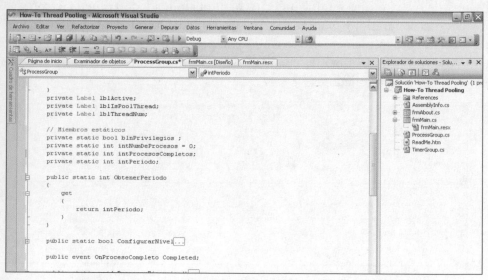

Figura 4. *Muchos entornos integrados de desarrollo agilizan
la codificación con una indentación automática.*

III   CONFIGURACIÓN DEL EDITOR II

Cuando elijamos el editor, con el cual vamos a realizar nuestro proyecto, es conveniente que lo estudiemos por completo, averiguando todas sus características y funcionalidades principales, de esta manera nos ahorraremos tiempo en un futuro.

Tampoco es recomendable abusar de la indentación. Pueden surgir líneas de código demasiado largas, con una extensión que supere el margen del monitor. En todos los lenguajes, todas las expresiones en general (matemáticas, lógicas, etc.) se pueden separar en varias líneas, para evitar sentencias largas.

Constantes

Siempre recomendamos la utilización de constantes para aquellos valores que no cambian en el transcurso de nuestro programa (aun cuando este valor se utiliza por única vez, exceptuando la inicialización de algunas variables de bucle): nos facilitará mucho la tarea de debugging y mantenimiento. Esto se debe a que no es necesario que modifiquemos este valor en todas las sentencias que lo utilizamos, sino que sólo se modifica el valor a la constante. El **compilador**, nuestro gran amigo, hará el resto. La utilización de valores incrustados dentro del código penalizan la legibilidad del código.

Las constantes se escriben siempre, por considerarse un estándar, enteramente en mayúsculas, sin excepción. Si es un nombre compuesto, sus palabras se separan con el signo de subrayado (guión bajo).

```
//Ejemplo de declaración de constantes


const double PI              = 3.14159;
const double NUMERO_E        = 2.7172;
```

Variables

Al igual que al usuario, al compilador le interesa muy poco cómo denominemos a nuestras variables; de todos modos, él las volcará en una **tabla de símbolos** sin importar su nombre. Sin embargo, a nosotros sí que nos interesa. Podemos poner mucho esmero en nuestra codificación, pero si utilizamos nombres de variables ambiguas, nos costará mucho comprender la lógica del procesamiento. Y estaremos más propensos a cometer errores, o en el caso de que no los cometamos, sufriremos luego a la hora de depurarlo, mantenerlo o incluirle nuevas funcionalidades.

III TABLA DE SÍMBOLOS

Es la tabla que utilizan los compiladores en el proceso efectuado por el **Front End**, para analizar la sintaxis y la semántica del código fuente. Esta tabla es una estructura de datos que almacena información relevante en el proceso de traducción. El proceso suele ser independiente de la plataforma o sistema para el cual se generará el archivo ejecutable.

Existen lenguajes de programación en los cuales no es necesario que declaremos el tipo de variables (**PHP**, **Java Script**, **VBScript**) y otros en los que ni siquiera es obligatorio que las declaremos (El viejo **Basic** y sus sucesores **Visual Basic** y **Visual Basic.NET**). Aun en estos casos es recomendable que coloquemos un prefijo en el nombre de la variable para que reconozcamos, avanzado el código, qué tipos de datos almacena.

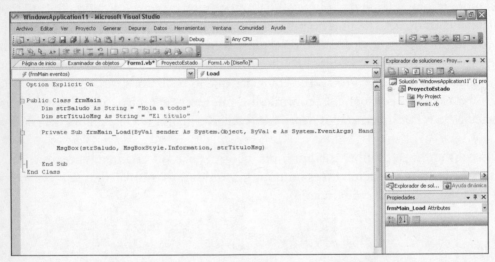

Figura 5. Aun en lenguajes *libertinos* se aconseja el uso de una notación para reconocer *qué* estamos almacenando.

```
//Ejemplo de prefijos

using System;

class clsEjemploPrefijos
    {
       static void Main()
       {
```

{} HARD CODE

En la jerga se conoce el hard code como el código fuente desprovisto de las mínimas normas de legibilidad y prolijidad. Muchos desarrolladores lo implementan de este modo con la malicia que supone que nadie pueda comprender su funcionamiento.

```
      sbyte    sbytSByte;

      byte     ubytUByte;

      short    shtEnteroCortoConSigno;

      ushort   ushtEnteroCortoSinSigno;

      int      sintEnteroConSigno;

      uint     uintEnteroSinSigno;

      long     slngEnteroLargoConSigno;

      ulong    ulngEnteroLargoConSigno;

      float    fltRealFlotante;

      double   dblRealDoblePrecision;

      decimal  dclReales28DigitosDePrecision;

      bool     blnResultadoBooleano;

      char     chrCaracter;

      string   strCadenaDecaracteres;

      object   objObjeto;


   ...


   }
}
```

Estos prefijos son sólo un ejemplo. Cada programador o equipo de desarrollo puede elegir uno propio. No tiene por qué tener tres caracteres, la notación húngara tiene uno y dos caracteres. Aunque con tres letras, el prefijo es más intuitivo, y tenemos más posibilidades.

Notemos que para diferenciar los tipos de datos con signo y sin signo, rompemos parcialmente la regla y colocamos un cuarto carácter, esto puede no ser necesario en muchos lenguajes, y según el tipo de desarrollo que llevemos adelante tampoco en **C# (o C/C++).**

Escribir este prefijo también es válido para aquellos lenguajes con tipos de datos básicos predefinidos (**PASCAL, C, C++, C#**), porque podremos conocer en cualquier

{} TIPOS DE COMPILADORES

Compilador optimizador: cambian el código para mejorar su eficiencia, manteniendo la funcionalidad original. **Compilador de una sola pasada:** generan código con una única lectura del código. **Compilador de varias pasadas:** generan código maquina con varias lecturas sobre el código. **Compilador JIT (Just In Time):** forman parte de un intérprete y compilan código según se necesitan.

sitio que estemos del código fuente, los tipos de valores permitidos de almacenamiento. Nos ayuda, también, a que no asignemos el valor de una variable a otra que no corresponda: por el tipo de dato o por la lógica del algoritmo.

Existen tácitamente convenciones aceptadas para los nombres de variables, que si bien no son obligatorias, son utilizadas por la mayoría de los programadores y nos ayudan a mantener cierto criterio en nuestros códigos:

• Las escribiremos con la primera letra (luego del prefijo) en mayúscula, y luego en minúsculas.

```
string strMarca;
```

• Si el nombre es compuesto, utilizaremos la técnica del camello, que consiste en escribir en mayúscula la primer letra de cada palabra.

```
string strMarcaDelAutomotor;
```

• El nombre que elegiremos debe ser un sustantivo, no debe ser ni contener un verbo.

```
bool  blnPermitirAcceso;      // No recomendada
bool  blnAccesoPermitido;     // recomendada
```

• A las variables con un ámbito muy extenso les elegiremos nombres muy explícitos, para poder recordarlas y reconocerlas.

```
String strNombreCompletoAspirante;
```

• Las variables con un ámbito breve pueden tener nombres muy cortos, como es el caso de los contadores de bucles. Y, en éstos, no es necesario el prefijo, porque el uso que les daremos será muy restringido

```
int i;
int j;
int k;
```

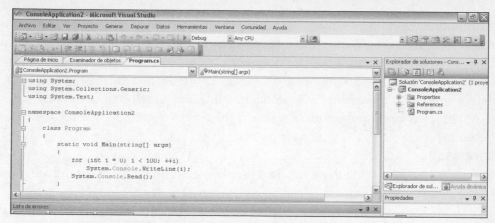

Figura 6. *No es necesario que nos esmeremos en el nombre
de una variable que sólo utilizaremos en dos o tres sentencias.*

• El nombre que elijamos, no debe ser ambiguo. Es decir, nombres como **cantidad**, **valor** o **estado**, se pueden prestar a confusión.

Debemos tener presente en todo momento cuándo y por qué utilizaremos las variables. Este pequeño análisis nos ayudará a decidir el ámbito de la variable. Preferiremos las variables locales a un objeto, a las públicas. Con esta norma, no sólo mejoramos notablemente la legibilidad de nuestro código, sino que además mejoraremos la performance global de la aplicación. Esto se debe a que no tendremos cargada una variable en memoria el tiempo que no la estamos utilizando.

Las variables de clase u objeto nunca las definiremos como públicas. No sólo para mejorar la legibilidad, sino para que no puedan ser modificadas por código externo. Asimismo, intentaremos definir todas las variables dentro de un método, siendo estas variables de método y no del objeto.

Siempre que sea posible, las variables las inicializaremos inmediatamente, no sólo para facilitar la legibilidad, porque tendremos el valor junto a la variable, sino también para evitar que tome un valor no deseado.

✳ PRUEBA DE REVISIÓN DE CÓDIGO

Una de las tantas técnicas de debugging, es la revisión exhaustiva del código fuente. Como su nombre lo sugiere, esta técnica se basa en la revisión del código línea por línea. Si éste no es legible, la prueba será extremadamente difícil.

Nunca utilizaremos la misma variable para retener dos valores de conceptos diferentes. Es decir, si definimos una variable **cantidad** para asignarle la cantidad de horas trabajadas y luego la utilizamos para asignarle la cantidad de registros de una tabla, penalizamos la legibilidad del código. A un lector de nuestro código le costará diferenciar en que momento de la ejecucion contiene cada uno de los valores y además, porque en algún momento la utilizaremos con el contenido que no debíamos.

Expresiones

En todos los lenguajes de programación, encontramos estructuras de control; éstas nos permiten modificar el flujo de ejecución de las instrucciones de nuestra aplicación. Estas estructuras son controladas por expresiones que, una vez evaluadas, arrojan una condición.

Las estructuras que son controladas por expresiones y condiciones son.

IF – THEN - ELSE
De acuerdo con una condición, ejecutar un grupo u otro de sentencias.

DO - WHILE
Ejecutar un grupo de sentencias mientras se cumpla cierta condición.

DO - UNTIL
Ejecutar un grupo de sentencias hasta que se cumpla cierta condición.

Dentro de estas estructuras de control evitaremos las expresiones complejas, sean numéricas o lógicas. Cuando una expresión sea muy extensa, nos podemos ayudar con variables temporales auxiliares o métodos auxiliares.

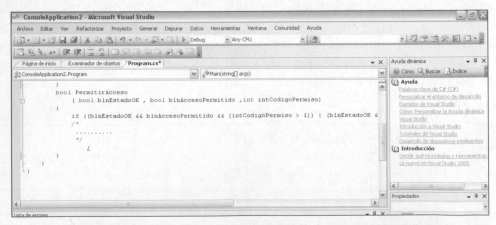

Figura 7. *Una expresión booleana compleja penaliza la legibilidad, y seguramente ocupará más caracteres de los que podemos visualizar en pantalla.*

En muchas expresiones existirán dos casos, el normal o esperado, que debe ir primero, y el caso anormal o inesperado, que deberá ir luego.

No es necesario validar la expresión, comparando contra TRUE o FALSE. Comparar una variable booleana contra un valor del mismo tipo, para obtener un resultado, sólo es pérdida de tiempo, para la lectura y para el procesador.

Funciones y métodos

Al igual que las variables, a las funciones y a los métodos, se sigue la costumbre de escribir sus nombres con la primer letra en mayúscula y las siguientes en minúsculas. Si el nombre es compuesto, se utiliza la técnica del camello. Al ser una función o método, a diferencia de las variables, el nombre debe reflejar acción, cuestión que lograremos juntando un verbo con un sustantivo, o simplemente con un verbo. Si utilizamos abreviaturas, debemos tener presente que deberán ser ampliamente reconocidas.

```
static void MostrarInformación()
```

Si el algoritmo a codificar en una función será muy extenso, nos conviene dividirlo. Entenderemos mejor un código breve que uno extenso.

No es bueno que la salida de una función esté a mitad de ésta, o que contenga varias salidas. Por prolijidad, salvo casos excepcionales, es más claro que una función tenga un único punto de salida, y desde luego, un solo punto de entrada.

Conclusión

Como hemos visto, debemos dejar de lado el antiguo precepto de **Arte de programación**. Un producto de calidad estará íntimamente ligado a un proceso de desarrollo sistemático y normalizado. Para obtener código de calidad, debemos tener en cuenta muchos más factores que la ausencia de fallas y la documentación.

... RESUMEN

Este capítulo ofreció una visión global sobre la calidad del software y sobre la calidad del código fuente en particular. Explicamos las pautas y recomendaciones que adopta y acepta la mayoría de la comunidad desarrolladora. Estas normas serán los pilares de una programación prolija. Así, luego podremos preocuparnos por la performance o robustez de nuestra aplicación.

TEST DE AUTOEVALUACIÓN

1 ¿Qué entendemos por código de calidad?

2 ¿La ausencia de errores, es un síntoma de buena calidad?

3 ¿Qué tarea comprende la implementación?

4 ¿En qué nos ayudan los paradigmas de programación?

5 ¿Es conveniente comentar todas las sentencias?

6 ¿Qué entendemos por legibilidad del código fuente?

7 ¿Son suficientes los comentarios para obtener legibilidad?

8 Desarrolle una aplicación (más allá del lenguaje) que reciba una lista de números y entregue su suma, su promedio, etc. Sin importar lo simple del programa, preocúpese por los comentarios.

9 Codifique un condicional IF con cuatro variables booleanas relacionadas con un AND, un OR y un XOR. Preocúpese porque la sentencia no supere el margen de su monitor.

10 Tome cualquier código fuente y valide cuantas funciones contienen en su nombre un verbo. Piense un nuevo nombre para aquellas que no lo contienen.

Velocidad

Podemos programar sin saber cómo

funciona el procesador, del mismo

modo en que podemos programar

sin saber cómo trabaja la memoria,

sea ésta caché, RAM o virtual.

O tal vez sin saber siquiera que hará

el compilador con nuestro código fuente.

Sin embargo, nos estaremos perdiendo

infinidad de mejoras en nuestro

código que provienen del conocimiento

de la traducción de nuestro

código fuente a las instrucciones

que entiende el procesador

y de su funcionamiento interno.

OPTIMIZACIÓN DE SOFTWARE

La optimización de software es una de las ramas de la Ingeniería del Software que tiene como objetivo mejorar la eficiencia de nuestras aplicaciones. Transformamos, mediante análisis, el programa en uno más eficiente en lo que respecta a velocidad, uso del procesador, requerimientos de memoria y recursos en general.

En la optimización de una aplicación buscamos mejorar el rendimiento del archivo o archivos ejecutables que la componen, a través de un código más eficiente y, en lo posible, de menor tamaño. No debemos olvidar realizar pruebas sobre el código que hemos optimizado, a los efectos de comprobar que sigue realizando su tarea de manera correcta. Además debemos verificar que realmente se haya producido la optimización. Hay oportunidades en las que luego de aplicar normas de optimización en nuestra aplicación, no aumenta su velocidad, sino que disminuye. Muchas optimizaciones recomendadas, como el reemplazo de la llamada a una función por la función misma (evitándonos la sobrecarga de llamadas a funciones), aumentan el volumen del archivo ejecutable. Si nos excedemos en el volumen de código ejecutable, aumentaremos la probabilidad de que sucedan errores de caché y errores de paginación, como veremos más adelante. Este es uno de los errores más importantes que muchos desarrolladores cometen por el desconocimiento del funcionamiento interno de la memoria.

Debemos comprender perfectamente toda la arquitectura de nuestra aplicación y del sistema en el que se ejecuta, para lograr implementar código eficiente y rápido. Sin embargo, hay algunas pautas que podremos seguir que son independientes del diseño.

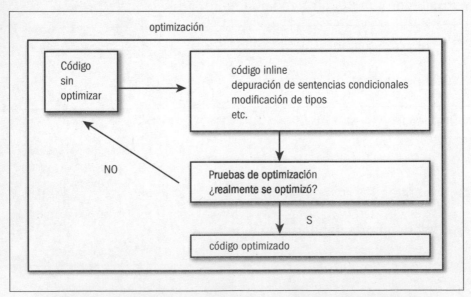

Figura 1. *El proceso de optimización de código tiene subetapas que no podremos saltear. Puede haber optimizaciones que resulten evidentes pero puede haber otras que necesitemos probarlas.*

Una diferencia conceptual que debemos tener presente es que si bien es importante tener el conocimiento suficiente que nos permita codificar algoritmos eficientes, es mucho más importante conocer cuándo y dónde debemos preocuparnos por realizar la optimización. Si nos preocupamos por la optimización de un componente de nuestra aplicación que sólo representa el 10 % del tiempo total de procesamiento, no importa la velocidad que obtengamos, jamás obtendremos una mejora superior a ese 10 %. Del mismo modo, preocuparnos por la optimización de un módulo que no realiza tareas críticas, puede resultar contraproducente para el proyecto. Sería muy costoso, optimizar todo el código de nuestro programa. hay otras en las que podemos discriminar las partes críticas de un procesamiento. De este modo sólo nos interesará optimizar el código que debe ejecutarse con máxima eficiencia. Debemos conocer los límites de este procesamiento crítico, para poder delimitar la fracción de código a optimizar. Es preciso analizar los costos de desarrollo, debugging y prueba que acarrea la optimización del código, para lograr un estudio de viabilidad y ver si es factible la optimización. Analizar cuál es el trabajo mínimo que podemos establecer a nuestro código. Y ante todo, descartar bibliotecas de código genéricas: no podemos pretender velocidad en nuestro código, si tenemos en él llamadas a rutinas innecesarias. En el caso de que exista la posibilidad de reutilizar una porción de código, se lo deberá estudiar línea por línea, sin excepción.

Muchos dirán que la velocidad con la que se ejecuta un algoritmo no es tan relevante como para dedicarle un análisis exhaustivo. Si bien cada año obtenemos un 50 % más de velocidad de procesamiento en los equipos informáticos, existen procesos productivos que no pueden esperar un año. Y existen otros tantos procesos a los cuales no se les puede costear una actualización de hardware.

Eficiencia de un algoritmo

Cuando mencionamos la eficiencia de un algoritmo, no sólo estamos diciendo que no contiene errores conceptuales o lógicos y que logra su cometido, sino que lo hace en el menor tiempo posible. O dicho de otro modo, utilizando los mínimos recursos necesarios para ejecutarse correctamente.

✳ ¿CUÁNDO OPTIMIZAR?

Muchas veces es recomendable optimizar el código en las últimas etapas del ciclo de vida del software, esto es así para poder preocuparnos sólo por la optimización de la aplicación y no por su desarrollo. Además, hay muchas optimizaciones que aparecerán sólo en las últimas etapas, que es cuando tenemos el diseño explícito de la aplicación finalizado.

Definiremos la eficiencia de un algoritmo como el costo de ejecutar un programa **sin importar su implementación**, y los factores que realmente nos interesan en este estudio son:

- **Los ciclos de procesador** (o tiempo de uso) necesarios para completar correctamente un algoritmo.
- **La cantidad de memoria** del sistema que consume el algoritmo.

En muchos centros de cómputo (o centros de procesamiento de datos) nuestro programa compartirá con otras aplicaciones los recursos y es por esta razón que debemos minimizar los requerimientos de nuestra aplicación. El tiempo tomado para ejecutar la aplicación es directamente proporcional al número de instrucciones que el procesador tiene que realizar al hacerlo. Como programadores debemos, entonces, elegir un algoritmo que minimice las operaciones a realizar, y tener especial cuidado de evitar cualquier operación redundante.

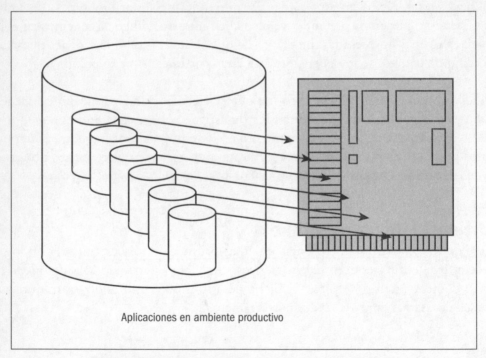

Aplicaciones en ambiente productivo

Figura 2. *Si estamos compartiendo recursos con otras aplicaciones, estamos obligados a optimizar el código.*

La cantidad de memoria que utilizamos en nuestra aplicación durante su ejecución es determinada por la cantidad de datos que tienen que ser guardados, y además por el número de instrucciones del procesador requeridas para establecer la ejecución del programa, ya que éstas también tienen que ser almacenadas en la memoria. Para minimizar el almacenamiento usado por nuestra aplicación no sólo debemos considerar los datos que manipularemos sino también la cantidad de operaciones que necesitamos para hacerlo.

Cuando nos referimos a operaciones, debemos tener bien en claro, que no hay relación directa con las líneas de código escritas. Aunque parezca un enunciado trivial, no siempre se tiene en cuenta, y se elige a la hora de la decisión el código más breve o más prolijo, sin entender, a priori, detalladamente la elección.

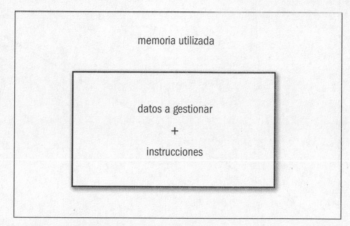

Figura 3. *No sólo debemos tener en cuenta los datos a manipular, sino también las sentencias que manipulan estos datos.*

Es importante que tengamos en cuenta que los algoritmos no son parecidos, ni mucho menos. Tampoco podremos confiar en nuestra habilidad como programadores para convertir un algoritmo **lento** en uno **rápido**. Por eso, antes de preocuparnos por cómo implementaremos o está implementado un algoritmo, nos debemos preocupar por el algoritmo en sí. O sea, en su complejidad.

Usualmente, todos los algoritmos tiene un valor N de datos a manipular. Sea para ordenarlos, buscarlos, imprimirlos por pantalla, etc. El volumen de recursos que consumirá un algoritmo en particular estará relacionado con este valor N. Lo que nos interesa es saber en qué proporción crece el volumen de recursos utilizados

III TRADUCTOR

Un traductor es una aplicación que traduce un fichero fuente de un lenguaje (ensamblador o de alto nivel) a código binario, generando instrucciones ejecutables. Estas instrucciones pueden ser volcadas sobre un fichero formando un archivo ejecutable o directamente sobre el procesador para ser ejecutadas de manera inmediata.

cuando crece N. Tomemos como ejemplo el tiempo. Si un algoritmo tarda una hora para procesar 100 registros y dos horas para procesar 200 registros, decimos que tiene una complejidad lineal: el volumen de recursos utilizados crece linealmente en relación a los datos manipulados.

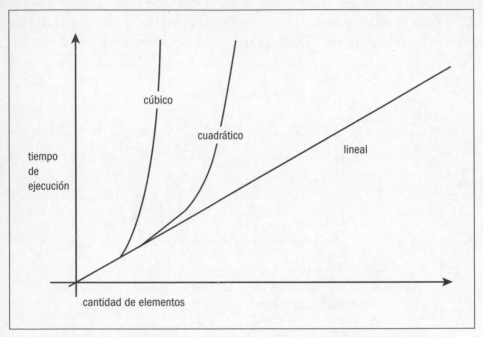

Figura 4. *La elección de un algoritmo según su complejidad, nos puede garantizar que utilizaremos la menor cantidad de recursos posibles.*

Cuando busquemos la eficiencia nos volcaremos al algoritmo de menor complejidad posible. Encontraremos algoritmos de complejidad constante, logarítmico, lineal, cuadrático, cúbico, exponencial, etc. No viene a la temática de este libro explicarlos detalladamente, pero bastará decir que un algoritmo de complejidad lineal es más rápido que uno de complejidad cuadrática. Sin embargo, en aplicaciones que abordan problemas de cálculo numérico no alcanzará con considerar su complejidad teórica. Tendremos que tener en cuenta muchos más factores. Tampoco alcanzará con conocer su tiempo de ejecución. Debemos tener presente la precisión del cálculo, la estabilidad del algoritmo, el consumo de memoria adicional, etc.

El procesador

El procesador es en donde ejecutamos realmente las cientos o miles de instrucciones de nuestros programas. Es un microchip con una gran escala de integración de transistores. Estos millones de transistores que hay en su interior forman una serie de circuitos lógicos que nos permiten ejecutar una determinada cantidad de instrucciones que le son propias. Cuando traducimos el código fuente a código máquina, **sea ensamblando, compilando o interpretando**, generamos las instrucciones que **entiende** el procesador y que serán realmente ejecutadas.

La ejecución de una instrucción no es tan **instantánea** como puede parecernos. Enunciaremos todos los pasos que sigue el procesador para realizar la ejecución de una instrucción de **código máquina**.

- Lectura de la instrucción de la memoria.
- Decodificación de la instrucción (determina qué hacer).
- Lectura del dato o datos necesarios que involucran la operación.
- Ejecución.
- Escritura del resultado en la memoria.

Tanto en la lectura de la instrucción, como del dato, puede darse el caso (muchas veces se da) de que el bloque de memoria solicitado por el procesador no esté en la memoria caché, por lo que la búsqueda del dato solicitado retrasará la ejecución de la instrucción.
El simple conocimiento de estos pasos nos hará replantear seriamente líneas de código que encontramos a diario creyendo que son eficientes y veloces.

Veamos un ejemplo trivial en **C#**.

En el siguiente ejemplo de código el resultado que esperamos es incrementar el contador en una unidad si cierta condición es verdadera.

```
// =================
//    Código "A"
// =================


int intContador;
```

III ENSAMBLADOR

Un ensamblador es una aplicación que traduce un fichero fuente escrito en un lenguaje ensamblador, a un fichero binario que contiene código máquina, ejecutable directamente por la máquina para la que se ha generado. En este tipo de traductores, la traducción se realiza de uno a uno. Es decir, una sentencia de lenguaje ensamblador equivale a una instrucción del procesador.

```
bool blnEstadoProceso;

...

if ( blnEstadoProceso ) intContador++;

...

// ================
//     Código "B"
// ================

int intEstadoProceso;                    // 1=TRUE ; 0=FALSE
int intContador;

...

intContador += intProceso;

...
```

Ambos códigos realizan el mismo cometido: si la variable **blnEstadoProceso** o **intEstadoProceso** son verdaderas, entonces, incrementamos nuestro contador. Pero la sentencia del código B es, obviamente, más veloz. En la sentencia del código B el procesador no debe ejecutar una sentencia de bifurcación condicional, sino que asigna de forma directa. Esto se logró, simplemente, por una convención utilizada. En esta convención establecemos un valor numérico para nuestra variable booleana; convención que deberemos respetar en todos los algoritmos que interactúen con la sentencia involucrada.

Debemos comprender que podemos dimensionar una variable del tipo que nos convenga para guardar un valor con el concepto que queremos. Estas convencio-

III   INTÉRPRETE

Un intérprete es un programa traductor, al igual que un ensamblador y un compilador. Con la diferencia de que es capaz de analizar y ejecutar en un solo paso los archivos generados escritos en un lenguaje de alto nivel. Se diferencian de los ensambladores y los compiladores, El intérprete no genera ningún archivo producto de la traducción. Sólo traduce el fragmento necesario.

nes pueden aparecer en la fase previa a la codificación del algoritmo, es por eso que al comenzar un proyecto, tendremos que prestar especial atención, para lograr que el armazón de nuestra aplicación acepte convenciones que, llegado el momento y si es necesario, nos asegurarán la velocidad del algoritmo. Pueden existir casos en los que estas convenciones generen penalidades sobre la legibilidad del código, pero debemos comentar estas convenciones, para amortiguar la confusión que podría dar, sabiendo que obtendremos mayor velocidad de ejecución y ahorro de recursos. De todos modos, un código optimizado no será muy extenso, por lo que la legibilidad no peligrará seriamente.

No podemos pensar que es sólo una instrucción más (veinte ciclos de procesador en el mejor caso, ¡dos millones de ciclos en el peor de los casos!). Hay aplicaciones críticas que nos exigen que miremos con lupa nuestro código fuente. Además si el código se encontrase dentro de un bucle, dejaría de ser el ahorro de una instrucción, para ser el ahorro de tantas instrucciones como veces se ejecute el bucle (mil, diez mil o tal vez un millón de veces).

Teorema de Dijkstra y las instrucciones de salto

Para crear un algoritmo tendremos presente el teorema de Dijkstra. Este famoso teorema demuestra que todo programa puede escribirse utilizando únicamente las tres instrucciones de control siguientes:

- **El bloque secuencial de instrucciones**: instrucciones ejecutadas secuencialmente.
- **La instrucción condicional alternativa**: IF THEN ELSE (y su variante: CASE).
- **El bucle condicional:** DO WHILE (y sus variantes: DO UNTIL , FOR NEXT).

Teniendo, las anteriores instrucciones como pilares para nuestra aplicación, debemos planear nuestros algoritmos para que codifiquemos la mayoría de sentencias secuenciales, y sólo ante necesidad instrucciones y bucles condicionales, sabiendo que penalizan la velocidad de procesamiento.

Es por eso que hay veces en que las instrucciones de salto, nos sirven parar evitar ejecutar instrucciones extras.

III CÓDIGO MÁQUINA

El código máquina o de bajo nivel, que es el código binario que obtenemos de un traductor, luego de entregarle el código fuente, es el único lenguaje que entenderá el procesador. De allí la velocidad perdida en los intérpretes que deben perder tiempo en traducir el código mientras se ejecuta, mientras los lenguajes ensamblados y compilados sólo lo traducen una vez.

Consideremos, **aunque su uso esté altamente desaconsejado**, la instrucción GOTO. Aun así, veremos que en casos **muy particulares** esta instrucción puede evitarnos que el procesador ejecute una sentencia de bifurcación condicional extra o una sentencia de comparación adicional. Por su naturaleza, esta instrucción transfiere **sin condiciones** la ejecución de la aplicación hacia la etiqueta o número de línea especificada en ella. Muchos compiladores traducen algunas sentencias de control como GOTO. En lenguaje ensamblador lo veremos como JMP (que traducido a código máquina es **11101011**). Y uno de los principales usos que le podemos dar es para salir de un conjunto de bucles anidados para evitar ejecutarlo más veces de las necesarias, o para evitar la comparación de la condición booleana que nos hará salir de él. O simplemente para el manejo de excepciones en ciertos lenguajes de programación, operación que sin la utilización de la sentencia GOTO, sería no solo lenta, sino, además, muy complicada.

```
public class ClsGoto
  {
  static void Main()
    {
    /*
    Declaración de variables
    */
    int intContador = 0;
    int x = 10;
    int y = 20;
    int z = 30;
    string strNumeroBuscado;
    string[,,] ArrstrArray = new string[x, y, z];


    /*
    Inicialización del Array
    */
```

{} EL PREPROCESADOR

El preprocesado es una operación previa a la compilación. Controla la forma en que se realizará la compilación del código fuente. Es un módulo que utiliza el compilador para realizar tareas sobre el código fuente para luego compilar. O sea, el compilador traduce de código fuente (texto) a código binario o ejecutable, el preprocesador modifica según le pidamos nuestro código fuente.

```
for (int i = 0; i < x; i++)
  for (int j = 0; j < y; j++)
    for (int k = 0; k < z; k++)
      ArrstrArray[i, j, k] = (++intContador).ToString();

/*
Solicitud del número a buscar
*/

Console.WriteLine("Ingrese el número a Buscar");
strNumeroBuscado = Console.ReadLine();

/*
Búsqueda del Número
*/

for (int i = 0; i < x; i++)
  {
  for (int j = 0; j < y; j++)
    {
    for (int k = 0; k < z; k++)
      {
      if (ArrstrArray[i, j, k].Equals(strNumeroBuscado))
        {
        Console.WriteLine("Se encontró el número en la ocurrencia:");
        Console.WriteLine( i + " - " + j + " - " + k );
        goto etqFinBusqueda;
        }
      }
    }
  }

Console.WriteLine("strNumeroBuscado + " no se encuentra en
    el array.");
etqFinBusqueda:;
  }
}
```

De modo similar la instrucción **BREAK** (un **GOTO** disfrazado) nos permite salir del bucle que la contiene, para evitar la ejecución de una instrucción condicional.

También nos podemos valer de la instrucción **CONTINUE** (¡otro **GOTO** disfrazado!) para continuar la ejecución en la siguiente iteración del bucle que lo contiene, para evitar la ejecución de una o más instrucciones irrelevantes.

Memoria

Memoria caché

Este tipo de memoria la encontramos entre el procesador y la memoria RAM y se utiliza para almacenar la copia de los datos que se procesan frecuentemente. Agiliza la transmisión de datos entre el procesador y la memoria RAM. La idea consiste en colocar una memoria rápida, lo más próxima posible al procesador, que contenga **palabras** de memoria RAM, de forma que el acceso del procesador a la memoria RAM tenga una duración cercana a la de un ciclo de reloj del procesador.

Usualmente encontramos dos memorias caché, una dentro de la CPU, junto al procesador, llamada caché interna, y la otra, fuera, llamada caché externa.

La memoria caché incluye etiquetas para identificar qué palabras de la memoria RAM está **duplicando**.

Esta memoria busca mantener la **proximidad** de las instrucciones y los datos que deben ejecutarse en el procesador. Esta proximidad puede ser tanto en el espacio como en el tiempo.

- **la proximidad espacial** se refiere al acceso a direcciones contiguas de memoria.
- **la proximidad temporal** se refiere al acceso repetitivo a un bloque de direcciones de memoria en un breve intervalo de tiempo.

Veamos cómo es el funcionamiento de la memoria caché:

- El procesador solicita el contenido de una dirección de memoria RAM.
- Si la memoria caché tiene el dato solicitado, lo entrega. Si no tiene ese dato se vuelca de la memoria RAM el bloque que contiene ese dato a la memoria caché.
- La memoria caché entrega el dato solicitado al procesador.

III   COMPILADOR

Un compilador, a diferencia de un ensamblador, traduce una sentencia del lenguaje a varias instrucciones del procesador. El código fuente que acepta un compilador estará escrito en un lenguaje de programación de alto nivel. El compilador generará un archivo binario (ejecutable) el cual podrá ejecutarse tantas veces como sea necesario.

Memoria RAM

La memoria RAM es un conjunto de circuitos integrados, se encuentra entre la memoria caché y el disco rígido. Esta memoria almacenará las instrucciones y los datos de nuestra aplicación para que puedan ser ejecutados, escritos o borrados de acuerdo con la lógica del procesamiento. A su vez, el procesador direcciona las localidades de la memoria, para solicitar su lectura o escritura.

Memoria virtual

La memoria virtual es un artilugio informático que le permite a nuestras aplicaciones acceder o utilizar más memoria RAM que la que realmente posee la computadora. La mayoría de los equipos informáticos tienen cuatro clases de memoria:

- **Registros del procesador**, que son los registros en los que accede directamente el procesador para las operaciones de lectura y escritura.
- **La memoria caché** explicada antes, que puede estar tanto dentro como fuera de la CPU.
- **La memoria RAM** (llamada generalmente memoria principal, en la que el procesador puede solicitar la escritura/lectura de datos)
- Por último tenemos **el disco rígido** (como cualquier otro medio de almacenamiento secundario) que si bien es mucho más lento, también es más grande y barato.

En este último es en donde está situada la memoria virtual. Es una especie de memoria que utilizan la mayoría de los sistemas operativos. pero en vez de almacenar la información en los circuitos integrados de la memoria RAM, se almacena en un archivo en particular que está en nuestro disco rígido. Este archivo, llamado archivo de paginación o paginado (*swap file*), sirve como una ampliación auxiliar de la memoria cuando la memoria RAM está saturada de información. Es decir, cuando tenemos muchas aplicaciones ejecutándose y el volumen de éstas (y de los datos que manipulan) supera el volumen total de la memoria RAM del equipo informático, el sistema operativo mueve parte de la información desde la memoria RAM hacia el archivo del disco rígido. La elección de qué información volcar al disco rígido para liberar memoria RAM se realiza con un criterio temporal, no repetitivo. O sea,

✳ TADS

En la utilización de alguna implementación de tipos abstractos de datos, es cuando más se producen errores de caché y errores de paginación.
Si el TAD sufrirá muchas ABM, es conveniente, aunque no siempre es posible, que sea una estructura pequeña para mantener referencias espaciales cercanas.

el sistema operativo volcará aquellas páginas de memoria que estuvieron más tiempo sin ser accedidas por las aplicaciones. De esta manera deja espacio libre en la memoria RAM para nuevas aplicaciones.

Cuando el procesador solicita nuevamente los datos, éstos deben ser volcados otra vez en la memoria RAM.

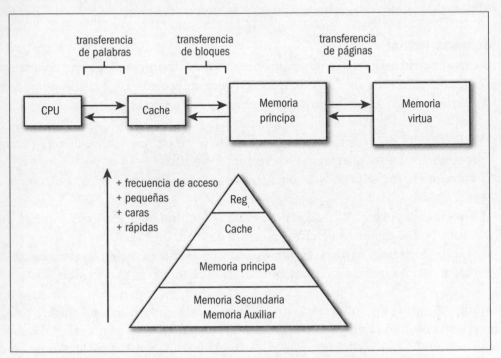

Figura 5. *La transferencia entre las distintas memorias no es igual.*
Esto se debe a las distintas velocidades de cada una.

Aciertos de caché

Como mencionamos, la memoria caché está situada junto al procesador, es la memoria más próxima que éste tiene, y por esto, la más veloz. Cuando nuestra aplicación se está ejecutando y la siguiente instrucción (o dato) a ser ejecutada por el procesador no se encuentra en la memoria caché, debe ser buscada en la memoria RAM. A esta búsqueda se la denomina **error de caché** y los errores de caché disminuyen la velocidad de ejecución de nuestro programa.

Pero si la instrucción se encuentra en la memoria caché, estaremos aprovechando las ventajas de ésta. Un **acierto de caché** interna por parte de nuestra aplicación sólo nos costará entre 10 y 20 ciclos de reloj del procesador. Un acierto de caché externa no nos costará más de 20 a 40 ciclo de reloj del procesador. Pero un error de caché nos costará de 120 a 200 ciclos de reloj del procesador.

La diferencia parece poca. Y si consideramos la tecnología de hoy en día, hasta insignificante. Sin embargo, hay procesos que necesitamos ejecutar repetidas veces, y el ahorro o pérdida de tiempo que tengamos será dado por la cantidad de veces que acertemos o erremos un dato o instrucción en la caché.

Entonces, a la hora de optimizar un fragmento de nuestro código fuente, tendremos que saber aprovechar las bondades de esta memoria. Como resulta casi imposible evitar los errores de caché, lo que se busca, es minimizarlos. Para esto, es importante utilizar **estructuras de datos** con un grado de proximidad cercano: tanto espacial como temporal. Es decir, aquellos datos e instrucciones que necesitan ser procesados con velocidad, deberán ser pequeños (hasta 30 bytes aproximadamente) y además ser situados en memoria de manera secuencial.

Errores de paginación

Cuando hablamos anteriormente de la memoria virtual nos referimos a un intercambio de información entre la memoria RAM y el disco rígido.
Este intercambio de información no se realiza byte por byte, sino página por página. Una página es el volumen de información que se lee o escribe cada vez que utilizamos el archivo de paginación.
Luego de un error de caché, el procesador solicita la lectura de la información de la memoria RAM. Pero si la información a procesar tampoco está en la memoria RAM, debe ir a buscarla al disco rígido. A esta tarea se la denomina error de paginación.
Así como un error de caché (interna o externa) nos cuesta entre 120 y 200 ciclos de reloj de procesador, un error de paginación nos puede llegar a costar hasta un millón de ciclos de reloj de procesador.
El código que deseamos optimizar debe minimizar el uso de instrucciones de bifurcación condicionales, y no debe contener llamadas a funciones o métodos. Esto último es fácil de realizar, sólo debemos reemplazar la llamada a la función o método por el código que realizan. Muchos compiladores nos ahorran esta tarea, ya sea con un **preprocesador** o por funciones **inline**. De este modo logramos diseñar una ejecución secuencial, y así, las instrucciones serán cargadas en memoria consecutivamente.

III ESTRUCTURA DE DATOS

Una estructura de datos es una forma de organizar un conjunto de tipos de datos básicos, para lograr facilitar la manipulación de éstos como un conjunto o individualmente. De esta manera logramos definir una organización más prolija en la lógica de procesamiento de los datos. Las operaciones que definiremos serán: altas, bajas, modificaciones y búsquedas sobre el conjunto de datos.

Pero no debemos abusar de este método de optimización, por lo que sólo ganaremos velocidad si lo aplicamos sobre un código breve.

Veamos un ejemplo en el que realizamos la suma de dos parámetros.

```
using System;
/*
Ejecución de un proceso llamando a un método
*/

namespace EjSinInline
{
  class ClsSinInline
  {
    static int Sumar(int intOperando1, int intOperando2)
    {
      return (intOperando1 + intOperando2);
    }

    static void Main(String[] args)
    {
      int intArg1 =  Int32.Parse(args[0]);
      int intArg2 =  Int32.Parse(args[1]);

      /* Se llama al método Sumar */
      Console.WriteLine(Sumar(intArg1,intArg2));
    }
  }
}
```

Si nos preocupa la optimización del proceso de suma reemplazamos el llamado al método por el método mismo.

Sin importar el lenguaje del cual se trate, las llamadas a funciones o métodos resultan costosas, pues bifurcan, si bien incondicionalmente, la ejecución de la aplicación. Estas bifurcaciones penalizan el tiempo de procesamiento debido a la dependencia que existe entre ambos sectores del código fuente. Y si el código de la llamada es muy extenso, se vaciará la memoria caché del procesador.

En lo que respecta al compilador de **C#**, no se permiten funciones **inline**, como se permite por ejemplo en **C++**, por lo que el reemplazo de la llamada al método por el método mismo, sólo podremos hacerlo manualmente.

```
using System;
/*
Ejecución de un proceso con Inline
*/


namespace EjConInline
{
  class ClsConInline
  {
    static void Main(String[] args)
    {
      int intArg1 =  Int32.Parse(args[0]);
      int intArg2 =  Int32.Parse(args[1]);

      /* Sustitución de la llamada al método por las instrucciones del método */
      Console.WriteLine(intOperando1 + intOperando2);
    }
  }
}
```

El código **MSIL** *(Microsoft intermediate language)*, el cual es generado de forma automática por el compilador de C#, incluirá en cada llamada a los métodos una instrucción **CALL** para poder ejecutarlos. Pero el módulo **JIT** *(Just In time Translation)*, en ciertas ocasiones si lo considera, sustituye las llamadas al método por las sentencias mismas del método.

Debemos generar, dentro de las posibilidades que nos otorgue nuestro algoritmo, niveles pequeños de anidamiento (a lo sumo dos). De esta manera las referencias en memoria serán espacial y temporalmente próximas.
Si codificamos construcciones iterativas (**DO WHILE, DO UNTIL, FOR NEXT**) dentro de un método, descartaremos la expansión de código.

III MSIL

Es el lenguaje utilizado como salida de cualquier compilador compatible con la tecnología .NET, que luego será utilizado como la entrada para un compilador **Just In Time** (JIT) para compilarlo a código nativo de la plataforma destino.

Ordenar

La ejecución de un proceso de ordenamiento es una de las operaciones que consumen más tiempo (y más recursos) si la comparamos con la ejecución de otras operaciones.

La opción más fácil que podemos elegir, para lograr elevar la eficiencia del código que deseamos optimizar, es dejar el proceso de ordenamiento para otro momento de la ejecución: cuando no es imprescindible una ejecución veloz.

De acuerdo con lo último podemos tomar tres elecciones:

• Ejecutar el proceso de ordenamiento una vez que la velocidad de ejecución ya no sea importante ni crítica.

• Ejecutar el proceso de ordenamiento antes de que la velocidad de ejecución se torne importante o crítica.

• Ejecutar el proceso de ordenamiento sólo sobre los datos que interactuarán con la parte de código en la que la velocidad de ejecución es importante o crítica.

Tenemos una cuarta opción: generar los datos de forma ordenada.

Aunque sólo conviene hacerlo cuando la estructura de éstos es pequeña: unos cuantos bytes. De lo contrario generaremos referencias espaciales lejanas, y con ello, errores de caché y de paginación. No tenemos una fórmula a seguir para todos los casos posibles. Por eso es aconsejable, dentro de nuestra posibilidades, probar más de una opción para poder comparar y evaluar las diferencias de velocidad.

Uso de memoria y uso de procesador

El uso de memoria y tiempo de procesador, estará ligado íntimamente al algoritmo en sí. Podríamos decir que cada algoritmo tiene asociado un uso de requerimientos. La complejidad del algoritmo tendrá una relación importante con estos requerimientos. Pero veremos que cuando implementamos un algoritmo podemos manipular estos requerimientos de forma tal que minimicemos el tiempo de procesamiento o el uso de memoria.

La diferencia más importante que encontraremos será entre algoritmos implementados iterativa y recursivamente. En la mayoría de los casos un algoritmo iterativo resultará más eficiente que uno recursivo.

Una implementación recursiva es usualmente menos eficiente en lo que respecta a tiempo del procesador y en consumo de memoria que una implementación iterativa. Esto se debe a las operaciones auxiliares que se realizan por las llamadas repetitivas de la misma función que se invoca.

En el momento en que un método invoca a **otro** método se hace una reserva de memoria para las variables locales y para los parámetros pasados **por valor** (no **por referencia**). Cuando el segundo método finaliza, el espacio utilizado en su ejecución es desocupado. Si un método se invoca a sí mismo, copiamos en memoria la estructura de el mismo antes de ser invocado. Y una vez invocado copiamos otra vez las variables locales y los parámetros (por valor). Esto lo haremos tantas veces como se invoque el método. Y cada vez que sea invocado, las llamadas quedarán suspendidas en memoria (y serán borradas de la memoria caché) hasta que no terminen las llamadas recursivas.

	MEMORIA	uso de memoria
	SoyRecursiva (Parámetro_1, Parámetro_2)	
Copia 1	SoyRecursiva (Parámetro_1, Parámetro_2)	X2
Copia 2	SoyRecursiva (Parámetro_1, Parámetro_2)	X3
Copia 3	SoyRecursiva (Parámetro_1, Parámetro_2)	X4
Copia 4	SoyRecursiva (Parámetro_1, Parámetro_2)	X5
Copia 5	SoyRecursiva (Parámetro_1, Parámetro_2)	X6
Copia 6	SoyRecursiva (Parámetro_1, Parámetro_2)	X7
Copia 7	SoyRecursiva (Parámetro_1, Parámetro_2)	X8
Copia 8	SoyRecursiva (Parámetro_1, Parámetro_2)	X9
Copia 9	SoyRecursiva (Parámetro_1, Parámetro_2)	X10
Copia 10	SoyRecursiva (Parámetro_1, Parámetro_2)	X11
Copia 11	SoyRecursiva (Parámetro_1, Parámetro_2)	X12
Copia 12	SoyRecursiva (Parámetro_1, Parámetro_2)	X13

Figura 6. *Las desventajas que nos traen las implementaciones recursivas son el excesivo uso de memoria.*

Conclusión

Es importante entender que no hay más que unas pocas reglas generales a seguir cuando se trata de optimizar software. Sin embargo, el conocimiento que tengamos sobre la plataforma en la que se ejecutará nuestra aplicación, así como el conocimiento que tengamos sobre el hardware en general, nos ayudará notoriamente en esta tarea. No podemos olvidar que al final serán los componentes de un equipo informático quienes ejecutarán nuestras instrucciones.

... RESUMEN

Vimos qué importante es conocer, aunque sea a grandes rasgos, el funcionamiento del procesador y la memoria del equipo informatico. También conocimos los diferentes tipos de memorias con las que nos podemos encontrar, y cómo estas influyen en la velocidad de ejecución del codigo de nuestros programas.

TEST DE AUTOEVALUACIÓN

1 ¿A qué llamamos optimizar software?

2 ¿A qué llamamos complejidad de un algoritmo?

3 ¿La lectura de un dato o instrucción de la memoria requiere un solo ciclo de reloj?

4 ¿Qué tipos de memorias existen?

5 ¿Es bueno generar estructuras de datos con referencias espaciales o temporales cercanas?

6 ¿Es lo mismo error de caché y error de paginación?

7 Desarrolle o busque distintos códigos de ordenamiento, ejecútelos variando cantidad de elementos. ¿Puede decidirse por alguno de ellos?

8 Codifique un bucle FOR con 1.000.000 iteraciones, en el cuerpo del bucle coloque una llamada a la función SumarNumeros que recibe 2 números y entrega su suma. Luego reemplace la llamada a la función por su código. Sin almacenar el tiempo en una variable para medir la demora ¿Puede decir cuál duró menos tiempo?

9 En el código anterior reemplace la función SumarNumeros por una función que imprima en pantalla 100 números de 32 bits (en C# es el tipo int). Luego modifique el bucle FOR para que se ejecute 100 veces mostrando por pantalla 1.000.000 de números de 32 bits. ¿Puede predecir cuál demorará menos tiempo, y por qué?

Integridad de los datos

Cuando comenzamos con un proyecto informático, estamos aceptando tácitamente, requerimientos que se consideran propios de la creación de un producto software que demuestre calidad. No estamos considerando funcionalidades del producto, tecnologías ni estrategias. Aquello que aceptamos, muchas veces proveniente del usuario final, son las cualidades que deberá cumplir nuestro producto.

CONCEPTO DE INTEGRIDAD

Cuando mencionamos la integridad de los datos, nos referimos al conjunto de información que maneja nuestra aplicación y al modo en que la gestiona: no sólo a los datos almacenados, sino a la información (digital, escrita y visual) que interactúa con el usuario o con otras aplicaciones. Decimos que un producto software cumple ciertas cualidades en mayor o menor medida. **La integridad engloba la capacidad que posee un producto software para cumplir requisitos generales de calidad.**

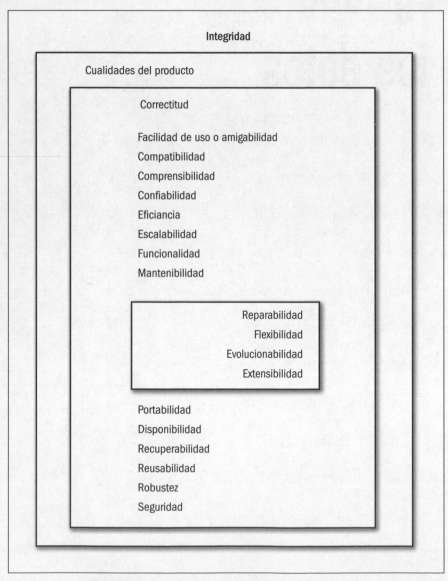

Integridad

Cualidades del producto

Correctitud

Facilidad de uso o amigabilidad

Compatibilidad

Comprensibilidad

Confiabilidad

Eficiancia

Escalabilidad

Funcionalidad

Mantenibilidad

Reparabilidad

Flexibilidad

Evolucionabilidad

Extensibilidad

Portabilidad

Disponibilidad

Recuperabilidad

Reusabilidad

Robustez

Seguridad

Figura 1. *Las distintas cualidades que podemos observar en una aplicación nos indican su calidad.*

Así como mencionamos que un código de calidad debe cumplir muchas más normas que la falta de errores, el software en su conjunto también debe cumplir ciertas cualidades. Cuando hablamos de **conjunto** nos referimos a los programas, archivos o bases de datos, impresiones, interfaces, documentación y demás recursos que tienen como objetivo específico cumplir el propósito que exige el usuario final, y los requisitos que debe cubrir el proyecto para hacerlo.

Si nuestra aplicación es muy fácil de usar, muy veloz y confiable pero los reportes impresos tienen la tabulación errónea o simplemente falta, es difícil que podamos calificarla de calidad.

A estas cualidades las podremos dividir en dos grupos:

- **Las cualidades internas** se refieren a aquellos factores de calidad que sólo son útiles para el desarrollador (uno de ellos es la legibilidad).
- **Las cualidades externas**, en cambio, se refieren a aquellos factores de calidad que influyen en el uso de los usuarios finales (la facilidad de uso es la más notoria).

Correctitud

Una aplicación es correcta si realiza aquello para lo cual fue creada. Es una **propiedad absoluta**. O sea, la aplicación es correcta o es incorrecta. Si cumple con los requerimientos especificados por el usuario es correcta, caso contrario, no lo es.

Si implementamos una aplicación para sumar dos cifras, será correcta **si y solo si** nos devuelve el resultado de haber sumado las dos cifras. El requisito es que sume estas cifras. Si devuelve cualquier otro resultado, pero no su suma, decimos que la aplicación es incorrecta.

Para juzgar si una aplicación es correcta, no intervienen más factores que los nombrados: requerimientos, verificación y resultados. Podemos ejecutar dos aplicaciones con los mismos requerimientos y tal vez una de ellas realice la tarea en más ciclos de reloj, pero si esta aplicación devuelve como resultado la suma de las dos cifras, decimos también que es correcta.

▌▌▌ DOCUMENTACIÓN

Cuando mencionamos calidad de software, mencionamos la integridad de los datos. Estos datos también se refieren a la documentación tanto interna o externa que generemos acerca del proyecto, del código fuente y de la ayuda que brindemos al usuario. Es importante documentar toda la información. Esta tarea nos garantiza obtener un producto de calidad.

Esta es la cualidad que toda aplicación debe tener, se encuentra implícita en su desarrollo. Es una cualidad tanto interna como externa, aunque en muchas oportunidades sólo se la considere externa.

Cada vez que iniciamos el desarrollo de un producto software, especificamos el alcance que debe tener y los requerimientos que debe cumplir cuando se encuentre terminado. Entonces, la correctitud es la capacidad que tienen las aplicaciones para realizar con exactitud sus tareas. Es decir, una aplicación es funcionalmente correcta cuando cumple las especificaciones de sus requerimientos funcionales (sólo nos interesa su función y resolución, no como lo realiza). Con esta definición asumimos que existe una especificación de requerimientos por parte del usuario final, y que estos requerimientos son correctos y no contienen ambigüedades.

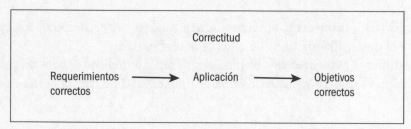

Figura 2. *La correctitud es una cualidad que no puede contener errores de interpretación.*

Es difícil en la práctica juzgar esta cualidad, debido a que los requerimientos no siempre están claros. Por eso debemos preocuparnos en la exactitud (y falta de ambigüedades) en los requerimientos del usuario.

Facilidad de uso o amigabilidad

Un producto software es fácil de usar o amigable, cuando el usuario final no encuentra dificultades o ambigüedades en su uso. También se le otorga esta cualidad a aquellos programas con una **curva de aprendizaje** suave. Es decir que se puede aprender su uso en un período breve de uso o capacitación. Esta cualidad es muy variable de acuerdo con qué **clase de usuario final** estemos enfocando el producto. Si el usuario final es el personal administrativo de una empresa contable (o cual-

III VERIFICABILIDAD

Algunas veces nos pueden exigir que un producto software sea verificable. Es decir, que sus cualidades puedan sen verificadas sin mayor dificultad. Un cliente nos puede exigir verificar, mucho más allá de las pruebas, la correctitud o eficiencia de la aplicación. Esta cualidad puede considerarse tanto interna como externa, ya que puede interesarnos a nosotros como al usuario final.

quier usuario no profesional en informática), valorarán notablemente el uso del mouse en ventanas y menúes. En cambio, si la aplicación está dirigida a administradores de arquitecturas o a soportes de sistemas, las propiedades referentes a facilidad de uso o amigabilidad, serán muy distintas. Seguramente les agradará mucho más el ingreso de comandos que el uso del mouse.

Sea uno u otro caso la amigabilidad estará fuertemente relacionada con la interfaz que le demos al producto. Aunque será mucho más que eso. Si nuestro producto demora una eternidad en otorgar resultados, no sólo será ineficiente o lento, sino que difícilmente podremos calificarlo como amigable.

Figura 3. *El Microsoft Word es un buen ejemplo de amigabilidad, aunque existan otros procesadores de texto, es lejos el más completo y cómodo.*

III OPORTUNIDAD

La oportunidad, al igual que la visibilidad, también es una cualidad del proyecto de desarrollo. Y se refiere a la habilidad que tiene el equipo de desarrollo de **entregar el producto a tiempo**. Esta cualidad estuvo ausente (y aún lo sigue estando en muchos desarrollos) lo que produjo el nacimiento de la ingeniería del software para normalizar el desarrollo, como vimos en el capítulo uno.

Para ayudar a elevar el factor de amigabilidad no sólo es necesario una interfaz adecuada, sino también contar con documentación externa (referente a la interfaz y al uso, no al código fuente) clara y sencilla.

Compatibilidad

La compatibilidad de nuestra aplicación estará dada por la facilidad que tiene para interactuar con otras aplicaciones.

No es una cualidad más, la mayoría de los programas estarán acompañados por otros en la operatoria diaria del usuario final. Deberán entregar datos en formatos que sean estándares, para que puedan ser procesados por otras aplicaciones. Una aplicación que además de generar informes y reportes impresos, genere la misma información pero en archivos de Microsoft Excel, Microsoft Word, HTML, XML, o simplemente en texto plano tabulado; será muy apreciada. En muchas ocasiones las aplicaciones tienen grandes problemas para interactuar con otras. El usuario final muchas veces debe importar y exportar datos con alguna aplicación intermedia para lograr el formato que debe ingresar en otra.

Usualmente las aplicaciones nos permiten como datos de entrada un conjunto de formato de datos. Un ejemplo claro es la importación de datos en Microsoft Excel, en donde éstos deben ser de longitud fija o estar separados por cierto carácter. Si la cualidad que nos interesa en nuestra desarrollo es la compatibilidad, nuestra aplicación deberá proveer una interfaz para recibir y entregar información en los formatos más utilizados.

Comprensibilidad

La comprensibilidad es una cualidad interna del desarrollo de la aplicación, y define la facilidad que tenemos los programadores para entender su lógica, ejecución o procesamiento. Será la amigabilidad para los desarrolladores.

Si bien estará ligada al problema que abordemos, no significa que no le prestemos atención o que resignemos su análisis. Una aplicación que realice backups (copias

▐▐▐ CURVA DE APRENDIZAJE

La curva de aprendizaje es muy valorada en ambientes **multiservicio**, en los que un grupo de usuarios manejan muchas aplicaciones para operar servicios de alta disponibilidad (accesos a un sitio web por ejemplo). El uso continuo de varias herramientas, obliga a que estas sean fáciles de aprender, debido al tiempo para estudiar todas las aplicaciones que involucran la operación.

de seguridad), no será tan fácil de comprender como otra que administre un inventario, Sin embargo, una lógica adecuada y la legibilidad como aliada, pueden lograr que un problema de difícil comprensión pueda ser entendido sin grandes inconvenientes por otros desarrolladores.

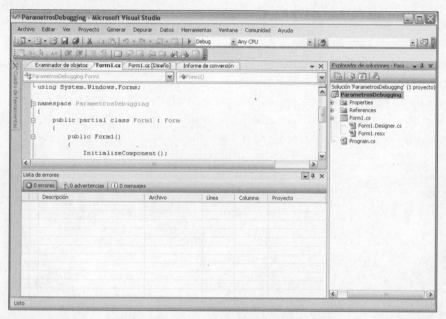

Figura 4. *El entorno de Visual Studio 2005 nos ayuda a comprender el código fuente, con código de colores para las sentencias y con la contracción y expansión de código.*

Habrá que sumar, por supuesto, toda la documentación interna al desarrollo, para aumentar la comprensibilidad.

Confiabilidad
La confiabilidad de una aplicación está basada, obviamente, en la confianza que le tienen los usuarios. Cumple los requerimientos solicitados por el usuario final y en el caso de fallar no le ocasiona grandes problemas, pérdida de información o de dinero.

{} CONFIANZA

Cuando desarrollamos un producto software estamos depositando toda nuestra confianza en dos niveles inferiores: Sistema Operativo y Compilador. Nos basamos en un precepto de axioma en donde todas las cualidades de nuestra aplicación estarán apoyadas incondicionalmente en el buen funcionamiento del compilador y del sistema operativo.

Una definición más catedrática dirá que la confiabilidad estará dada en términos de un comportamiento estadístico. La probabilidad de que nuestra aplicación funcione cumpliendo los requerimientos del usuario final en un intervalo de tiempo específico, nos dará la confiabilidad de nuestro producto. Así como dijimos que la correctitud es una propiedad absoluta, la confiabilidad es **relativa**, y muchas veces **subjetiva**. De hecho una misma aplicación puede resultar confiable para un grupo de usuarios y para otros no. Si la falla de la aplicación ocasionó a un usuario pérdida de información, por producirse antes de guardar los datos, no le resultará para nada confiable.

Es relativa porque si bien una aplicación puede fallar en ciertas ocasiones, haciendo que sea incorrecta, aún puede ser confiable, porque quizás la consecuencia de la falla no ocasione grandes inconvenientes.

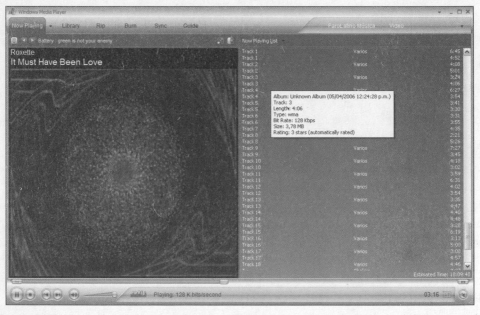

Figura 5. *El Windows Media Player es un excelente ejemplo de Software confiable. No sólo por la baja cantidad de errores, sino porque una falla de la aplicación no sería tan dramática.*

III ECONOMÍA

Otra cualidad que afecta al desarrollo, es la economía de éste. Es la capacidad que tiene un proyecto para llegar a completarse en **tiempo y forma** sin utilizar más recursos que los previstos. Todos los recursos que utilizamos pueden resumirse en uno solo: **presupuesto**.

Eficiencia

Como vimos en el capítulo anterior, la eficiencia de un algoritmo estará dada por el tiempo de uso de CPU y por el consumo de memoria. La eficiencia de una aplicación estará dada también por el consumo de todos aquellos recursos de los cuales la aplicación hace uso. Decimos que una aplicación es eficiente si utiliza los recursos de los sistemas informáticos (memoria, tiempo de CPU, espacio en disco, ancho de red, etc.) en forma económica.

Una aplicación implementada con gasto excesivo de recursos de CPU, no sólo es molesta por su lentitud, sino que reduce la producción de los usuarios en relación al tiempo. Un consumo desmesurado de espacio en disco genera un impacto directo en los costos económicos de procesamiento. La utilización sin control de la memoria del sistema, además de impactar económicamente, generará retrasos en las demás aplicaciones que compartan su uso. También sabemos que la tecnología nos ayuda en estos impactos económicos generando hardware más potente y más barato, pero no podemos **atar** nuestras aplicaciones a los avances tecnológicos, y mucho menos a la obligación del usuario final a recurrir a hardware más potente.
Por otro lado, una aplicación puede ser razonablemente eficiente para un volumen de datos pero no para otro volumen mucho mayor. Una aplicación con algoritmos de complejidad cuadrática se puede volver ineficiente o intratable si el volumen con el que debe operar crece considerablemente.

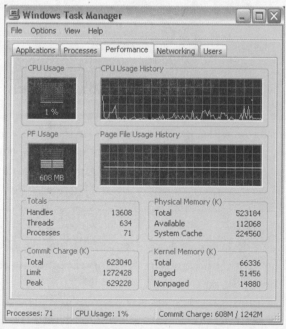

Figura 6. *El Windows Task Manager nos permite ver la **realidad** del uso de recursos. Podemos observar sus valores, mientras ejecutamos distintas aplicaciones.*

Escalabilidad

Consideramos formalmente que la escalabilidad es la menor o mayor facilidad que tienen las aplicaciones para incorporarle nuevas funcionalidades una vez que se encuentran operando en un ambiente productivo. Es una cualidad interna, y está relacionada fuertemente con la legibilidad y comprensibilidad de la aplicación. Pero también se encuentra relacionada con la eficiencia, como dijimos en el apartado anterior, una aplicación con algoritmos de complejidad cuadrática puede comportarse mal con grandes volúmenes de información. Entonces, la aplicación no será fácilmente escalable a grandes volúmenes de datos, porque deberemos rediseñar la aplicación hasta que el tiempo de procesamiento para la nueva cantidad de datos a procesar sea razonable.

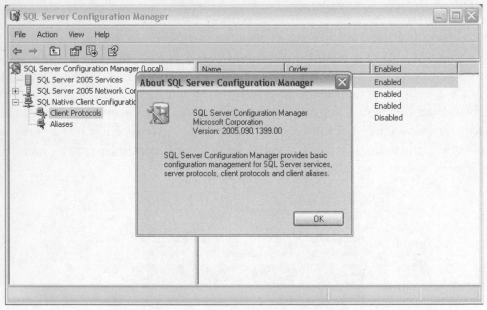

Figura 7. *La mayoría de los gestores de bases de datos de la actualidad, como el Microsoft SQL Server, son altamente escalables. Mantienen su performance aun cuando las bases de datos han crecido.*

Funcionalidad

La funcionalidad es una de las cualidades más difíciles de conmensurar en un proyecto de desarrollo. Se define informalmente como el conjunto de operaciones que es capaz de realizar un producto software.

Si tenemos dos aplicaciones, una de ellas nos permite generar los reportes impresos y la otra, además, nos permite enviarlos por e-mail. Claramente esta última tendrá más funcionalidad que la primera. Pero no bastará con **enumerar** las operaciones que son capaces de realizar, sino que se hace necesario catalogar estas operaciones dentro de conjuntos similares para valorar cada una de ellas. Por ejemplo, una aplicación **A** tiene **diez** opciones para la generación de un reporte (impresión, e-mail y ocho formatos de archivos: Texto plano, Microsoft Excel, Microsoft Word, HTML, XML, etc.). Una segunda aplicación **B** genera los reportes sólo con **cuatro** opciones: impresión, e-mail, XML y resguardo en una base histórica para consulta permanente. No es tan fácil decidir cuál de las dos aplicaciones tiene mayor funcionalidad. Si bien la aplicación **A** supera en número las funcionalidades de la aplicación **B**, el resguardo de los reportes en una base de datos tiene un mayor peso en lo que concierne a funcionalidad.

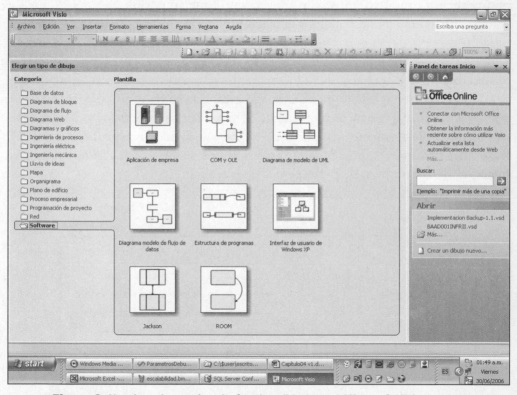

Figura 8. *Un ejemplo preciso de funcionalidad es el Microsoft Visio, ya que para la tarea que tiene asociada, es un software con muchas posibilidades.*

III VISIBILIDAD

La visibilidad también puede considerarse una cualidad, aunque depende más del modo de **gestión del proyecto** que del producto software en sí. Y calificamos a un desarrollo visible si todos sus estados están documentados. Lo que se busca es que las etapas y el estado actual del proyecto se encuentren disponibles para ser analizados por personal externo al proyecto.

Mantenibilidad

Cuando hablamos de mantenimiento nos referimos a las modificaciones que realizamos a una aplicación una vez que se encuentra en ambiente productivo o que se ha liberado al usuario final. Generalmente se lo considera como corrección de pequeñas fallas o **bugs**. Aunque en muchas oportunidades es más usual el agregado de funcionalidades o características que no se establecieron en los requerimientos iniciales del usuario. Del mismo modo, también está destinado a corregir las funcionalidades que estaban definidas de forma errónea.

Podemos definir informalmente a la mantenibilidad como la cualidad que permite **mantener** un producto software con el menor esfuerzo posible.

Aunque formalmente no podemos hablar de mantener un producto software, la definición no deja de ser correcta.

Veremos que el conjunto de las actividades que involucran la modificación de un producto software una vez liberado son tantas y tan diversas (corrección, adaptación, perfección y agregado de funcionalidades) que se hace difícil enmarcarlas en una sola tarea, o en una sola cualidad. Pero podemos enmarcar todas las tareas enunciadas anteriormente en un proceso global que llamaremos **evolución del software**. Este proceso comprende tres grandes grupos de tareas: Mantenimiento de corrección, de adaptación, de perfección y de extensión.

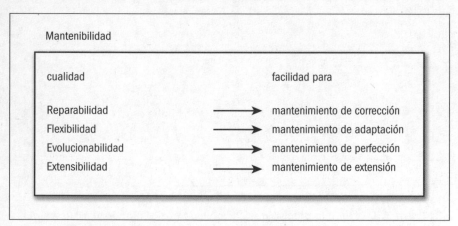

Figura 9. *Es importante diferenciar entre los diferente modos de mantener una aplicación, pues cada uno tiene un enfoque distinto.*

El **mantenimiento de corrección** involucra la corrección de pequeños errores que se presentan en el ambiente productivo o una vez que se ha liberado la aplicación al usuario final.

El **mantenimiento de adaptación** corresponde a las modificaciones que debemos realizar sobre la aplicación por cambios generados en el entorno de trabajo. Una nueva versión del sistema operativo en la que reside la aplicación puede obligarnos a modificarla. Quizás el agregado o cambio de hardware del equipo informático no permita que nuestra aplicación tenga operativas todas sus funcionalidades. Resulta evidente que en estos casos no es posible afirmar que la aplicación contiene errores, sino que debemos adaptarla a un nuevo entorno de operaciones.

Cuando nos referimos al **mantenimiento de perfección**, no sólo estamos teniendo en cuenta la mejora de eficiencia como podría pensarse, sino a la mejora de cualquier cualidad de nuestra aplicación para elevar su integridad como software: sea legibilidad, amigabilidad, escalabilidad, etc.

El **mantenimiento de extensión** es aquel en que le agregamos a nuestra aplicación aquellos requerimientos del usuario final que no estuvieron presentes en los requerimientos iniciales. Es decir, le incorporamos nuevas funcionalidades. Es importante que diferenciemos esta tarea con la anterior. Ya que si bien al agregar nuevas funcionalidades estamos mejorando la funcionalidad de nuestra aplicación (recordemos que la mejora de una cualidad lo enmarcamos en el mantenimiento de perfección), aquí nos referimos a funcionalidades que estuvieron fuera de los requerimientos iniciales. La mantenibilidad, entonces, no podemos dejar de verla como un conjunto de pequeñas cualidades individuales.

Reparabilidad

Decimos que un producto software es reparable si nos permite realizarle un **mantenimiento de corrección** con el menor esfuerzo posible. Esta cualidad estará derivada de otras como la legibilidad y comprensibilidad.

Pero no será sólo eso, una aplicación desarrollada modularmente nos facilitará la tarea de repararla, ya que podremos focalizar nuestra atención sólo a las líneas de código del módulo que ha fallado. De este modo nos ahorraremos el tiempo y el esfuerzo que hubiese requerido analizar todo el programa.

Flexibilidad

Análogamente a la reparabilidad, decimos que un producto software es flexible si no es temporalmente costoso efectuarle un **mantenimiento de adaptación**. Si bien esta cualidad depende mucho del cambio que sufra del entorno (no es lo mismo una nueva versión del sistema operativo, a tener que gestionar un nuevo motor de bases de datos) no deja de ser una cualidad que mejorará si disponemos de un código prolijo y comprensible.

Evolucionabilidad

Un producto es evolucionable cuando podemos mejorar cualquiera de sus cualidades sin grandes esfuerzos. O sea, si no es difícil efectuarle un **mantenimiento de perfección**. Esta cualidad no deriva de ninguna otra, y sólo tendremos como sustento la **correctitud** de nuestro producto software. Aun así la presencia de algunas cualidades nos ayudará notablemente en la mejora de otras, sin lugar a dudas la legibilidad es una de ellas.

Extensibilidad

Por último, una aplicación es extensible si nos permite efectuar un **mantenimiento de extensión** sin más escritura de código que el de la nueva funcionalidad. Es decir, no se hace necesario modificar fragmentos de código ya existente para que la nueva funcionalidad quede operativa

Portabilidad

Un producto software es portable si logramos que pueda ser ejecutado en distintos **entornos operativos** (tanto de hardware como de software). Para que lo consideremos portable debe ser posible que se ejecute sin ninguna modificación en su código fuente original. Ya que si le realizamos modificaciones, por pequeñas que sean, para adaptarlo a un nuevo entorno operativo, estaremos realizándole un mantenimiento de adaptación y sería **flexible**, pero no **portable**.

No disponemos de muchos caminos para esta cualidad: un esfuerzo colosal en el lenguaje C++ para lograr compatibilidad (hardware y sistemas operativos), una aplicación de dudosa eficiencia desarrollada en JAVA o en otros lenguajes compatibles con el framework .NET.

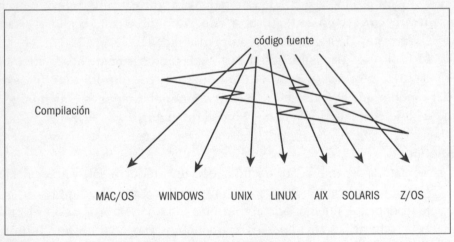

Figura 10. *En la portabilidad el código fuente no sufre cambios de ninguna clase.*

❋ CUALIDADES EXTERNAS, PRIMERO

Primero debemos garantizar la correctitud y las cualidades externas. Si bien en la mayoría de los casos las internas nos ayudarán mucho en garantizar las externas, no podremos dudar en sacrificar una cualidad interna, si nos trae beneficios en una externa.

Disponibilidad

La disponibilidad de un producto software se relaciona con su comportamiento estadístico. Y será la probabilidad de que nuestra aplicación esté disponible operativamente en un intervalo de tiempo específico. La definición que dimos es muy similar a la de confiabilidad. Con la diferencia de que en la confiabilidad los tiempos no operativos se daban por fallas en la aplicación. La disponibilidad involucra aquellos procesos (y no errores) que hacen que nuestra aplicación no pueda prestar el servicio para el cual fue desarrollada. Como ejemplo podemos citar el mantenimiento de una base de datos, que oportunamente bloquea accesos a registros.

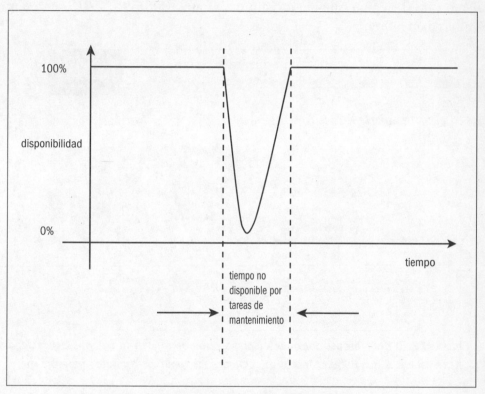

Figura 11. *La disponibilidad de aplicaciones es una cualidad importante en los procesos bancarios.*

✳ SEGURIDAD

Para poder hablar de seguridad, primero debemos hablar de **riesgos**. Un programa mono-usuario no sufrirá los mismos riesgos que una aplicación web multi-usuario. Por esto resulta importante realizar una lista de los potenciales riesgos que sufrirá la aplicación a desarrollar, para luego analizar el desarrollo de la protección contra los riesgos enumerados.

Recuperabilidad

La recuperabilidad aplica a aquellos programas que deben disponer de recursos propios de datos para su correcto funcionamiento. Es decir, manejan su propio volumen de datos y recursos para operar otros datos. Y nos interesa la relación que existe entre el volumen de datos a gestionar y el tiempo que demora la aplicación desde que inicia su ejecución hasta que se encuentra disponible. Un ejemplo claro podemos verlo con los distintos sistemas operativos (aunque el hardware influye mucho): el tiempo de arranque de un sistema operativo de escritorio (Windows Me por ejemplo) o midrange (Unix, Windows 2003, etc.) no será el mismo que el tiempo que demora un mainframe (OS/390, Z/OS) en estar disponible para operarlo.

Figura 12. *El muy famoso formulario splash, que nos muestran algunas aplicaciones, se refiere a que deben tener disponible ciertos recursos de datos para operar.*

Esta es una cualidad que muchos líderes de proyecto desconocen pero que resulta vital para el éxito de la aplicación en ambientes productivos exigentes.

Reusabilidad

La reusabilidad es una cualidad interna. Y se refiere más a fragmentos de código (objetos particularmente) que a la aplicación en su conjunto.

Si bien puede suceder que la modificación de un producto software existente nos permita obtener otro producto, no es un caso muy usual, sino más bien aislado.

Decimos que un código es reutilizable cuando disponemos de él en distintos desarrollos y se adapta perfectamente a cada uno de ellos.

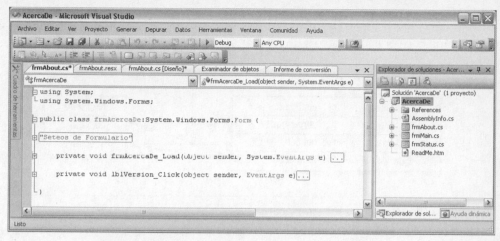

Figura 13. *Un formulario de información **Acerca de...**
es un buen candidato para ser código reutilizable.

Robustez

La correctitud involucra resultados correctos para requerimientos correctos. La confiabilidad implica un comportamiento aceptable (porque no sufrimos grandes inconvenientes) frente a situaciones inesperadas.

Pero la robustez es una cualidad que, si se logra, es fabulosa: y la definimos como la capacidad de un producto software de actuar correctamente ante situaciones no previstas en los requerimientos iniciales. Es decir, una aplicación es robusta si reacciona en forma adecuada frente a situaciones a priori imprevistas.

Cuando ante un acontecimiento especificado obtenemos un resultado esperado, decimos que la aplicación es correcta. Y, si ante un acontecimiento no especificado obtenemos un resultado correcto, decimos que es robusta.

Claramente un programa robusto es también confiable y por ende correcto.

Veremos que en la práctica encontraremos casos en donde los requerimientos no sean exhaustivos. Es en estos casos, en que nosotros participamos para obtener la robustez. Primero, nos enfocaremos en que si estos casos surgen, nuestra aplicación no falle de manera descontrolada. Y principalmente, que nuestra aplicación no ter-

{} SATISFACCIÓN

La satisfacción no es una cualidad particular del producto software que desarrollemos. Pero resulta una cualidad del conjunto requisitos-desarrollo-producto. Y nos muestra si la aplicación desarrollada y entregada satisface en mayor o menor medidas las expectativas del cliente o usuario final.

mine su ejecución: mostraremos mensajes de error lo más explícitos posibles, reintentaremos la operación con alguna variante, etc.

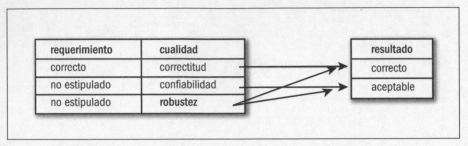

requerimiento	cualidad		resultado
correcto	correctitud		correcto
no estipulado	confiabilidad		aceptable
no estipulado	**robustez**		

Figura 14. *La robustez abarca los requerimientos de un software confiable, pero da resultados de un software correcto.*

Seguridad

La seguridad como cualidad de un producto software involucra la seguridad o protección de la información que manipula el producto.

La seguridad es una cualidad muy amplia: involucra la protección de la información cuando ésta se encuentra en un medio de almacenamiento, de procesamiento, o de tránsito; como así también la protección contra la negación de los servicios que presta la aplicación.

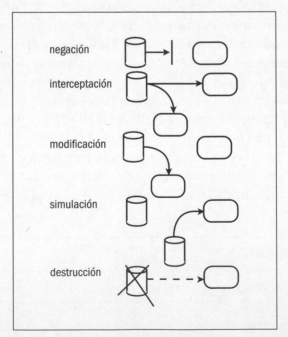

negación

interceptación

modificación

simulación

destrucción

Figura 15. *Existen distintos riesgos de seguridad en cualquier aplicación, es importante que conozcamos en cuáles de estos riesgos hacer hincapié.*

Es mucho más fácil demostrar que una aplicación es insegura a demostrar su seguridad. Esto último puede ser, ciertamente, imposible. Aunque parezca extraño, la seguridad de nuestra aplicación debe comenzar en el mismo momento de la implementación. La confidencialidad del código fuente es un punto que nos ayudará a elevar el grado de seguridad del producto. Obviamente, será mucho más fácil vulnerar un sistema o aplicación conociendo su código fuente.

Conclusión

Hemos visto las distintas cualidades que pueden decidir el éxito o fracaso de un producto software. Es importante decidir a cuál o a cuáles de estas cualidades debemos dar mayor importancia en el desarrollo del proyecto. Esta decisión no es exactamente nuestra, sino que la tomaremos de acuerdo con los requerimientos exigidos. Debemos considerar que grandes exigencias sobre cualquiera de las cualidades, elevarán notablemente los costos temporales y económicos del desarrollo. La integridad podemos considerarla como una gran balanza con varios platillos: será común sacrificar ciertas cualidades para obtener otras; usualmente se sacrifica eficiencia por comprensibilidad, legibilidad, o flexibilidad y no es siempre la mejor opción. Como también resulta evidente que algunas cualidades ayudan a la mejora de otras, esta relación se hace visible en las cualidades de legibilidad y comprensibilidad.

... RESUMEN

Este capítulo nos mostró las cualidades o propiedades que logran la integridad de cualquier aplicación. Vimos cómo todas estas cualidades dependen principalmente del desarrollo y de la implementación. Vimos cómo unas cualidades pueden mejorar globalmente la calidad de nuestra aplicación, como la legibilidad, y cómo el intento de mejorar otras cualidades puede hacer que el proyecto de desarrollo se torne excesivamente costoso.

TEST DE AUTOEVALUACIÓN

1 ¿A qué denominamos Integridad de datos?

2 ¿Qué diferencia existe entre las cualidades internas y externas?

3 ¿Qué cualidad no podemos sacrificar en nuestra aplicación?

4 ¿Podemos enfocar todo el desarrollo en una sola cualidad?

5 ¿La robustez depende del desarrollo del mismo modo que dependen las otras cualidades?

6 ¿Quién decide a qué cualidad o cualidades se debe dar mayor importancia?

7 Tome cualquier aplicación comercial y pregunte a un desarrollador y a un usuario no profesional las cualidades que le encuentran, tome las diferencias. ¿Quién cree que tiene razón?

8 Enumere las cualidades básicas que debiese tener una aplicación que realiza altas, bajas y modificaciones en una base de datos con información de empleados.

9 Tome el código fuente de la aplicación de otro programador, ¿puede reconocer alguna cualidad?

Capítulo 5

Espacio en disco

En este capítulo veremos cómo ahorrar
o gestionar la información que procesa,
almacena y envía nuestra aplicación
en el caso de que el volumen a tratar sea
importante en las reglas del negocio.
Reconoceremos cuándo podremos
comprimir la información y cuándo nos
limitaremos sólo a gestionarla del mejor
modo posible. Tomaremos en cuenta
el almacenamiento en archivos
secuenciales y en el caso de la compresión
discriminaremos aquellas técnicas que
dependen del formato de los datos
y aquellas válidas para cualquier formato.

ALMACENAMIENTO

Los discos rígidos son, por lejos, las unidades de almacenamiento más utilizadas por las aplicaciones que desarrollamos y no sólo por la rapidez de acceso a la información. Todos nuestros desarrollos tienen el fundamento hipotético de que gestionarán información resguardada en ellos.

Están fabricados con superficies circulares a modo de soporte, en la que se ha depositado una fina capa de óxidos metálicos ferromagnéticos capaces de retener la imantación producida en cualquiera de sus puntos luego de aplicársele un campo magnético inducido. La superficie gira a gran velocidad y el cabezal de lectura-escritura se mueve sobre las superficies circulares, para leer u obtener el dato necesario.

A diferencia de los discos flexibles y las cintas magnéticas, la superficie que soporta el óxido es rígida, y permite la alta velocidad de giro. El cabezal de lectura-escritura no está en contacto directo con la superficie para evitar el desgaste. Y debido a la precisión intrínseca del dispositivo todo el conjunto está cerrado herméticamente para evitar, de esta manera, el ingreso de polvo o suciedad al recinto.

Esta pequeña descripción del funcionamiento del disco rígido no sólo nos sirve para saber cómo funciona, sino para darnos cuenta de que no podemos anexar volumen a un disco, más que agregando otro disco; y para comprender el costo real que tiene un disco rígido en aplicaciones que deben gestionar grandes volúmenes de datos.

Como contrapartida tenemos las **cintas magnéticas** mencionadas anteriormente que nos permiten almacenar grandes cantidades de información a un costo inferior al volumen equivalente de un disco rígido. Pero la informática es una balanza: si ganamos por aquí, perdemos por allá. Su defecto principal es la lentitud de acceso, que nos exige recorrer y leer toda la longitud de la cinta hasta que localicemos la información que necesitábamos.

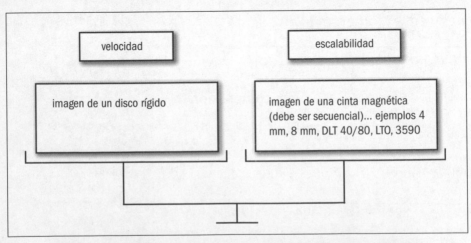

Figura 1. *Una de las decisiones que debemos tomar es si nuestra aplicación deberá ser escalable en cuanto a volumen de datos.*

Economía y control de volumen

La tecnología de hoy en día nos permite obtener medios de almacenamiento de datos de un volumen que unos pocos años atrás hubiese costado demasiado. Sin embargo, no podemos confiar en la tecnología y su abaratamiento para el éxito de nuestra aplicación. No podemos decirle al usuario final que para almacenar unos pocos datos necesita un volumen de almacenamiento desmesurado. Y, seguramente, no dispondremos siempre de todo el espacio del que nos gustaría disponer. Aunque esto último suele suceder en organizaciones complejas en donde un núcleo central de almacenamiento provee el espacio para varios sistemas (sistemas operativos, aplicaciones, motores de bases de datos, etc.). De todos modos, aunque dispongamos con holgura de volumen, no podemos crear archivos deliberadamente o sin controlar su volumen. Un sistema gestor de información creado inicialmente para unos pocos datos, puede crecer en un futuro. Y si no controlamos el volumen del sistema (no sólo de los datos sino también de la aplicación), seguramente **colapsará por falta de espacio**.

Es importante tener presente que no siempre podremos economizar espacio, ya sea por artilugios del almacenamiento o por compresión directa. En estos casos no podemos resignarnos y es cuando más debemos controlar el volumen de información generado o procesado.

Programas Stand Alone vs. jerárquicos

Un programa **stand alone** es aquel que no requiere archivos adicionales para su ejecución. Es decir, nos alcanzará el ejecutable para realizar la tarea que tiene predeterminada. No necesitamos librerías ni instalación. Posiblemente resulte muy cómodo para ciertos entornos operativos en que ésta sea la aplicación predominante y no requiera más que de sus funciones para ejecutar las reglas del negocio. O tal vez en situaciones de procesamiento que no se modifican o no evolucionan, como los sistemas **Mainframe**. En estas situaciones no es muy probable que deban realizarse grandes cambios. Pero existen también muchos otros entornos en los que cualquier aplicación debe compartir con otra los recursos. En este capítulo consideraremos

III NOMENCLATURA DE VOLUMEN

¿Qué viene después del Gigabyte?

1 bit: (binary digit) equivale a un **0** ó a un **1** / **1 Byte** = 8 bits / **1 Kilobyte (Kb)** = 1024 bytes / **1 Megabyte** = 1024 Kilobytes / **1 Gigabyte** = 1024 Megabytes / **1 Terabyte** = 1024 Gigabytes / **1 Petabyte** = 1024 Terabytes / **1 Exabyte** = 1024 Petabytes / **1 Zettabyte** = 1024 Exabytes.

sólo el espacio en disco (sin importar del tipo que fuere) como recurso a economizar o controlar. Se hace necesario, entonces, considerar que muchas aplicaciones que operan en entornos cambiantes realizan las mismas tareas cuando trabajan en conjunto para el mismo sistema o fin.

Por lo que un programa *stand alone* no es la mejor elección para estos casos.

Por el contrario, los programas denominados **jerárquicos**, dividen las funciones que van a ejecutar en varios archivos. Estos archivos no sólo pueden ser librerías, sino también otros archivos ejecutables o cualquier otro archivo que sea necesario para el funcionamiento de éste.

Quizás la administración de un sistema con distintos archivos que se relacionan entre sí sea más complejo en cuanto a administración, pero nos provee ahorro de espacio ya que las mismas funciones son ejecutadas por un **solo archivo**.

Vemos que aquí no hablamos de funciones, procedimientos o clases. Cuando se trata de economizar o controlar el volumen poco nos interesa si lo realiza iterativa o recursivamente, sólo nos interesa el volumen del ejecutable (en muy pequeña escala) y principalmente de los datos que manipula.

Almacenamiento masivo de datos

Usualmente la importancia de controlar el volumen de la información no surge cuando realizamos una pequeña base de datos con una herramienta hogareña (**Access** o **Approach**). Se torna relevante cuando debemos manejar volúmenes de información realmente elevados: millones y millones de registros o archivos que suman un volumen cercano o superior a los dos **Petabytes**.

En estas circunstancias no nos podemos dar el lujo de no controlar el volumen de aquello que procesamos o almacenamos.

Últimamente todos los medios de almacenamiento de datos han demostrado un incremento de capacidad impresionante. Del mismo modo, se tornaron más veloces, más económicos, más pequeños y mucho más confiables que unos años atrás. De todos modos debemos marcar una diferencia entre el volumen de **almacenamiento ideal** y el volumen de **almacenamiento eficiente**. En el primero de los casos estamos considerando a priori que dispondremos de todo el volumen que la aplicación o sistema necesita o requerirá en un futuro, sin importar cuánto sea este volumen ni su costo. En el segundo de los casos realizamos un ahorro o control del volumen que almacenamos. El ahorro o control sobre el volumen marca la diferencia. Dicho de otro modo, sería ideal disponer de cuanto volumen necesitemos en un disco, pero esto no resulta en un sistema eficiente en cuanto a recurso de disco. Será eficiente si obtenemos un ahorro sobre el volumen (por ejemplo, por compresión) o si controlamos el volumen que gestionamos en disco para que aquellos datos que no son accedidos usualmente se muevan a cintas magnéticas, y sólo se vuelquen a disco cuando sean solicitados.

Tomemos como ejemplo la contabilidad de un banco o de una gran empresa que deben, no sólo procesar grandes cantidades de clientes sino también almacenar las transacciones de meses o años anteriores. Las transacciones del último mes serán las más accedidas y consultadas, y deben permanecer en el disco. En cambio, las transacciones históricas pueden almacenarse en cintas magnéticas ya que su consulta será muy esporádica.

Almacenamiento Jerarquizado (Hierarchical Storage Management)

Como mencionamos, cuando el espacio en disco es un recurso a economizar, podemos realizar un artilugio informático que nos permitirá (engañándonos, claro) disponer de tanto disco como quisiéramos. Aunque realmente este espacio en disco será almacenado en diferentes soportes de información. Estos soportes de información pueden ser tanto discos ópticos como cintas magnéticas, **compact disc**, etc. Lo que intentamos remarcar es que volcaremos la información del disco a medios de almacenamiento más económicos.

No debemos entenderlo como si de una copia de respaldo (**backup**) se tratase. Lo que haremos será volcar a soportes de información secundarios la información que no utilizamos frecuentemente pero sin retención de tiempo asociada.

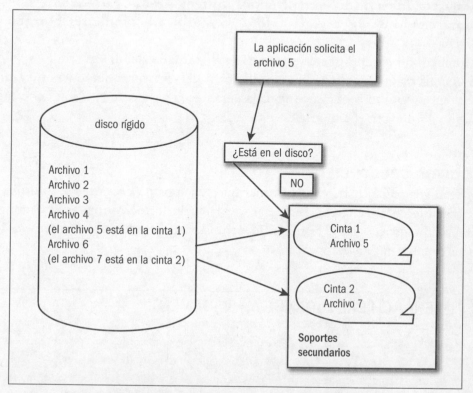

Figura 2. *El almacenamiento jerarquizado tiene la latencia de respuesta que tiene el soporte secundario elegido.*

De esta manera el almacenamiento dispone de una gran **escalabilidad**. Si necesitamos más volumen sólo incorporamos el volumen en soportes secundarios como volumen necesitamos.

Los criterios a utilizar para volcar la información fuera del disco pueden ser varios: todo depende de la lógica del negocio. Aunque la mayoría de las veces es muy común extraer del disco aquella información que no se accede diariamente.

Es conveniente en estos casos, disponer de una librería para el montaje automático de los diferentes soportes secundarios.

Podemos idear diversas **políticas y criterios** para determinar la extracción de la información del disco:

- **Tamaño de los archivos**
- **Último acceso**
- **Frecuencia de acceso**

La información volcada debe conservar la ruta que poseía originalmente en el disco. Entre la información almacenada en el disco rígido y aquella almacenada fuera de él, obviamente, encontraremos una diferencia de tiempo de acceso.

Los archivos que gestionemos desde nuestra aplicación por almacenamiento jerarquizado pueden encontrarse en tres estados diferentes:

- **Almacenado en disco por no cumplir los requisitos de extracción.**
- **Almacenado en disco y extraído pero aún pendiente de ser borrado del disco.**
- **Almacenado en el soporte secundario y eliminado del disco.**

Los beneficios que puede darnos la utilización del almacenamiento jerarquizado se basan en la economía que supone cada gigabyte agregado en función del costo al mismo volumen en el disco rígido.

Archivos secuenciales

Los archivos secuenciales es una forma que tenemos de organizar la información que consiste en almacenar y recuperar los datos en forma contigua. Es decir, para acceder al registro o dato **N** primero debemos procesar o leer los primeros **N-1** registros o datos anteriores.

HIERARCHICAL STORAGE MANAGEMENT

Si bien el almacenamiento jerarquizado es un artilugio predominante en los Sistemas Mainframe (OS/390, Z/OS, etc.), existen casos en los que un sistema midrange se vea obligado a utilizarlo. Por ejemplo, muchas empresas gestionan la consulta vía web de facturas con un **Jukebox** de CD detrás en reemplazo del volumen de disco rígido.

Si lo mencionamos en este capítulo es porque la principal ventaja que ofrece esta organización es el excelente aprovechamiento que hacemos del disco rígido o de cualquier otra unidad de almacenamiento que estemos utilizando para almacenar la información de nuestra aplicación.

Además, es relativamente fácil la implementación y los costos necesarios para que operemos son bajos ya que no hace falta un disco rígido o cualquier otra unidad de almacenamiento direccionable, como por ejemplo los **dispositivos ZIP** o las **unidades JAZZ**.

Si el problema que enfrentamos no requiere una solución compleja o la toma de decisiones en tiempo real, y si lo que perseguimos es economizar espacio en el disco rígido, almacenar la información en un archivo secuencial es una solución muy buena. De hecho si no disponemos del volumen suficiente en un disco rígido para gestionar la información de la aplicación, éste es el único modo que disponemos para mantener un control de la información que manejaremos.

Como desventaja debemos tener presente que la información que manejemos no estará actualizada permanentemente y el acceso a los datos será lento.

El modo que disponemos de operar para actualizar la información en un archivo secuencial es el **procesamiento por lotes**. Este procedimiento se basa en acumular por un período de tiempo específico o hasta completar un volumen determinado las transacciones (altas, bajas o modificaciones) que debemos realizar sobre la información almacenada en el archivo secuencial que llamaremos **archivo maestro**. Al conjunto de estas transacciones lo llamaremos **archivo de transacciones**. Y una vez que transcurre el período o se completa el volumen, la información es volcada hacia el archivo maestro para actualizar la información contenida dentro de los archivos de transacciones.

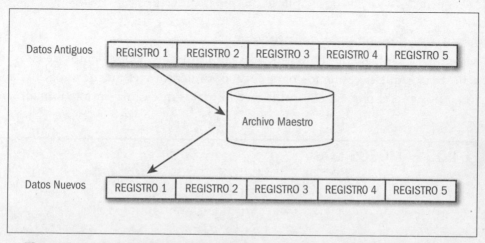

Figura 3. *El almacenamiento secuencial aún es elegido para algunos procesos de las entidades bancarias que gestionan un gran volumen de información.*

En este tipo de archivos, utilizamos un formato fijo para todos los registros que contendrán los datos. De esta manera, todos los registros deben tener el mismo tamaño o longitud, el mismo numero de campos y en un orden en particular. Como conocemos la longitud y la posición de cada uno de los campos que componen el registro, sólo necesitamos almacenar los valores; los nombres de los campos, sus longitudes son atributos de la estructura del archivo y no necesitan almacenarse en él.

COMPRESIÓN DE DATOS

La compresión de información tiene el objetivo de ahorrar el volumen de la información que se requiere para gestionarla. Es decir, consiste en la reducción del volumen de información que debe manipularse desde y hacia los soportes de almacenamiento, procesarse o transmitir vía red. Este ahorro no será gratuito: el proceso de ahorrar volumen conlleva una pérdida de eficiencia en cuanto a velocidad de procesamiento cuando la información esté comprimida.
Obviamente, para procesar la información necesitaremos descomprimirla, y para su resguardo, comprimirla nuevamente.

En este sentido podemos optar por dos soluciones:

Compresión independiente del proceso
El proceso de compresión-descompresión lo realizamos independiente de la aplicación. Es decir, la aplicación recibe como entrada los datos en su formato original y los entrega del mismo modo. Una segunda aplicación será la encargada de gestionar las entradas y salidas de la aplicación que la procesa.

Compresión dependiente del proceso
Impactamos directamente sobre los datos comprimidos, y obtenemos de ellos sólo aquellos datos que necesitamos para el procesamiento. Del mismo modo, cuando terminamos con el proceso comprimimos los datos que van a ser almacenados.

 LOS FAMOSOS LOG

Cuando necesitamos almacenar información a medida que la vamos recibiendo, y no nos interesa procesarla en ese preciso momento, es cuando interviene el almacenamiento secuencial. Luego, otro programa, o tal vez el mismo, puede leer la información para procesarla.
La administración secuencial podemos verla en los archivos utilizados para **log**.

Existe una gran variedad de algoritmos de compresión, aunque podemos clasificarlos sin inconvenientes en dos grandes grupos: técnicas dependientes e independientes del formato de la información a procesar.

Técnicas dependientes del formato de la información

Es cuando conocemos, previamente al proceso, la estructura, el formato, o el contenido específico del archivo. Lo utilizamos sobre archivos de texto o sobre bases de datos. Estas técnicas se utilizan principalmente en la creación del archivo o base de datos y resultan ser artilugios para ahorrar volumen.

Caso 1: Eliminación de información redundante

En este caso buscamos aquellos datos que no son estrictamente necesarios ya que pueden ser derivados de otros.

NOMBRE	NACIMIENTO	EDAD	TELÉFONO
Juan	01/01/1980	25	4444-4444

Tabla 1. El dato edad puede ser calculado mediante la fecha de nacimiento.

Podemos encontrar datos que pueden ser suprimidos totalmente. Existen entidades de salud o instituciones de gobierno que utilizan el número de documento más el agregado de un prefijo o sufijo (numérico o alfabético) como identificación. En estos casos podemos suprimir el dato repetido y almacenar el sufijo o prefijo.

Caso 2: Cambio de notación numérica

Modificamos el modo de representación o el formato de cualquier valor que sea numérico (fecha, teléfono, etc.).

FECHA	LONGITUD
31/12/2005	8 bytes
21122005	4 bytes

Tabla 2. El campo fecha puede ser representado por distintas notaciones.

III ARCHIVOS SECUENCIALES

Uno de los mayores beneficios de los archivos secuenciales es que son mucho más sencillos de manejar, porque requieren menos funciones. Podría decirse también que son más **rápidos**, ya que no permiten moverse a lo largo del archivo, de esta manera el puntero de lectura y escritura estarán siempre determinados en una misma localidad del archivo.

Una particularidad a tener presente en la notación que se almacena con 4 bytes es que podemos seguir el orden año-mes-día, día-mes-año o mes-día-año. Si necesitamos realizar búsquedas por rango de fecha seguramente nos convendrá utilizar la notación año-mes-día, con esta notación a una fecha mayor a otra le corresponderá un número mayor que el correspondiente a la segunda y de esta forma permitir la realización de búsquedas por este campo dándole posteriormente un formato adecuado de fecha dentro de la aplicación.

Fecha	31/12/2005	>	10/01/2006
Notación compacta	21122005	<	10012006

Tabla 3. La notación que almacena 4 bytes nos puede traer dolores de cabeza si seguimos el orden día-mes-año para búsquedas por rangos.

Por costumbre el número de teléfono es formateado con guiones para obtener comodidad. El o los guiones no son necesarios para la exactitud del número almacenado, por lo que pueden suprimirse.

TELÉFONO	LONGITUD
4444-4444	9 bytes
44444444	4 bytes

Tabla 4. La eliminación de un guión nos favorece en un ahorro de más del 50 %.

Caso 3: Reemplazo de texto por símbolo

En este caso buscamos aquellas palabras o fragmentos de palabras que son más utilizadas y les hacemos corresponder un símbolo.

que	~
lón	¬
Mente		

Tabla 5. Es un caso poco común, pero resulta ser un comodín cuando no se puede aplicar otro caso.

✳ ECONOMÍA VERSUS CONTROL

Debemos prestar atención para saber en qué oportunidades es necesario comprimir y cuándo debemos utilizar un almacenamiento jerarquizado o una gestión secuencial, debemos analizar el grado de compresión, el volumen de la información y la disponibilidad que necesitemos de ésta.

Técnicas independientes del formato de la información

Este tipo de técnicas se dividen en dos grupos: las técnicas de compresión irreversibles y reversibles.

- **Compresión irreversible:** estas técnicas de compresión son utilizadas para los datos en los que nos podemos dar el lujo de pérdida de información. Podemos citar como ejemplo la música en formato MP3, las imágenes en formato JPEG, PNG, GIF, etc.; en estas oportunidades estamos sacrificando la calidad, en mayor o menor medida, pero estamos ganando notablemente una disminución en el volumen final del archivo que estamos almacenando.
- **Compresión reversible:** estas son las técnicas que nos interesan en aplicaciones que manejan datos en las que no se puede perder información, como por ejemplo bases de datos.

Existen diferentes algoritmos de compresión que son en su mayoría de dominio público. Por lo que fácilmente pueden embeberse dentro de cualquier aplicación que requiera de ahorro de almacenamiento.

Algoritmo Huffman

Conocido también como codificación Huffman, es un algoritmo que puede ser usado tanto para la compresión de la información, como para su encriptación.

Fue desarrollado por David A. Huffman en el año 1952. El algoritmo es un código de longitud variable, y cada uno de estos códigos será de la longitud que surja de la frecuencia relativa de aparición de cada uno de los símbolos que son contenidos en el archivo que vamos a comprimir. Cuantas más veces aparezca un símbolo en la información a comprimir, el código que utilicemos para almacenarlo será más corto. Es decir, asignamos códigos de distinta longitud de bits a cada uno de los caracteres que aparecen en un archivo. La idea principal es asignar códigos más cortos a los caracteres que aparecen más veces dentro del archivo, para obtener un código total más corto y así lograr la compresión del archivo final.

El porcentaje de compresión que logremos con el uso de este algoritmo será mayor cuando la variedad de caracteres diferentes que aparecen dentro del archivo a com-

---

✳ PÉRDIDA DE DATOS

Existen algoritmos de compresión que sacrifican cierto margen o cantidad de información para obtener un porcentaje mayor de compresión. Estos algoritmos se basan en la **irrelevancia** de los datos a eliminar. Por ejemplo si la frecuencia capaz de captar el oído humano se encuentra entre los **20 Hz** y los **20 MHz** serían irrelevantes aquellas frecuencias que estuvieran fuera de este rango.

primir sea menor. Por ejemplo: si el archivo se compone únicamente de números, se conseguirá una compresión mayor, ya que sólo disponemos de diez símbolos a codificar.

Lo que hacemos es crear un árbol binario completo, que será la codificación de los símbolos del archivo que vamos a comprimir, en el que cada nodo intermedio dentro del árbol será menor que sus hijos (y la raíz será el menor de todos). Los nodos-hoja contienen cada uno de los mensajes obtenidos del archivo original. El código para cada símbolo se construye siguiendo el camino desde el nodo raíz hasta la hoja que representa el símbolo. Además, si el decodificador implementa el mismo árbol usado para comprimir, la decodificación no será más que leer bits e ir siguiendo el camino desde el nodo raíz del árbol hasta las hojas en función del valor de estos bits. Al llegar al nodo-hoja habremos llegado al símbolo.
Este algoritmo no tiene posibilidad de conocer a priori la frecuencia de cada uno de los símbolos que contiene el archivo original, pues sólo recibe los códigos asignados a los símbolos. Una vez que el árbol ya fue procesado tiene que ser pasado al descompresor, junto con la información comprimida. Esto nos genera un volumen adicional al archivo comprimido lo que hace que disminuya levemente la eficiencia de este algoritmo.

Algoritmo Run-Length

También conocido como RLE (Run Length Encoding), es el algoritmo más simple y el menos eficiente de todos los algoritmos de compresión.
Lo que hacemos es buscar dentro del archivo repeticiones consecutivas de un mismo símbolo y luego almacenamos en un byte el número de esas repeticiones consecutivas y en un segundo byte escribimos el símbolo. Un código podría ser **1328**, en donde el byte (o símbolo) **28** se repite **13** veces. Sólo demuestra eficiencia cuando tenemos un número muy elevado de repeticiones consecutivas de un byte determinado. En este caso todos los códigos serán representados en dos bytes, el primer byte nos indica la cantidad de veces que se repite el segundo. Es un algoritmo muy utilizado en archivos con formato de imágen como los archivos con extensión .BMP o .PCX.

Librerías de compresión

En la mayoría de los desarrollos no se justifica codificar un algoritmo de compresión desde los cimientos. Nos bastará con hacer uso de las librerías que pueda facilitarnos el entorno de desarrollo del lenguaje de programación que estemos utilizando. Y en aquellos lenguajes orientados a objetos, como es el caso del lenguaje C#, disponemos de la biblioteca de clases del **.NET Framework**, en donde obtenemos las clases que nos ayudarán en la tarea de comprimir archivos.

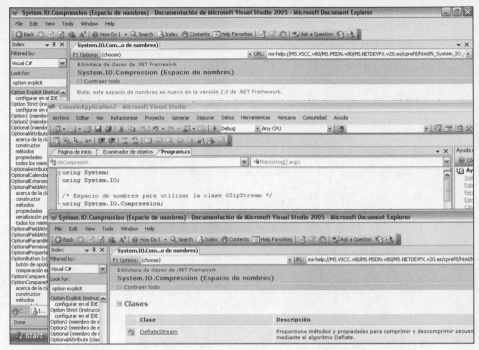

Figura 4. *La mayoría de los entornos de desarrollo, nos ofrecen las librerías de compresión, y la ayuda necesaria para utilizarlas.*

En el ejemplo que desarrollamos a continuación vemos el uso de la clase **GZipStream** para la compresión del archivo que sea pasado como parámetro a la aplicación.

```
using System;
using System.IO;

/* Espacio de nombres para utilizar la clase GZipStream */
using System.IO.Compression;
```

✳ SIN AMBIGÜEDAD

El código de **Huffman** es un código libre de prefijos: o sea que ninguno de los códigos utilizados para reemplazar los símbolos del archivo original forma la primera parte de otro código del mismo alfabeto utilizado; esto nos permite que los mensajes codificados sean no ambiguos.

```
public class clsCompresión
{
    public static void Main(string[] args)
    // Clase que comprime archivos
    // parámetros de ingreso: ruta y nombre del archivo, String
    // Genera la compresión del archivo sumando la extensión ZIP
    // Informa lo tamaños original y comprimido

    {
        string strArchivoOriginal = args[0];            /* Archivo a comprimir */
        string strArchivoComprimido = strArchivoOriginal + ".zip";  /* Archivo
            comprimido: A generar */

        /* Stream que apuntará al archivo original */
        FileStream stmArchivoOriginal;

        /* Configuración del Stream al archivo original*/
        stmArchivoOriginal = new FileStream(strArchivoOriginal, FileMode.Open,
            FileAccess.Read, FileShare.Read);

        /* Creación de un vector para utilizarlo como buffer */
        byte[] vctbytbuffer = new byte[stmArchivoOriginal.Length];

        /* Lectura de la información a comprimir */
        stmArchivoOriginal.Read(vctbytbuffer, 0, vctbytbuffer.Length);


        /* Configuración del Stream del archivo comprimido */
        FileStream stmArchivoComprimido = new FileStream(strArchivoComprimido,
            FileMode.CreateNew);


        /* Configuración del Stream de compresión*/
        GZipStream stmCompresion = new GZipStream(stmArchivoComprimido,
            CompressionMode.Compress, true);

        /* Escritura de la información a comprimir */
        stmCompresion.Write(vctbytbuffer, 0, vctbytbuffer.Length);

        /* Impresión por consola de los volúmenes de los archivos*/
```

```
        Console.WriteLine("Tamaño original: " + vctbytbuffer.Length );
        Console.WriteLine("Tamaño comprimido: " + stmArchivoComprimido.Length);
        Console.WriteLine("porcentaje de compresión (redondeado): " +
            stmArchivoComprimido.Length * 100 / vctbytbuffer.Length );

        /* Cierre de los stream */
        stmCompresion.Close();
        stmArchivoComprimido.Close();



    }
}
```

Conclusión

Luego de leer este capítulo veremos que muchas de las pautas no aplican para los casos comunes de desarrollo de aplicaciones. Pero cuando surge la necesidad de economizar espacio en el disco rígido, la primera opción que nos llega a la mente es la compresión. Sucede que existen casos en los que la compresión no es la solución efectiva ya que no podemos leer o procesar información comprimida. Veremos también que no todas las pautas aplican para todos los casos en los que necesitamos el preciado ahorro, sino que algunas son más agresivas que otras. Lo importante es analizar el proyecto y los requerimientos del usuario final, sabiendo que la informática es una balanza: si ganamos por aquí, perdemos por allá.

... RESUMEN

Este capítulo nos ayudó a ver el abanico de posibilidades que disponemos cuando el espacio en disco es un recurso a economizar.

Hemos aprendido que para ahorrar espacio en un disco rígido no sólo podemos comprimir, sino que también podemos gestionar la información a través de un archivo secuencial o podemos volcarla fuera del disco rígido a soportes de información más económicos que éste.

TEST DE AUTOEVALUACIÓN

1 ¿Qué diferencia existe entre un programa stand alone y uno jerárquico?

2 ¿Cuándo nos conviene comprimir la información y cuándo gestionarla fuera del disco?

3 ¿A qué llamamos almacenamiento jerarquizado?

4 ¿Qué es un archivo secuencial?

5 ¿Qué es el procesamiento por lotes?

6 ¿Qué es el archivo de transacciones?

7 ¿Qué diferencia existe entre la compresión dependiente e independiente del proceso?

8 ¿Qué son las técnicas de compresión dependientes del formato de la información?

9 ¿Cómo trabaja el algoritmo de Huffman?

10 Realice una pequeña aplicación que almacene en un archivo de texto plano (secuencial) el nombre, la dirección y el teléfono de 100 personas. Realice la misma aplicación pero almacenando los datos en una base de datos. ¿Cuál contiene menor cantidad de código? ¿Cuál le parece más sencilla de administrar?

Debugging

Una vez que finalizamos la etapa
de implementación, debemos averiguar
si la aplicación que desarrollamos contiene
errores, tanto de codificación como
de lógica. No podemos liberar nuestro
producto al usuario final sin verificar
su funcionamiento. Tenemos diferentes
técnicas o modelos a seguir para realizar
esta verificación. En este capítulo,
no sólo veremos estas técnicas, sino
que aprenderemos realmente cómo
encarar la etapa de debugging.

¿QUÉ ES EL DEBUGGING?

Se define el **debugging**, como la detección, localización y corrección de los errores de nuestras aplicaciones. Esta expresión, que quedó establecida en la jerga informática, proviene de las viejas épocas en que las computadoras ocupaban grandes habitaciones y las fallas eran generadas por bichos (**bugs**) que ocasionaban cortocircuitos al buscar el calor generado por las válvulas, impidiendo el buen funcionamiento de los componentes. Era entonces que se debían buscar estos bichos para extraerlos, y así lograr que el sistema funcionase nuevamente. Hoy en día, es muy difícil que tengamos bichos dentro de nuestras computadoras, y más difícil aún, que sean la causa de que nuestro bucle se ejecute infinitamente. Pero el término se mantiene por la gracia que encierra.

Es, sin lugar a dudas, una de las etapas más importantes de nuestro desarrollo. Intentamos entregar al usuario final un producto que tenga mayormente garantizado su funcionamiento.
En esta etapa lo que buscamos conceptualmente más allá de los errores típicos que puedan surgir de la codificación, es probar nuestro programa para validar los dos siguientes enunciados:

- **Primero:** nuestra aplicación debe ejecutar aquello que debe ejecutar y de la forma que deseamos que lo ejecute.
- **Segundo:** nuestra aplicación no debe ejecutar aquello que no debe ejecutar, de ningún modo posible.

Antes de comenzar con esta etapa debemos tomar conciencia de que el objetivo de esta etapa **no es confirmar** el buen funcionamiento de nuestra aplicación, sino intentar garantizarlo en mayor o menor medida. Entiéndase que el objetivo de confirmar el buen funcionamiento lo debemos cumplir en las etapas anteriores al debugging. Tengamos en claro que si bien todo el ciclo de vida de una aplicación está orientado a la creación de aplicaciones que funcionen bien, en cada una de estas etapas cumplimos un objetivo. Y lo que buscamos en la etapa de debugging es **localizar errores**, y cuantos más encontremos: mejor.

{} POSIBLE Y PROBABLE

En este capítulo hablaremos de casos que **pueden ocurrir**. Es decir, puede haber dos casos posibles de valores booleanos, pero según las circunstancias uno puede ser más probable que otro. Si no disponemos de recursos para realizar un alto porcentaje de coberturas, debemos dedicarnos a cubrir las **más probables**.

Quien solicita la creación de un producto software, no sólo esperará que el producto realice lo solicitado, sino que además esperará que no falle.

Nosotros, como programadores no estamos en condiciones de entregar una aplicación sin que podamos garantizar, aunque más no sea en una estimación, un funcionamiento correcto y libre de errores. De este modo la única opción disponible que tenemos para conocer cómo trabaja nuestra aplicación (y si contiene errores), será realizando las pruebas básicas para cada tarea que deba realizar.

Tomaremos nuevamente las especificaciones del cliente o usuario final, en las que se indica qué espera de nuestra aplicación. De acuerdo con estas especificaciones prepararemos un **conjunto de casos de prueba**. Este conjunto de casos de pruebas, nos clarificará en cierta medida cuándo podemos finalizar con la etapa de debugging y, de acuerdo con los resultados obtenidos, continuar con la siguiente etapa o retomar una etapa anterior corrigiendo los errores.

Podemos transcribir el conjunto de casos de prueba a un procedimiento para que sean ejecutados uno a uno manualmente.

A modo de **check list** (una lista que tildaremos luego de cada prueba), iremos realizando cada uno de los casos de prueba para lograr una sistematización del debugging. Este modelo de procedimiento, nos puede resultar muy cómodo en desarrollos pequeños o en aplicaciones con mínimas funcionalidades, pero no nos será muy útil en desarrollos complejos. En estos casos recomendamos automatizar el conjunto de casos de prueba, ya que seguramente necesitaremos ejecutarlo más de una vez.

Diseño de casos de pruebas

Existe una creencia generalizada de que diseñar casos de prueba es un arte. Si bien la experiencia nos ayudará mucho, no necesitamos de **inspiración** para diseñarlos. Existen técnicas, modelos y reglas a seguir que nos guiarán paso a paso en esta etapa tan llena de mitos, y así, lograremos pruebas útiles, serias y confiables.

Cuando diseñamos el conjunto de casos de prueba a seguir debemos basarnos en tres pautas principales:

{} PRUEBAS ALFA

Las pruebas Alfa son pruebas que se realizan en un ambiente de desarrollo aunque son ejecutadas por un usuario final. El usuario invitado realizará las pruebas que crea conveniente pero se encontrará en un entorno controlado.

- Estableceremos como mínimo un caso de prueba para **cada funcionalidad** que realiza nuestra aplicación
- Estableceremos como mínimo un caso de prueba de **datos correctos**, es decir de información que esperamos recibir.
- Identificaremos y estableceremos como mínimo un conjunto de casos de prueba de **datos incorrectos**. Aquellos datos que pueden presentar inconvenientes en el proceso. Estos datos serán descubiertos fácilmente, ya que representan los límites de los valores o rangos que esperamos recibir, o están fuera de éstos.

Veamos dos ejemplos:

Si deseamos obtener una raíz cuadrada, tendremos tres casos posibles de datos.

- Que el usuario ingrese un número **menor** a cero.
- Que el usuario ingrese un número **mayor** a cero.
- Que el usuario ingrese un número **igual** a cero.

Si trabajamos con una base de datos se nos presentarán dos casos, independientemente de los involucrados en el proceso.

- La tabla que necesitamos leer, escribir o actualizar se encuentra **vacía.**
- La tabla que necesitamos leer, escribir o actualizar se encuentra **con datos.**

Cuando ejecutamos el conjunto de casos de pruebas, lograremos el primero de los tres objetivos de la etapa de debugging: **detectar un error**. Luego, deberemos dedicarnos a la ardua tarea de localizarlo. Surgieron guerras terminológicas entre la detección y localización de un error, tal vez por el uso del modelo de ciclo de vida **code & fix**. Es en este momento del debugging en donde descubriremos si nuestra aplicación tiene un buen diseño y si realmente ha sido implementada correctamente.

Si hemos realizado una implementación prolija y hemos escrito un código legible, realmente no nos resultará muy difícil localizar el error. Dónde o cuándo perdemos

{} PRUEBAS BETA

Las pruebas beta, a diferencia de las pruebas alfa, se efectúan en un ambiente en donde el usuario final se encuentra solo frente a la aplicación sin un programador que lo guíe. En la práctica, aun luego de las pruebas más rigurosas, siempre existen errores que se filtran fuera del ciclo de vida.

el valor de una variable escurridiza, o qué bucle es el que, por mero capricho del destino, se ejecuta indefinidamente. En cambio, si el diseño es mediocre, o no existió y nuestro código fue escrito sin normas, nos será muy tedioso encontrar aquel recóndito lugar en donde perdimos el control, y nos terminaremos perdiendo nosotros, en líneas de código laberínticas y oscuras.

La falla más común que presentan las aplicaciones es cuando una variable presenta un valor incorrecto: tomando otro valor cuando no correspondía o no cambiándolo cuando sí correspondía.

Es muy loable ver a los programadores ejecutar su programa **step to step** (paso a paso) con un **debugger**, hasta la detección y localización del error. Pero lamentablemente, es una tarea muy tediosa y laboriosa, y que no nos garantiza que un error corregido reste en una unidad la cantidad de errores de nuestra aplicación. Tengamos presente que empíricamente, en la corrección de un error tenemos un **50% de probabilidades** de cometer uno nuevo o **empujar** el error hacia delante. Además la práctica nos muestra que hay rutinas (clases, funciones o aplicaciones completas) que fallan con periodicidad, y otras que no lo hacen nunca. Lo cual puede deberse a la pericia del programador o, por simple tautología, a la dificultad propia del problema que se intenta resolver.

Por lo mencionado, es altamente recomendado incrustar en el código chequeos de consistencia o aserciones (**assert**) y mecanismos de trazado (**trazas**). Lo que ganaremos con estas metodologías es detectar inmediatamente cuando alguna o algunas de nuestras variables toman un valor no deseado y que motivó, con detalles exhaustivos, la situación anterior (**log**).

En los lenguajes que han aparecidos en los últimos años (como **JAVA** o **C#** por ejemplo) se incluyen clases, métodos y miembros para realizar estas tareas, en este capítulo no trataremos esas funcionalidades, no solo porque no todos los lenguajes lo poseen, sino porque lo que deseamos es mostrar conceptualmente las técnicas mencionadas anteriormente.

✳ PRUEBAS

Aunque resulta obvio, como programadores, nunca deberíamos liberar un producto software sin haberlo probado antes. En el ambiente informático es más valorado un producto probado con menores funcionalidades que un producto pobremente testeado. El primero nos garantizará en mayor o menor medida sus funcionalidades, el segundo, no.

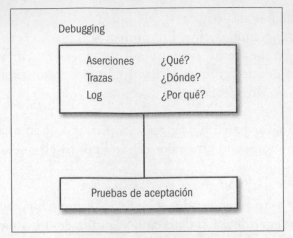

Figura 1. *En la etapa de depuración de una aplicación,*
podemos usar técnicas que nos ayudarán en una tarea tan difícil.

Detección del error: Assert

La detección de una falla dentro de nuestra aplicación, puede aparecer tan solo con probarla repetidas veces. Pero recordemos que esta etapa será exitosa si encontramos muchos errores. Entonces, nos conviene forzar la localización de un error.

Se denomina **chequeo de consistencia o assert** a la condición lógica (una suposición nuestra) que debe ser verdadera en todo momento. Entonces, si en algún momento nuestra suposición no es cierta, es conveniente detener la ejecución de nuestra aplicación, pues hay algo que esta fallando. En general incrustaremos algo como lo siguiente:

```
if !(debe_ser_valido)  //No se cumple tal condición
{
Console.WriteLine("¡¡¡ Un error !!!");
}
```

{} PROBAR LO ANTES POSIBLE

Es conveniente probar lo antes posible cualquier modulo, clase, función o trozo de código de nuestra aplicación, siempre que el desarrollo lo permita. Nos será muchísimo más fácil detectar, localizar y corregir un error en un trozo de código pequeño, que en grandes extensiones de código.

Todas las aplicaciones se basan en la modificación de valores de variables a lo largo del procesamiento. Durante este proceso las variables irán tomando los valores que nosotros les vayamos asignando, tanto por asignación directa como por asignación condicional (según decisiones del usuario). Si la aplicación no contiene errores, las variables tendrán en todo momento los valores correctos.

Pero si nuestra aplicación contiene un error, es muy probable que alguna de las variables tome un valor inesperado. No siempre veremos las consecuencias inmediatamente después de la asignación errónea. El error puede ser arrastrado hacia adelante, y hacernos dudar sobre la localización del error.

La técnica del assert se basa en ir **colocando centinelas** (chequeos de integridad) en nuestro código fuente, de suposiciones nuestras que se deben cumplir a lo largo de la aplicación o quizás en cierto fragmento de código de ella. El objetivo es lograr que si algo falla o el valor de una variable no es el indicado podamos detectarlo en el ambiente de desarrollo y test y no en el productivo.

Veamos un ejemplo sencillo de una calculadora pero que nos servirá para obtener el concepto de una aserción. Se evitó comentar el código, para no **ensuciarlo**, porque es muy simple.

```
using System;
/*
EJEMPLO DE USO DE ASERCIONES
*/
namespace Calculadora
{
  class clsCalculadora
  {
    static void Main()
    {
      int   intOperando1;
      int   intOperando2;
```

✳ LAS PRUEBAS NO GARANTIZAN

El proceso de realizar pruebas sólo nos permite encontrar fallas en nuestras aplicaciones. Y eso es lo único que puede hacer. No existe ninguna prueba que nos permita demostrar que nuestra aplicación no contiene errores.

```
int   intOperacion;
int   intResultado;
int   intFin;

Console.WriteLine("*******************************");
Console.WriteLine("*******   CALCULADORA   *******");
Console.WriteLine("*******************************");

Console.WriteLine("Ingrese el primer operando");
intOperando1 = Int32.Parse(Console.ReadLine());
Console.WriteLine("Ingrese el segundo operando");
intOperando2 =Int32.Parse(Console.ReadLine());

Console.WriteLine();
Console.WriteLine("*******************************");
Console.WriteLine("** Seleccione una operación: **");
Console.WriteLine("*******************************");
Console.WriteLine("1: Suma");
Console.WriteLine("2: Resta");
Console.WriteLine("3: Multiplicación");
Console.WriteLine("4: División");
intOperacion = Int32.Parse(Console.ReadLine());


switch(intOperacion)
{
case 1:
  intResultado = intOperando1 + intOperando2;
  Console.WriteLine(intOperando1 + " + " + intOperando2 + " = "  +
  intResultado);
  break;
```

{} .NET FACILITA EL DEBUG

C# posee el método **Debug.Assert(System.Boolean)** dentro de **System.Diagnostics** para que podamos comprobar las condiciones en nuestro código. Si la condición pasada como parámetro es falsa, entonces se dispara una aserción. En el caso de nuestra calculadora la sentencia: **Debug.Assert (intOperando2 != 0);** reemplazaría a la sentencia **if (intOperando2 == 0).**

```
      case 2:
        intResultado = intOperando1 - intOperando2;
        Console.WriteLine(intOperando1 + " - " + intOperando2 + " = "  +
        intResultado);
        break;
      case 3:
        intResultado = intOperando1 * intOperando2;
        Console.WriteLine(intOperando1 + " x " + intOperando2 + " = "  +
        intResultado);
        break;
      case 4:
        // INICIO ASSERT
        if (intOperando2==0)
        {
          Console.WriteLine("¡¡¡ DIVISOR = 0 !!!");
          return;
        }
        // FIN ASSERT

        intResultado = intOperando1 / intOperando2;
        Console.WriteLine(intOperando1 + " / " + intOperando2 + " = "  +
            intResultado);
        break;
    }

    Console.WriteLine();
    Console.WriteLine("*******************************");
    Console.WriteLine("¿Desea realizar otra operación?");
    Console.WriteLine("*******************************");
    Console.WriteLine("1: Si");
```

✳ NO HAY GARANTÍA TOTAL

Cuando desarrollamos un software es difícil que podamos garantizar su funcionamiento totalmente. Pero es importante que lo depuremos para comprobar que no contiene grandes fallas o errores, y de esta manera liberar al usuario una aplicación que no solo cumple el cometido para el cual fue creada, sino que además es, por lo menos, **confiable**.

```
      Console.WriteLine("0: No");
      intFin = Int32.Parse(Console.ReadLine());
      switch(intFin)
      {
      case 1:
        Main();
        break;
      case 0:
        return;
      }
    }
  }
}
```

Cuando el programa se encuentra en ambiente productivo, las aserciones penalizarán la velocidad de procesamiento. Aunque no recomendamos borrarlas sin dejar rastro alguno. Nos resultará conveniente comentarlas o dejarlas inactivas de alguna manera que nos resulte cómodo activarlas otra vez. En este último caso podremos realizar un debugging seguramente más rápido que sin ellas.

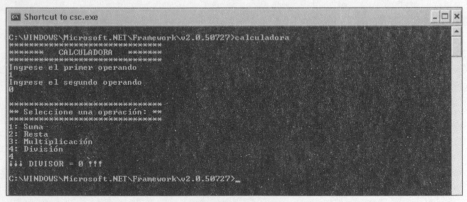

Figura 2. *Las aserciones nos sirven tanto para detectar errores lógicos, como para la validación de datos.*

Localización del error: trazas

Cuando depuramos nuestra aplicación, no sólo buscamos detectar errores, sino que deseamos corregirlos. Para corregirlos resulta obvio que necesitamos localizarlos. Para localizar un error nos ayudamos de las trazas. Llamamos **mecanismos de trazado**, a un mensaje que emite nuestra aplicación forzosamente y **sin precondición**. Una traza será simplemente un mensaje por consola.

```
Console.WriteLine("Variable = " + Variable);
```

Lo que lograremos con estos mensajes es obtener información de los valores que toman las variables a lo largo del proceso. A diferencia de las aserciones, **las trazas no son condicionales**, es decir, nuestro programa emite un mensaje de aviso **siempre**, informándonos el valor de las variables.

Veamos nuevamente nuestro ejemplo de la calculadora, aunque esta vez le agregaremos las trazas.

```
using System;
/*
EJEMPLO DE USO DE TRAZAS
*/
namespace Calculadora
{
  class clsCalculadora
  {
    static void Main()
    {
      int  intOperando1;
      int  intOperando2;
      int  intOperacion;
      int  intResultado;
      int  intFin;

      Console.WriteLine("*******************************");
      Console.WriteLine("*******   CALCULADORA   *******");
      Console.WriteLine("*******************************");
```

✳ ESCRITURA DE UNA ASERCIÓN

Cuando escribimos la sentencia que disparará una aserción no debemos modificar ninguna variable, y sólo debe contener condicionales. Tampoco deben ser necesarias para la correctitud de la aplicación, pues luego serán quitadas.

```
Console.WriteLine("Ingrese el primer operando");
intOperando1 = Int32.Parse(Console.ReadLine());
Console.WriteLine("Ingrese el segundo operando");
intOperando2 =Int32.Parse(Console.ReadLine());

// INICIO TRAZA
Console.WriteLine("TRAZA 1");
Console.WriteLine("TRAZA:intOperando1 = " + intOperando1);
Console.WriteLine("TRAZA:intOperando2 = " + intOperando2);
// FIN TRAZA

Console.WriteLine();
Console.WriteLine("*******************************");
Console.WriteLine("** Seleccione una operación: **");
Console.WriteLine("*******************************");
Console.WriteLine("1: Suma");
Console.WriteLine("2: Resta");
Console.WriteLine("3: Multiplicación");
Console.WriteLine("4: División");
intOperacion = Int32.Parse(Console.ReadLine());

// INICIO TRAZA
Console.WriteLine("TRAZA 2");
Console.WriteLine("TRAZA:intOperando1 = " + intOperando1);
Console.WriteLine("TRAZA:intOperando2 = " + intOperando2);
// FIN TRAZA

switch(intOperacion)
{
case 1:
   intResultado = intOperando1 + intOperando2;
   Console.WriteLine("Resultado = "  + intResultado);
   break;
case 2:
   intResultado = intOperando1 - intOperando2;
   Console.WriteLine("Resultado = "  + intResultado);
   break;
case 3:
   intResultado = intOperando1 * intOperando2;
   Console.WriteLine("Resultado = "  + intResultado);
```

```
    break;
case 4:

    // INICIO TRAZA
    Console.WriteLine("TRAZA 3");
    Console.WriteLine("TRAZA:intOperando1 = " + intOperando1);
    Console.WriteLine("TRAZA:intOperando2 = " + intOperando2);
    // FIN TRAZA

    // INICIO ASSERT
    if (intOperando2==0)
    {
      Console.WriteLine("¡¡¡ DIVISOR = 0 !!!");
      return;
    }
    // FIN ASSERT
    intResultado = intOperando1 / intOperando2;
    Console.WriteLine("Resultado = "  + intResultado);
    break;
}

Console.WriteLine();
Console.WriteLine("*******************************");
Console.WriteLine("¿Desea realizar otra operación?");
Console.WriteLine("*******************************");
Console.WriteLine("1: Si");
Console.WriteLine("0: No");
intFin = Int32.Parse(Console.ReadLine());

switch(intFin)
{
```

✱ ASERCIONES-TRAZAS-LOG

Como vimos, las aserciones nos indican que algo está fallando, y las trazas y el log nos muestran el camino a seguir hasta localizar el error. Cuantas más aserciones coloquemos, mejor. Pero no es necesario llenar el código de trazas, una vez que detectamos la **zona del error** podemos ir agregando más y más trazas hasta localizar la sentencia o sentencias que lo produjeron.

```
      case 1:
        Main();
        break;
      case 0:
        return;
      }
    }
  }
}
```

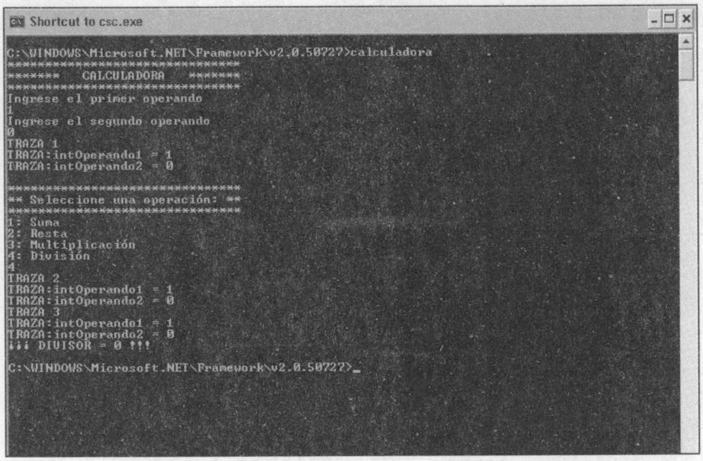

Figura 3. *Los mecanismos de trazado resultan*
indispensables en aplicaciones con un código fuente extenso.

Camino a la corrección: log

Por ultimo denominamos log a la secuencia de situaciones que motivaron que nuestra aplicación fallase. Es decir, al conjunto de trazas que nos guiará hasta la situación que produjo el error en nuestra aplicación. Regularmente esta secuencia de situaciones es guardada en un archivo en disco; y a este archivo, por lo general, también lo llamamos Log.

Veamos un ejemplo con nuestra calculadora.

```
using System;
using System.IO;


/*
```

```
EJEMPLO DE USO DE LOG
*/
namespace Calculadora
{
  class clsCalculadora
  {
    static void Main()
    {
      int  intOperando1;
      int  intOperando2;
      int  intOperacion;
      int  intResultado;
      int  intFin;
      string strFicheroLog = "C:\\Calculadora.log";

      StreamWriter stwFichero = new StreamWriter(strFicheroLog);

      Console.WriteLine("*******************************");
      Console.WriteLine("*******   CALCULADORA   *******");
      Console.WriteLine("*******************************");

      // INICIO LOG
      stwFichero.WriteLine("SOLICITUD DE DATOS");
      // FIN LOG

      Console.WriteLine("Ingrese el primer operando");
      intOperando1 = Int32.Parse(Console.ReadLine());
      // INICIO LOG
      stwFichero.WriteLine("LOG 1");
      stwFichero.WriteLine("intOperando1 = " + intOperando1);
      // FIN LOG
```

{} UBICACIÓN DE LAS ASERCIONES

No recomendamos llenar el código fuente de aserciones, existen casos en donde no se justifican y existen otros casos, en donde es altamente recomendable colocarlas: en el caso de C#, luego de las sentencia **default** dentro de un **switch**, cuando todos los casos fueron codificados y la sentencia **default** no debería ejecutarse

```csharp
Console.WriteLine("Ingrese el segundo operando");
intOperando2 =Int32.Parse(Console.ReadLine());


// INICIO LOG
stwFichero.WriteLine("LOG 2");
stwFichero.WriteLine("intOperando2 = " + intOperando2);
// FIN LOG


Console.WriteLine();
Console.WriteLine("*******************************");
Console.WriteLine("** Seleccione una operación: **");
Console.WriteLine("*******************************");
Console.WriteLine("1: Suma");
Console.WriteLine("2: Resta");
Console.WriteLine("3: Multiplicación");
Console.WriteLine("4: División");
intOperacion = Int32.Parse(Console.ReadLine());


// INICIO LOG
stwFichero.WriteLine("LOG 3");
stwFichero.WriteLine("intOperando1 = " + intOperando1);
stwFichero.WriteLine("intOperando2 = " + intOperando2);
// FIN LOG


switch(intOperacion)
{
case 1:
  intResultado = intOperando1 + intOperando2;
  Console.WriteLine("Resultado = "  + intResultado);
  // INICIO LOG
  stwFichero.WriteLine("RESULTADO = " + intResultado );
  // FIN LOG
  break;
case 2:
  intResultado = intOperando1 - intOperando2;
  Console.WriteLine("Resultado = "  + intResultado);
  // INICIO LOG
  stwFichero.WriteLine("RESULTADO = " + intResultado );
  // FIN LOG
  break;
```

```
  case 3:
    intResultado = intOperando1 * intOperando2;
    Console.WriteLine("Resultado = "  + intResultado);
    // INICIO LOG
    stwFichero.WriteLine("RESULTADO = " + intResultado );
    // FIN LOG
    break;
  case 4:
    // INICIO ASSERT CON LOG
    stwFichero.WriteLine("LOG 4");
    stwFichero.WriteLine("intOperando1 = " + intOperando1);
    stwFichero.WriteLine("intOperando2 = " + intOperando2);
    if (intOperando2==0)
    {
      stwFichero.WriteLine("ASSERT: ¡¡¡ DIVISOR = 0 !!!");
  stwFichero.Close();
      return;
    }
    // FIN ASSERT CON LOG
    intResultado = intOperando1 / intOperando2;
    Console.WriteLine("Resultado = "  + intResultado);
    // INICIO LOG
    stwFichero.WriteLine("RESULTADO = " + intResultado );
    // FIN LOG
    break;
}

Console.WriteLine();
Console.WriteLine("*******************************");
Console.WriteLine("¿Desea realizar otra operación?");
Console.WriteLine("*******************************");
Console.WriteLine("1: Si");
Console.WriteLine("0: No");
intFin = Int32.Parse(Console.ReadLine());

switch(intFin)
{
case 1:
  Main();
  break;
```

```
    case 0:
      // INICIO LOG
      stwFichero.WriteLine("FIN PROGRAMA");
       stwFichero.Close();
      // FIN LOG
      return;
    }
  }
 }
}
```

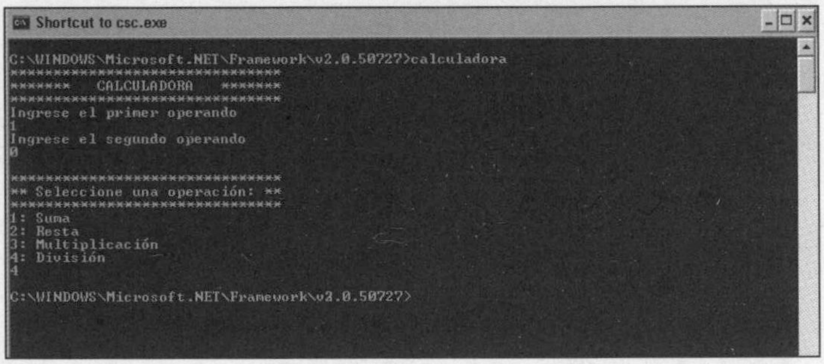

Figura 4. *En muchos desarrollos, las sentencias de log permanecen activas para facilitar la detección del error en tiempo de ejecución productivo.*

El log nos ofrece comodidad; en desarrollos grandes es mucho más cómodo ejecutar un programa y luego leer un archivo de texto, que ir siguiéndolo por pantalla y **perseguir** el valor de las variables.

Figura 5. *El log es un simple archivo de texto plano, que almacena el valor que toman las variables o cualquier información relevante a un error.*

Luego de utilizar los assert, las trazas y disponer de la comodidad de un log, estamos en condiciones de corregir nuestra gran calculadora. Hemos descubierto que el **origen** del error no es la operación de división. El usuario no tiene por qué saber que la matemática nos lo prohíbe, si le damos la opción de la operación de dividir, aun luego de detectar un divisor igual a cero, estamos dejando un expuesto en nuestra aplicación. Por lo que el origen de la falla (o la posibilidad de que suceda) está en permitirle al usuario realizar la división luego de haber detectado un divisor igual a cero. Entonces, cuando detectamos que la variable **intOperando2** toma como valor un cero, anulamos la operación de división.

```
using System;
using System.IO;


/*
Calculadora con el error detectado corregido
*/
namespace Calculadora
{
  class clsCalculadora
  {
    static void Main()
    {
      int   intOperando1;
      int   intOperando2;
      int   intOperacion;
      int   intResultado;
      int   intFin;

      Console.WriteLine("********************************");
      Console.WriteLine("*******   CALCULADORA   *******");
      Console.WriteLine("********************************");

      Console.WriteLine("Ingrese el primer operando");
      intOperando1 = Int32.Parse(Console.ReadLine());
```

III DETALLE Y NIVEL DE TRAZAS

Cuando colocamos trazas en nuestro código fuente, quizás no nos interese que se ejecuten todas las trazas. En este caso, sí podemos agregar alguna condición para decidir si se ejecutarán o no. Solo que esta condición será externa a la lógica de nuestra aplicación. Y según un valor que nosotros le suministremos podrá ejecutarse o no.

```
Console.WriteLine("Ingrese el segundo operando");
intOperando2 =Int32.Parse(Console.ReadLine());

Console.WriteLine();
Console.WriteLine("*******************************");
Console.WriteLine("** Seleccione una operación: **");
Console.WriteLine("*******************************");
Console.WriteLine("1: Suma");
Console.WriteLine("2: Resta");
Console.WriteLine("3: Multiplicación");
/* No permitir división por cero */
Console.WriteLine(intOperando2==0?"División no posible":
   "4: División");
intOperacion = Int32.Parse(Console.ReadLine());
/* intOperación sera igual a cinco para evitar el switch */
if ( intOperacion == 4 & intOperando2 == 0 ) intOperacion++;
switch(intOperacion)
{
case 1:
   intResultado = intOperando1 + intOperando2;
   Console.WriteLine("Resultado = "  + intResultado);
   break;
case 2:
   intResultado = intOperando1 - intOperando2;
   Console.WriteLine("Resultado = "  + intResultado);
   break;
case 3:
   intResultado = intOperando1 * intOperando2;
   Console.WriteLine("Resultado = "  + intResultado);
   break;
case 4:
   intResultado = intOperando1 / intOperando2;
   Console.WriteLine("Resultado = "  + intResultado);
   break;
}

Console.WriteLine();
Console.WriteLine("*******************************");
Console.WriteLine("¿Desea realizar otra operación?");
Console.WriteLine("*******************************");
```

```
        Console.WriteLine("1: Si");
        Console.WriteLine("0: No");
        intFin = Int32.Parse(Console.ReadLine());

        switch(intFin)
        {
        case 1:
          Main();
          break;
        case 0:
          return;
        }
      }
    }
}
```

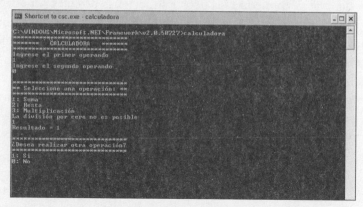

Figura 6. La corrección **nunca** debe ser el aviso del error. Una corrección válida es **evitar** que el usuario se equivoque y no mostrarle que ya se ha equivocado.

CRITERIOS DE PRUEBA

Existen dos criterios generales para la realización de pruebas. Estos criterios se denominan de **caja blanca y de caja negra**. Una prueba de caja blanca o de caja transparente es cuando nos preocupamos en el código fuente y ponemos nuestra mayor atención en él, intentando y forzando a que falle. Por otro lado también disponemos del criterio de pruebas de caja negra, en donde la codificación de la aplicación pasa a un segundo interés, es decir, nos importa poco cómo está codificada la aplicación y no entraremos en el detalle del código fuente. En este criterio de pruebas sólo nos limitamos a interactuar con ella como si fuésemos usuarios finales. Intentamos detectar aquellas ocasiones y circunstancias en las que nuestra aplicación no realiza lo que le estamos solicitando.

Pruebas de caja blanca

Lo importante en este criterio de pruebas, como vimos, es el código fuente. Entonces, nos preocuparemos por intentar probar la mayor cantidad de código fuente posible. La manera que tenemos de probar el código fuente desde la perspectiva del criterio de caja blanca es intentar cubrir la mayor cantidad posible de líneas de código. Debemos tener presente que una cobertura total, si bien es posible, es muy poco probable y costosa. Aunque sí podremos tener una idea general del porcentaje que hemos cubierto en las pruebas. La idea principal de este criterio es cubrir la mayor cantidad de casos posibles de ejecución.

En la etapa del debugging, debemos probar nuestra aplicación para encontrarle errores. Pero como vimos, la tarea no es tan fácil como parece. Cuando probamos nuestra aplicación debemos exponerla a las peores situaciones posibles para detectar errores y fallas. ¿Por qué la exponemos a las peores y no a todas? Sucede que cubrir el 100 % de posibilidades de ejecución de nuestra aplicación **es imposible** (estamos refiriéndonos a aplicaciones más complicadas que una calculadora); por razones humanas, económicas e incluso matemáticas. Entonces, buscamos realizar aquellas pruebas que sabemos son relevantes y que pondrán la ejecución de la aplicación al limite.

Con estas pruebas buscaremos la mayor **cobertura** posible de líneas de código y de situaciones diversas.

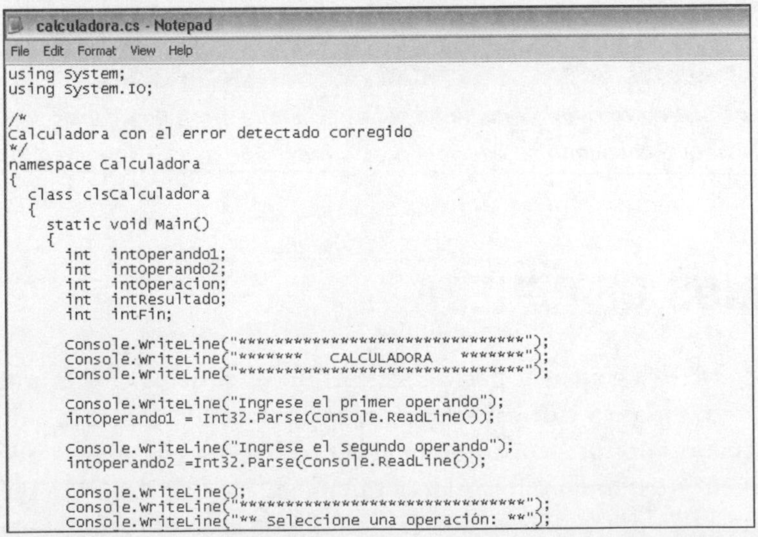

Figura 7. Una prueba de caja blanca equivale a observar con lupa nuestro código. Pero ¡cuidado! No estamos evitando problemas de mal interpretación de los requerimientos.

Cobertura de segmentos

También se la llama cobertura por sentencias. Tanto sentencias como segmentos se refieren al bloque secuencial de instrucciones: sentencias ejecutadas una tras otra sin instrucciones condicionales que bifurquen la ejecución de nuestra aplicación.
Como el caso del siguiente fragmento de nuestra calculadora:

```csharp
using System;
/*
Bloque secuencial de instrucciones
*/
namespace Calculadora
{
  class clsCalculadora
  {
    static void Main()
    {
      int  intOperando1;
      int  intOperando2;
      int  intOperacion;
      int  intResultado;
      int  intFin;

      Console.WriteLine("*******************************");
      Console.WriteLine("*******   CALCULADORA   *******");
      Console.WriteLine("*******************************");

      Console.WriteLine("Ingrese el primer operando");
      intOperando1 = Int32.Parse(Console.ReadLine());
      Console.WriteLine("Ingrese el segundo operando");
      intOperando2 =Int32.Parse(Console.ReadLine());

      Console.WriteLine();
      Console.WriteLine("*******************************");
      Console.WriteLine("** Seleccione una operación: **");
      Console.WriteLine("*******************************");
      Console.WriteLine("1: Suma");
      Console.WriteLine("2: Resta");
      Console.WriteLine("3: Multiplicación");
      Console.WriteLine("4: División");
      intOperacion = Int32.Parse(Console.ReadLine());
```

135

```
    // Fin del Bloque secuencial de instrucciones

    switch(intOperacion)
...
```

Si logramos ejecutar todas las sentencias del código (tarea más que sencilla), logramos ejecutar el 100 % de todos los casos posibles de ejecución.

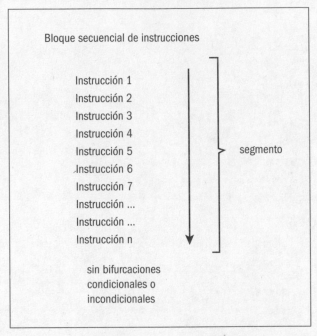

Figura 8. *La cobertura por segmentos sólo podemos aplicarla cuando no existen bifurcaciones de ninguna clase (if, switch, goto, excepciones, etc.).*

En nuestra labor de programadores difícilmente debamos desarrollar una aplicación que no posea instrucciones condicionales. Debido a esto será más difícil aún que logremos una cobertura de nuestro código ideal (el preciado 100 %). Teóricamente el porcentaje de cobertura que obtengamos estará íntimamente ligado a la cantidad de instrucciones condicionales que contenga nuestro código fuente: a mayor cantidad de instrucciones condicionales, mayor cantidad de casos posibles de ejecución.

Cobertura de ramas

La cobertura por segmentos sólo nos resulta útil cuando no hay instrucciones condicionales, y sabemos que esto difícilmente sucederá.

Cuando aparecen las bifurcaciones una cobertura por segmentos nos produce ciertos obstáculos a la hora de evaluar la cobertura del código.

```
// Sentencia Condicional IF
if (Condicion)
{
  //Instrucciones ejecutadas si
  //la condición es verdadera
}


// Sentencia Condicional SWITCH
switch(Expresion)
{
  //Se pueden ejecutar distintas acciones
  //según el valor de Expresión
  case x:
  //Instrucciones si Expresión vale x
  case y:
  //Instrucciones si Expresión vale y
}
```

Podemos considerar a la sentencia **IF** como si de una cobertura de segmentos se tratase. Es decir, podemos ejecutar el código por única vez con la condición verdadera para lograr cubrir todas las sentencias posibles de ejecución de nuestra aplicación. Aunque si lo pensamos detenidamente, también nos interesará, por la lógica de nuestra aplicación, que la condición a evaluar sea falsa, ya que la falta de ejecución del conjunto de instrucciones comprendidas dentro del bloque **IF** es **también un caso posible**.

Del mismo modo se nos presenta un obstáculo con la sentencia **SWITCH**, en la que necesitaremos más de una ejecución para probar todos los casos posibles.

En este caso, entonces, debemos afinar un poco la cobertura que realizaremos, y ya no nos alcanza con la cobertura por segmentos. Tenemos que considerar las dos posibilidades en el caso de la sentencia **IF** y los distintos valores que puede tomar una expresión en una sentencia **SWITCH**. E intentar, desde luego, cubrir la mayor cantidad de casos posibles.

Vemos que en el ejemplo de la calculadora visto anteriormente el **SWITCH** tiene cuatro posibles ejecuciones, a lo que debemos sumarle un quinto caso posible en el que no ejecuta ninguna sentencia incluida dentro del **SWITCH**.

```
switch(intOperacion)
{
case 1:        // CASO 1
```

```
      intResultado = intOperando1 + intOperando2;
      Console.WriteLine(intOperando1 + " + " + intOperando2 + " = " +
      intResultado);
      break;
   case 2:        //CASO 2
      intResultado = intOperando1 - intOperando2;
      Console.WriteLine(intOperando1 + " - " + intOperando2 + " = " +
      intResultado);
      break;
   case 3:        //CASO 3
      intResultado = intOperando1 * intOperando2;
      Console.WriteLine(intOperando1 + " x " + intOperando2 + " = " +
      intResultado);
      break;
   case 4:        //CASO 4
      intResultado = intOperando1 / intOperando2;
      Console.WriteLine(intOperando1 + " / " + intOperando2 + " = " +
      intResultado);
      break;
   }
...                         //CASO 5: No ejecución del SWITCH
```

Si logramos realizar una cobertura por ramas del 100 % estaremos logrando una cobertura por segmentos del 100 % también, debido a que todo segmento estará comprendido dentro de una rama.

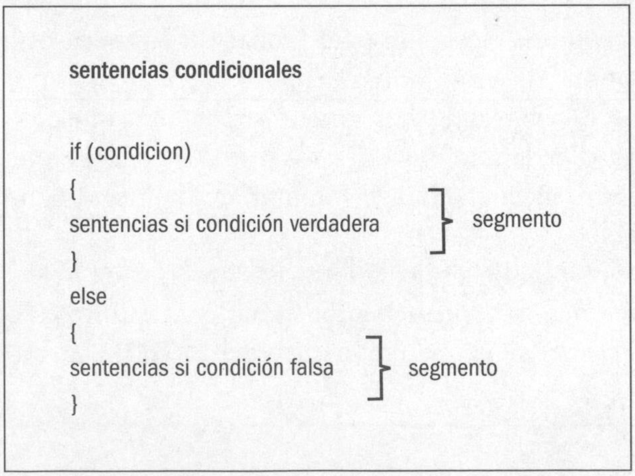

Figura 9. *Lo que buscamos con esta prueba es alcanzar aquellos segmentos que no podemos probar con la cobertura anterior.*

Cobertura de condición / decisión

La cobertura por ramas, si bien nos da mayor confiabilidad que la cobertura por segmentos, presenta inconvenientes cuando las expresiones booleanas contenidas en las instrucciones condicionales son complejas.

```
// Sentencia Condicional IF
//con expresión booleana compleja
if (Condicion1 | Condicion2 )
{
  //Instrucciones ejecutadas si
  //la condición evaluada es verdadera
}
```

En el esquema de código descrito las condiciones 1 y 2 pueden tomar 2 valores cada una, dando lugar a 4 combinaciones posibles. Aunque por la arquitectura de la instrucción condicional sólo existen dos ramas posibles (o se cumple o no se cumple) y se supone a priori que alcanzarían dos casos de prueba para cubrirlas. Sin embargo, con sólo estas dos pruebas podemos estar eludiendo otras situaciones que se sucedan dentro de alguna de las ramas.

CASOS POSIBLES	CONDICIÓN 1	CONDICIÓN 2
Caso 1	True	True
Caso 2	False	True
Caso 3	True	False
Caso 4	False	False

Tabla 1. *Casos posibles en una instrucción IF con una expresión booleana compleja (OR).*

Con tan sólo los casos 2 y 4 lograremos cubrir todas las ramas y todos los segmentos, pero, lamentablemente, no lograremos cubrir todos los casos posibles, debido a que sólo hemos probado una sola posibilidad para la condición 1. Y si estas expresiones booleanas son utilizadas dentro de una de las ramas, las estaremos dejando fuera de la lógica de la cobertura.

Para sobrellevar este obstáculo definimos un criterio de cobertura de **condición/decisión** que divide estas expresiones booleanas compuestas en sus unidades y se intenta cubrir los casos más relevantes o probables.

No nos alcanza con probar cada una de las posibilidades de las ramas, sino que además hay que probar, en la medida de lo posible o de cuanto nos interese en nuestro desarrollo, todas las posibles combinaciones para efectuar una prueba completa de las situaciones y casos que se producen en las ramas.

En el siguiente ejemplo mostramos los cuatro casos posibles de ejecución de un **IF** con una condición compleja a evaluar. Destacamos que por la lógica del **OR**, el único caso que no ingresará en el **IF** será el caso 4 (**FALSE OR FALSE = FALSE**).

```
using System;

namespace IfComplejo
{
  class clsIfComplejo
  {
    static void Main()
    {
      int  intOpcion;
      Boolean blnCondicion1 = false;
      Boolean blnCondicion2 = false;

      Console.WriteLine("Ingrese caso a ejecutar:");
      intOpcion = Int32.Parse(Console.ReadLine());
      switch(intOpcion)
      {
      case 1:
        blnCondicion1 = true;
        blnCondicion2 = true;
        break;
      case 2:
        blnCondicion1 = false;
        blnCondicion2 = true;
        break;
      case 3:
        blnCondicion1 = true;
        blnCondicion2 = false;
        break;
      case 4:
        blnCondicion1 = false;
        blnCondicion2 = false;
        break;
      }
      if (blnCondicion1 | blnCondicion2)
      {
        Console.WriteLine(blnCondicion1 ? "blnCondicion1 = True" :
```

```
            "blnCondicion1 = False");
            Console.WriteLine(blnCondicion2 ? "blnCondicion2 = True" :
            "blnCondicion2 = False");
        }
      }
    }
  }
```

La mínima cantidad de pruebas también podría realizarse con los casos 3 y 4. Aun así no estamos cubriendo todas las posibilidades de ejecución. Si dentro de la sentencia **IF** realizamos asignación de valores sobre las variables involucradas en la condición, y deseamos realizar una cobertura completa, estamos obligados a probar los cuatro casos.

Figura 10. *La cobertura por ramas, nos asegura la ejecución de los segmentos, pero no ejecuta los **casos posibles**.*

Cobertura de bucles

Los bucles son segmentos de instrucciones que se ejecutarán de acuerdo con la verdad o falsedad de la premisa asociada. Podría pensarse, entonces, que la cobertura por ramas cubre sin sospechas la necesidad de probarlos por separado. Pero sabemos que los bucles son una máquina de generar errores, por ejecutarse más o menos veces de las que uno desea. En ciertos casos puede ser un error trivial y sólo penaliza el tiempo de respuesta de nuestra aplicación, y en otros la condena al fracaso, sin matices ni puntos medios. No es tan difícil equivocarse en la redacción de un bucle, por eso debe pasar, según el tipo de bucle, por ciertas pruebas elementales.

```
using System;
namespace CoberturaWhile
  {
```

```
class clsWhile
{
  static void Main(string[] args)
  {
    int intContador = 0;
    if (args.Length > 0)
    {
      while ( intContador < Int32.Parse(args[0]))
      {
        intContador++;
        Console.WriteLine("ejecución n {0}", intContador);
      }
    }
    else
    {
      Console.WriteLine("While no ejecutado");
    }
  }
}
```

En estos casos tenemos que cumplir tres casos de pruebas mínimas para los bucles:
• **Caso 1:** las sentencias dentro del bucle no se ejecutan.
• **Caso 2:** las sentencias dentro del bucle se ejecutan una sola vez.
• **Caso 3:** las sentencias dentro del bucle se ejecutan más de una vez.

Debemos prestar especial atención si dentro de los bucles iterativos existen sentencias **BREAK**, y mucha más atención si algún intrépido programador colocó una sentencia **GOTO**: aunque seguramente esta sentencia de bifurcación incondicional pueda quitarse, existen casos muy puntuales en que no, y es entonces cuando nos vemos obligados a recorrer todos los casos posibles.

Figura 11. *Para validar y verificar la codificación de un bucle, son necesarias tres ejecuciones como mínimo.*

Los bucles **FOR,** si bien los mencionamos en este apartado, bastará probarlos una vez como en la cobertura de segmentos. Sin embargo, debemos tener cuidado si dentro del bucle existe alguna sentencia que modifique el valor de la variable utilizada como contador o una sentencia **BREAK** (o **GOTO**). En este caso debemos analizar si estas circunstancias generan más casos posibles que la ejecución de las sentencias contenidas dentro de la sentencia **FOR.**

Cobertura de excepciones

Existen lenguajes que disparan excepciones, como **ADA** o **C#.** Las excepciones se disparan cuando intentamos (**try**) realizar una acción y falla por alguna circunstancia. En este sentido, las trataremos como si de una cobertura por ramas se tratase. Vemos que la lógica de funcionamiento es análoga a una sentencia **IF** o a una sentencia **SWITCH.**

Veamos un ejemplo de apertura de un archivo. Podemos apreciar sin entrar mucho en detalles que cubriendo cada una de las excepciones disparadas realizaremos una cobertura del 100 %.

```
using System;
using System.IO;

namespace Excepciones
{
  class clsExcepciones
  {
    static void Main(String[] args)
    {

      if (args.Length == 0)
      {
      Console.WriteLine("Debe ingresar la ruta del fichero");
```

✳ CORREGIR UN ERROR

La tarea de debugging, no **nos garantiza** que obtendremos un producto libre de errores. No olvidemos de que los errores lógicos difícilmente se solucionen corrigiendo una sentencia, y lo que suele suceder en muchas oportunidades es un movimiento de la falla hacia otro sector del código fuente.

```
    return;
    }


    String strFichero = args[0];


    // Intento de apertura de un fichero para lectura

    try
    {
      StreamReader strdFichero = new StreamReader(strFichero);
      Console.WriteLine("Apertura exitosa del archivo {0}" , strFichero );
    }


    // Manejo de excepciones

    catch (FileNotFoundException)
    {
      Console.WriteLine("Error: El archivo no pudo ser localizado.");
    }
    catch (InvalidDataException)
    {
      Console.WriteLine("Error: El archivo contiene datos inválidos.");
    }
    catch (ArgumentException)
    {
      Console.WriteLine("Error: verifique que la ruta proporcionada");
      Console.WriteLine("no contenga caracteres inválidos o este
      incompleta");
    }
    catch (PathTooLongException)
    {
      Console.WriteLine("Error: la ruta o el nombre del archivo");
      proporcionados");
      Console.WriteLine("exceden la cantidad máxima de caracteres
      permitidos.");
    }
    catch (DirectoryNotFoundException)
    {
      Console.WriteLine("Error: La ruta proporcionada es incorrecta.");
      Console.WriteLine("es posible que la unidad especificada no
```

```
      este mapeado.");
    }
    catch (IOException)
    {
    Console.WriteLine("Error: Se produjo un error de I/O");
    }
    catch (UnauthorizedAccessException)
    {
    Console.WriteLine("Error: La ruta proporcionada requiere de permisos.");
  }
  // No se pudo detectar el origen del error
  catch (NotSupportedException)
  {
    Console.WriteLine("Error desconocido.");
  }
   }
  }
}
```

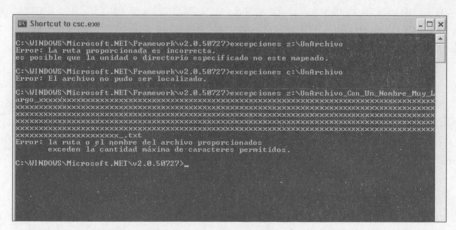

Figura 12. *Las excepciones son tratadas como una cobertura por ramas.*

{} GESTIÓN DE ERRORES

Lenguajes como **ADA**, **JAVA** o **C#** soportan la gestión de excepción. ¿Por qué elegirlos? Por las ventajas que obtenemos: más legibilidad y más información del error. En **C++** el error lo debemos gestionar por el valor de retorno de la función. Las excepciones nos permiten codificar como si nunca se produjese un error, y otro código será el encargado de vigilar la ejecución.

Finalización de las pruebas de caja blanca

La decisión de terminar la cobertura en cierto porcentaje depende, principalmente, de la criticidad del programa. En todo entorno de trabajo se debe tener en cuenta el riesgo que presupone un fallo en el sistema que se está implementando. Y no nos estamos refiriendo a casos extremos de aplicaciones médicas, sino que nos situamos en tareas más cotidianas, como el proceso que genera el listado de impresión de las facturas a cobrar a los clientes de una empresa prestadora de servicios (telefonía, agua corriente, gas, servicio eléctrico, etc.). Comúnmente se utiliza una cobertura de segmentos del **100 %** o cercana a este valor. Y el porcentaje de las demás coberturas varía de acuerdo con cada implementación, pero es muy extraño que supere un orden del **70 %**.

En aplicaciones con criticidad muy baja, coberturas completas (de segmentos, de ramas, de condición/decisión y de bucles) del orden del 40 % al 60 % son admisibles. Pero este porcentaje varía de acuerdo con el ámbito de distribución de la aplicación, si luego de distribuida, la aplicación falla, y la falla es grave, puede resultar imperativo la redistribución de los **fixes** o la misma aplicación corregida.

Dentro de una empresa con varios puestos de trabajo, la instalación del fix depende, en la mayoría de los casos, del usuario final; por lo que si muchos de ellos no lo aplican, la aplicación fallará. Es en estas circunstancias, o en cualquier otra que lo requiera, que necesitamos utilizar todos los recursos que disponemos para lograr que la tarea de debugging se realice lo mejor posible.

La decisión de terminar las pruebas no alcanza tampoco con obtener una cobertura mayor al 50 %. Recomendamos que se revise el código fuente para conocer que todas las funciones que realiza nuestra aplicación sean ejecutadas. Si bien esto sólo lo sabremos con firmeza realizando una cobertura general del 100 %, es importante que no haya grandes extensiones de código que no se ejecuten nunca.

Sabemos que cuanto más alto es el porcentaje de cobertura, lograremos mayor garantía del buen funcionamiento de nuestra aplicación. Sabemos también que conseguir un alto porcentaje de cobertura con pruebas de caja blanca es altamente de-

{} EXCEPCIONES

Las excepciones son un mecanismo que permite la gestión de errores en tiempo de ejecución. En C# (como en toda la plataforma .NET) son objetos que derivan directamente de la clase System.Exception y nos ofrecen información sobre él.

seado: pero no nos será suficiente para garantizar que el cliente o usuario final quedará conforme con los resultados entregados. Las pruebas de caja blanca nos dan cierta garantía de que nuestra aplicación realiza bien lo que dice que debe realizar el código fuente, pero no nos garantizan, de ningún modo, que realiza aquello que deseamos que realice. Es decir, si el usuario final desea realizar una impresión de los montos cobrados a sus clientes semanalmente obtenidos de una base de datos para conformar informes y la aplicación realiza una impresión con los montos mensuales, no habrá prueba de caja blanca que detecte este error.

Pruebas de caja negra

Las pruebas de caja negra están orientadas a aquello que se espera de la aplicación o de un módulo en particular. Intenta descubrir aquellos casos particulares o excepcionales en los que la aplicación o un módulo de ella no se comportan como se esperaba en las especificaciones del usuario final. Son pruebas funcionales, y en nada nos interesa cómo realiza la tarea, sino que la realice. Estas pruebas son altamente recomendadas para los módulos de la aplicación que interactúan con los usuarios en su sentido más amplio: **GUI (Graphical User interfaces)**, líneas de comandos, generación de ficheros, etc.

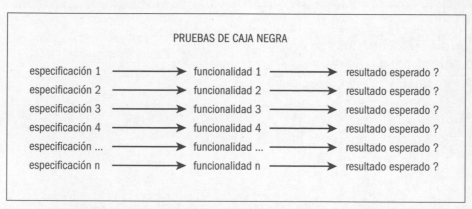

Figura 13. *En una prueba de caja negra sólo nos interesan las relaciones entre las especificaciones y los resultados obtenidos.*

Las pruebas de caja negra las realizaremos conforme a lo establecido en la etapa de necesidades, etapa en la cual el usuario o cliente exige **qué desea de la aplicación**. En estos casos hablaremos de **cobertura de especificación** para dar una medida numérica del porcentaje (o cantidad) de requisitos que se han probado y satisfecho. De todos modos, la tarea no es tan sencilla como parece. No nos alcanza con probar una a una las funcionalidades de nuestra aplicación (un alta de datos, una baja, una impresión, etc.) sino que debemos tomar en cuenta los distintos valores que pueden recibir como parámetros las funcionalidades a probar.

Clases de equivalencia

Debido al obstáculo de la diversidad (o infinitud) de valores que pueden recibir las funcionalidades de nuestra aplicación, es que seguiremos una técnica denominada **clases de equivalencia**. En esta técnica dividiremos al total de entradas posibles a un conjunto más pequeño de clase de equivalencia. De esta manera nos alcanzará con realizar una prueba con un valor de cada clase, sabiendo que los demás datos de la misma clase, por ser equivalentes, se comportarán de forma análoga.

Nuestro problema se basa en reconocer, identificar y cuantificar estas clases de equivalencia (y además, hacerlo correctamente). No existe una regla o técnica a seguir de uso general para todos los casos que se nos puedan presentar, pero sí existen tres modelos conceptuales que nos ayudarán a distinguir clases de equivalencias en los datos que trabajamos.

Modelo 1: rango de valores

Este modelo lo aplicamos cuando esperamos valores numéricos (edades, cantidad de registros leídos de una tabla, etc.), fechas o cualquier valor que pueda ser ordenado con un criterio lógico.

Si esperamos un parámetro de entrada que se encuentra comprendido dentro de un rango de valores, tendremos tres clases de equivalencia, lo cual generará tres pruebas de caja negra:

- **Por debajo** del rango esperado.
- **Dentro** del rango esperado.
- **Por encima** del rango esperado.

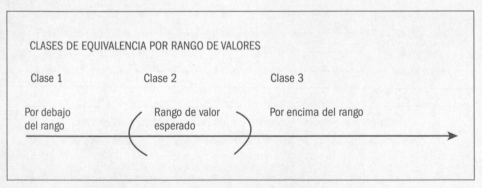

CLASES DE EQUIVALENCIA POR RANGO DE VALORES

Clase 1   Clase 2   Clase 3

Por debajo   Rango de valor   Por encima del rango
del rango   esperado

Figura 14. *La equivalencia por rango de valores nos permite realizar pruebas finitas para validar casos posibles infinitos.*

```
using System;
/*
Modelo 1: Rango de valores
```

```
*/
namespace RangoDeValores
{
  class clsRangoDeValores
  {
    static void Main()
    {
      int   intParametroEsperado;

      Console.WriteLine("Ingrese un número dentro del rango (1-9)");

      intParametroEsperado = Int32.Parse(Console.ReadLine());

      if (intParametroEsperado > 0 & intParametroEsperado < 10 )
      {
        Console.WriteLine("Parámetro esperado");
      }
    }
  }
}
```

Figura 15. *Es importante no confundir esta técnica con
las aserciones. Esta técnica realiza pruebas y no búsquedas.*

{} FIXES

Para quien no los conozca, los **fixes** o **parches** son ejecutables que se distribuyen para corregir fallas de aplicaciones. Cuando la distribución de una aplicación se realiza a gran escala, resulta más cómodo distribuir un pequeño ejecutable que corrija la aplicación, a la redistribución de la aplicación corregida.

Modelo 2: conjuntos de valores

En este modelo nos encontramos frente a valores específicos, como números pares o impares, verificación de la existencia de un dato, etc.

Entonces, si esperamos un parámetro de entrada que se encuentra comprendido dentro de un conjunto, obtendremos dos clases de equivalencia y dos pruebas.

- **Dentro** del conjunto.
- **Fuera** del conjunto.

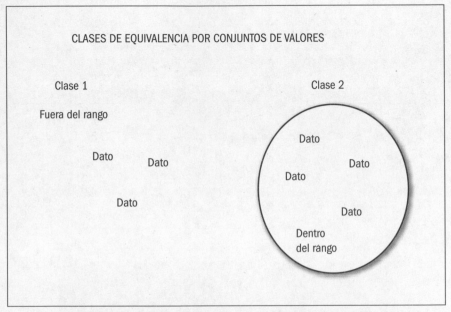

Figura 16. *Si bien la prueba se realiza sobre valores dispares, el tipo de dato debe ser el mismo (número, letra, registro, archivo, etc).*

```
using System;
/*
Modelo 2: Conjunto de valores
*/
namespace ConjuntoDeValores
{
  class clsConjuntoDeValores
  {
    static void Main()
    {
      int  intParametroEsperado;
```

```
        Console.WriteLine("Ingrese un número del conjunto (1,12,78)");

        intParametroEsperado = Int32.Parse(Console.ReadLine());

        if (intParametroEsperado == 1 | intParametroEsperado == 12 |
            intParametroEsperado == 78)
        {
          Console.WriteLine("Parámetro esperado");
        }
      }
    }
}
```

Figura 17. *Como vimos, los datos deben ser similares. No podremos comparar un tipo de dato con otro diferente. Para evitar esto último necesitamos de las aserciones.*

Modelo 3: valores booleanos

Este modelo es el más sencillo de los tres. Ocurre únicamente cuando esperamos como parámetro de entrada un valor de tipo **booleano** (**True** o **false**). Aquí sólo tendremos dos clases de equivalencia:
• Condición **verdadera**.
• Condición **Falsa**.

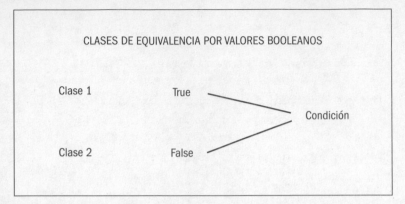

Figura 18. *El último modelo, sólo aplica sobre parámetros o valores booleanos.*

```
using System;
/*
Modelo 3: Valores booleanos
*/
namespace ValoresBooleanos
{
  class clsValoresBooleanos
  {
    static void Main()
    {
      Boolean blnParametroEsperado = true;

      Console.WriteLine("Selecione un valor booleano (TRUE)");
      Console.WriteLine("0: FALSE");
      Console.WriteLine("1: TRUE");

      if ( Int32.Parse(Console.ReadLine()) == 0) blnParametroEsperado = false ;

      if ( blnParametroEsperado )
```

III EL MÉTODO DESCENDENTE (TOP-DOWN)

Es un método en el que lo primero que probaremos son aquellos módulos que interactúan con las funciones externas de nuestra aplicación. Tiene como objetivo probar la **funcionalidad** del sistema, y es muy ventajoso en este sentido. Como inconveniente, nos obliga a realizar muchos casos de prueba, en reemplazo de los módulos de código que aún no han sido probados.

```
    {
        Console.WriteLine("Parámetro esperado");
    }
  }
 }
}
```

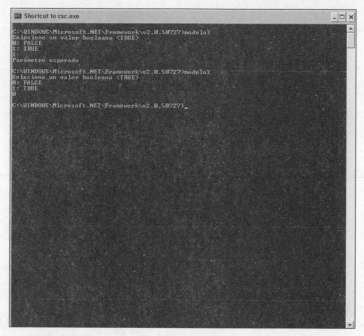

Figura 19. *La simpleza del modelo no es excusa para no agendarlo en un diseño de casos de pruebas.*

Finalización de las pruebas de caja negra

Del mismo modo que las pruebas de caja blanca, la decisión de finalizar las pruebas de caja negra está íntimamente ligada a la criticidad de la aplicación que estemos desarrollando. Si aquello que estamos probando es una interfaz de usuario sin muchas funcionalidades una cobertura de especificación superior al **95 % es lo más recomendable**, ya que no es muy costoso.

Al igual que las pruebas de caja blanca, este tipo de pruebas también tiene sus limitaciones. Si realizamos una cobertura exhaustiva de las especificaciones, estamos garantizando que nuestra aplicación realiza aquello que deseamos que realice, pero no podemos garantizar que lo realiza como queremos. Es decir, si las especificaciones indican que hay que generar un informe con datos de un archivo, y las pruebas de caja negra son exitosas, no podemos garantizar que la operación se realizó eficientemente o que dentro del código no existan funciones obsoletas.

Pruebas positivas y negativas

Luego de que diseñamos los casos de prueba, y conjuntamente con los mecanismos de trazado, chequeos de consistencia y almacenamiento de información en el log, recomendamos realizar las pruebas positivas y negativas. La filosofía de aplicación es muy similar a los chequeos de consistencia o aserciones sólo que estas pruebas están más orientadas al lugar dentro del código en donde sucede el error y no a la lógica de procesamiento. En la práctica, esta técnica es muy utilizada, para la validación secuencial de valores de entrada.

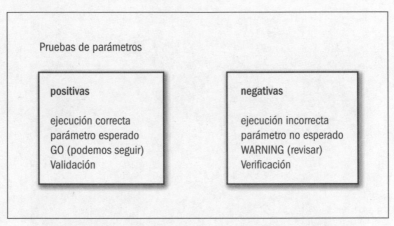

Figura 20. *Las pruebas positivas y negativas nos ayudan a corregir los primeros errores que surgen a gran velocidad.*

Pruebas positivas

Las pruebas positivas nos informan que el programa se está ejecutando correctamente o recibe los datos que esperamos que reciba, es decir, que estamos donde queremos estar.

Aplicado a nuestra calculadora, será:

```
...
Console.WriteLine("*******************************");
Console.WriteLine("** Seleccione una operación: **");
Console.WriteLine("*******************************");
Console.WriteLine("1: Suma");
Console.WriteLine("2: Resta");
Console.WriteLine("3: Multiplicación");
Console.WriteLine("4: División");
IntOperacion = Int32.Parse(Console.ReadLine());
   /* Prueba positiva */
   if (IntOperacion > 0 || IntOperacion < 5)
   {
```

```
        Console.WriteLine("Ejecución o dato correcto");
    }
    switch(IntOperacion)
...
```

Pruebas negativas

Las pruebas negativas nos informan que nuestra aplicación no está ejecutando aquello que no debe ejecutar, es decir, **NO** estamos donde **NO** queremos estar.
Si utilizamos el ejemplo anterior sería:

```
...
    Console.WriteLine("********************************");
    Console.WriteLine("** Seleccione una operación: **");
    Console.WriteLine("********************************");
    Console.WriteLine("1: Suma");
    Console.WriteLine("2: Resta");
    Console.WriteLine("3: Multiplicación");
    Console.WriteLine("4: División");
    IntOperacion = Int32.Parse(Console.ReadLine());
      /* Prueba negativa */
      if (!(IntOperacion > 0 || IntOperacion < 5))
      {
        Console.WriteLine("");
      }
    switch(IntOperacion)
...
```

Las pruebas negativas también podríamos aplicarlas a la validación de excepciones.

```
...
    try
    {
      StreamReader strdFichero = new StreamReader(strFichero);

      Console.WriteLine("Apertura exitosa del archivo {0}" , strFichero );
    }
    /* Prueba negativa */
    if (strFichero == null)
```

```
    {
       Console.WriteLine("¿No hubo excepción?");
    }


    // Manejo de excepciones
    catch (FileNotFoundException)
    {
       Console.WriteLine("Error: El archivo no pudo ser localizado.");
    }
  ...
```

Técnica de probar primero

La técnica de probar primero o **programación defensiva** como también se la denomina, puede considerarse más como una filosofía de codificación que como una técnica en sí misma. Está fundamentada en la técnica **divide & conqueror** (divide y conquistarás) pero orientada fuertemente a la depuración de la aplicación que se está desarrollando.

No es realmente una técnica que contenga normas y reglas a seguir como las pruebas de caja blanca o caja negra, pero se ayuda de las normas de aquellas pruebas para su cometido, la diferencia es que sólo las utiliza en pequeños trozos de código fuente, con tendencia a la depuración modular.

Comenzamos la codificación con el precepto de que nuestra aplicación fallará.

Y seguiremos los siguientes pasos:

- Codificamos el **esqueleto** de nuestra aplicación.
- Realizamos **pruebas** (compilación y ejecución).
- **Corregimos** los errores y volvemos al segundo punto.

Siguiendo con el ejemplo de nuestra calculadora, lo primero que haremos será crear el esqueleto o armazón, puede comenzarse por un esqueleto mucho más básico, lo

III EL MÉTODO ASCENDENTE (DOWN-TOP)

En este caso comenzaremos a probar los módulos principales de nuestra aplicación. De esta manera evitamos la escritura innecesaria de código para la ejecución de pruebas como era el caso del método anterior **(Top-down)**. Y podemos construir código nuevo sabiendo que el código sobre el cual se apoya ya ha sido probado.

importante del armazón es que **no contenga las sentencias de ejecución del propósito de la aplicación**, es decir, que aún no realice la tarea por la cual lo crearemos. En nuestro ejemplo, no realizamos las cuatro operaciones básicas:

```csharp
using System;
/*
Armazón de Calculadora
*/
namespace Calculadora
{
  class clsCalculadora
  {
    static void Main()
    {
      int  intOperando1;
      int  intOperando2;
      int  intOperacion;
      int  intResultado;
      int  intFin;

      Console.WriteLine("********************************");
      Console.WriteLine("*******   CALCULADORA   *******");
      Console.WriteLine("********************************");

      Console.WriteLine("Ingrese el primer operando");
      intOperando1 = Int32.Parse(Console.ReadLine());

      Console.WriteLine("Ingrese el segundo operando");
      intOperando2 =Int32.Parse(Console.ReadLine());

      Console.WriteLine();
      Console.WriteLine("********************************");
      Console.WriteLine("** Seleccione una operación: **");
      Console.WriteLine("********************************");
      Console.WriteLine("1: Suma");
      Console.WriteLine("2: Resta");
      Console.WriteLine("3: Multiplicación");
      Console.WriteLine("4: División");
      intOperacion = Int32.Parse(Console.ReadLine());
      switch(intOperacion)
```

```
    {
    case 1:
      Console.WriteLine("Resultado = ");
      break;
    case 2:
      Console.WriteLine("Resultado = ");
      break;
    case 3:
      Console.WriteLine("Resultado = ");
      break;
    case 4:
      Console.WriteLine("Resultado = ");
      break;
    }

    Console.WriteLine();
    Console.WriteLine("*******************************");
    Console.WriteLine("¿Desea realizar otra operación?");
    Console.WriteLine("*******************************");
    Console.WriteLine("1: Si");
    Console.WriteLine("0: No");
    intFin = Int32.Parse(Console.ReadLine());

    switch(intFin)
    {
    case 1:
      Main();
      break;
    case 0:
      return;
    }
   }
  }
}
```

Una vez que disponemos del armazón general de nuestra aplicación, la compilamos
y probamos por alguna de las técnicas anteriormente mencionadas sólo el funcionamiento del esqueleto.

De allí en más, comenzaremos a crear las diferentes funciones o métodos que realicen cada una de las tareas que debe ejecutar nuestra aplicación una vez concluida.

```
/* Sumar */
    static int Sumar(int i, int j)
    {
      return ( i + j);
    }
/* Restar */
    static int Restar(int i, int j)
    {
      return ( i - j);
    }
/* Multiplicar */
    static int Multiplicar(int i, int j)
    {
      return ( i * j);
    }
/* Dividir */
    static int Dividir(int i, int j)
    {
      if ( j == 0 )
      {
        Console.WriteLine("DIVISOR = 0 !!!");
        return 1;
      }
      return (i / j);
    }
```

Cada vez que desarrollamos una nueva funcionalidad, deberemos realizar la compilación y posteriormente realizar la correspondiente prueba de nuestra aplicación. Esta tarea será iterativa y bastante tediosa, pero nos ofrece cierta garantía de que no tendremos en nuestro programa trozos de código obsoletos que no se ejecutarán nunca.

{} STRESS TESTING

Existen pruebas destinadas a averiguar hasta dónde es capaz de soportar una aplicación: volumen de datos, disco rígido sin espacio libre, la CPU con una carga mayor al 90%, muchos procesos concurrentes, etc.

Otros tipos de pruebas

A continuación se detallan los tipos de pruebas más comunes que se realizan durante el desarrollo de software.

Prueba por unidades

La prueba por unidades se basa en la acción de probar modularmente y bajo un estricto control el código fuente de nuestra aplicación. Esta prueba se realiza testeando en forma individual todos y cada uno de los módulos que componen nuestra aplicación. Debemos entregar a cada uno de los módulos los datos, generados de acuerdo con el conjunto de casos de prueba, como si fuesen entregados por otro módulo del programa o por el usuario final. Estas pruebas deben realizarse en un ambiente muy controlado, muy parecido a una **prueba ALFA**. En ciertos casos esta prueba no alcanzará o no será satisfactoria para el usuario final o cliente. Es entonces cuando debemos incorporar **las pruebas de integración y de aceptación**. Estas pruebas irán creciendo gradualmente en complejidad y consisten en probar la interacción entre las distintas clases o funciones que contiene nuestra aplicación.

Pruebas de integración

Las pruebas de integración se adelantan a la etapa de debugging, ya que, en el caso de decidir realizarlas, las llevaremos a cabo durante la implementación de nuestra aplicación.

Podemos realizar dos clases de pruebas.

- Pruebas **estructurales** de integración: son pruebas muy análogas a las pruebas de caja blanca, pero en vez de intentar cubrir líneas de código, intentamos la mayor cobertura de los casos posibles de las llamadas entre los distintos módulos que componen nuestra aplicación.

- Pruebas **funcionales** de integración: estas pruebas se asemejan a las pruebas de caja negra, en las cuales lo que probamos son las funciones de los módulos sin importar cómo fueron codificados.

Pruebas de aceptación

Estas pruebas se refieren a la última fase de pruebas a realizar, y en la práctica se encuentran fuera de la etapa de debugging. Si bien es una prueba similar a las pruebas de caja negra, estas pruebas las realiza el cliente o usuario final para dar la **aceptación final** del producto, en un ámbito en el que no tenemos control del entorno. Las mencionamos en este capítulo ya que por conveniencia, es beneficioso que realicemos estas pruebas lo más cercano temporalmente a la etapa de debugging por estar muy ligada a esta fase.

Pruebas aleatorias

Si no tenemos la exigencia de obtener un alto porcentaje de cobertura, podemos realizar pruebas aleatorias. Para una exigencia de porcentaje de cobertura menor al 50 %, la probabilidad de descubrir un error es prácticamente la misma si realizamos pruebas de caja negra y caja blanca o, simplemente, realizamos pruebas sobre funcionalidades o fragmentos de nuestro código elegidos al azar. De todas maneras, es mucho más prolijo realizar pruebas siguiendo los criterios de cobertura, aunque las pruebas realizadas sean mínimas.

Conclusión

La etapa de debugging es para encontrar fallas en nuestra aplicación. Esta etapa sólo será exitosa si encontramos fallas. Para buscar estos errores es que necesitamos realizar distintas pruebas, y valernos de técnicas como las aserciones y las trazas. Es difícil decidir cuál criterio de prueba es el mejor o cuál es el que nos acusará mayores errores encontrados. De todos modos, lo mínimo que debemos realizar antes de entregar nuestra aplicación es una cobertura de especificaciones del 100 % para los valores esperados; de allí en adelante todo depende de la criticidad de un fallo en nuestra aplicación.

... RESUMEN

En este capítulo hemos descubierto que la etapa de debugging es una de las tareas más laboriosas con las que nos encontramos en el desarrollo de un software. Aún así, vimos que existen modelos conceptuales, como los diseños de casos de pruebas, que nos ayudarán a encarar la tarea globalmente; criterios de pruebas que podemos utilizar para detectar errores; y metodologías y técnicas a seguir, como las aserciones, las trazas y los logs, que nos facilitarán la tarea de localización del error para poder, obviamente, corregirlo.

TEST DE AUTOEVALUACIÓN

1 ¿Qué debemos probar en la etapa del debugging?

2 ¿Cómo diseñamos un caso de prueba?

3 ¿Qué diferencia existe entre una aserción y una traza?

4 ¿Qué diferencia importante tienen las pruebas de caja negra con las pruebas de caja blanca?

5 ¿Qué son las coberturas de código?

6 ¿Qué son las clases de equivalencia?

7 ¿Cuándo podemos finalizar una prueba de caja blanca y cuándo una de caja negra?

8 ¿Las pruebas de caja negra y de caja blanca son pruebas exhaustivas?

9 Tome el código fuente de una aplicación que realice ABM sobre una base de datos y realice pruebas de caja blanca.

10 Ahora tome el código fuente de cualquier aplicación de consola (sin ventanas) y realice pruebas de caja negra.

Bases de datos

En este capítulo trataremos el diseño y la estructura de las bases de datos. Veremos las técnicas de normalización para evitar la redundancia de información. También veremos cuándo nos conviene desnormalizar una tabla por requerimientos externos o si deseamos ganar rendimiento en el acceso en ella. Aprenderemos cómo utilizar los índices. Y cómo optimizar el espacio en disco utilizado. El lenguaje utilizado será SQL, por ser el lenguaje predominante en el acceso a base de datos.

OPTIMIZAR LA ESTRUCTURA DE LA BASE DE DATOS

En los tiempos actuales seguramente debamos desarrollar aplicaciones que manejen información almacenada. Esta información difícilmente la almacenaremos en **archivos planos**, y mucho menos si esta información es voluminosa. Es por esto, que la elección que haremos será, sin lugar a dudas, una base de datos.

Cuando desarrollemos la aplicación que gestionará la información sin duda nos preocuparemos para que cumpla, si no todas, la mayoría de las cualidades que mencionamos en el capítulo 4. Del mismo modo, intentaremos que el acceso a la información almacenada sea eficiente, veloz, y la visualización de ésta sea agradable. Nos preocuparemos también, por diversas funcionalidades y visualizaciones de nuestra aplicación. Pero no podemos olvidarnos de la estructura que tendrá la información almacenada; la distribución lógica que tendrán los datos que manipularemos y gestionaremos para obtener los resultados que nos exige el usuario final. Por definición, una base de datos es el conjunto de datos almacenados en una **estructura lógica**. En este capítulo veremos que la importancia que tiene la información que almacenamos es igual a la importancia de la estructura con la que almacenamos esa información. Es muy poco útil almacenar la información adecuada, si el acceso a ella no podemos realizarlo en tiempo y forma adecuados.

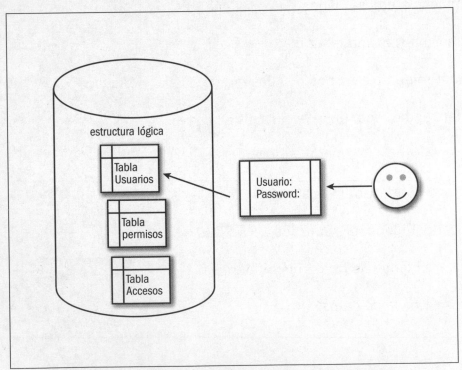

Figura 1. Un diseño lógico adecuado nos permitirá crear una estructura óptima en el acceso a una base de datos.

Entonces, cuando desarrollemos una aplicación que deba acceder a una base de datos, nos preocuparemos de su **diseño lógico**; es decir, el modo en que distribuiremos los datos para que el acceso a la información sea eficiente. Si no diseñamos inteligentemente las tablas, no valdrá de mucho que nos esforcemos en algoritmos veloces, el acceso no será el más veloz. O pero aún, nos costará mucho esfuerzo generar las consultas para obtener esos vistosos informes que nos pide el cliente. Es importante tener en cuenta que no tiene que interesarnos si nuestra aplicación deberá acceder a una base de datos de una tabla con mil registros o una base de datos de quince tablas con un millón de registros cada una. No olvidemos que esa pequeña base de datos puede crecer, y deberá seguir dando las mismas prestaciones de eficiencia que cuando contenía pocos registros.

Sabemos que de la complejidad de los datos y de las relaciones que existan entre ellos, depende en gran medida la dificultad del diseño. Es por esta razón que nos vemos obligados a seguir pautas para obtener un diseño prolijo y eficiente, para que esta prolijidad y eficiencia se vea reflejada en el acceso a los datos.

Algunas definiciones

Será necesario que definamos algunos términos antes de que comencemos a explicar cuestiones de diseño o normalización de las tablas. A modo de diccionario enumeraremos los vocablos que se utilizan en la terminología de bases de datos. Esta clase de diccionario no será exhaustivo, sólo pretendemos mencionar aquellos términos que pueden prestarse a confusión o generar ambigüedades de interpretación. Suponemos que el lector tiene un mínimo conocimiento sobre bases de datos.

- **Atributo:** generalmente es la columna o campo que definimos para almacenar un único tipo de dato, pero puede darse la circunstancia de que almacenemos un mismo atributo en dos o más columnas. Por ejemplo, si definimos una columna (atributo) **Fecha_Nacimiento**, seguramente es porque guardaremos datos de tipo fecha, que indicarán la fecha del nacimiento de una persona porque corresponde a uno de sus atributos. Pero si definimos dos campos llamados **Color_Favori-**

 BASE DE DATOS FICHERO

Las bases de datos fichero, son archivos planos que consisten en simples archivos de texto. Pero estos archivos estarán divididos en filas y columnas. Hoy en día este tipo de base de datos **no se justifica** ni en desarrollos pequeños, ni en aplicaciones sencillas. El almacenamiento de información con esta estructura es muy primitivo y tal vez ni siquiera podamos llamarles bases de datos.

to_uno y **Color_Favorito_Dos** estaremos definiendo dos columnas pero un mismo atributo, es decir, un mismo tipo de dato, que en este caso correponde al color favorito de alguna persona de la tabla.

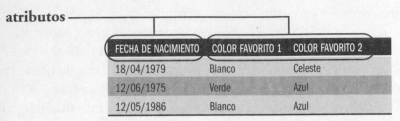

atributos

FECHA DE NACIMIENTO	COLOR FAVORITO 1	COLOR FAVORITO 2
18/04/1979	Blanco	Celeste
12/06/1975	Verde	Azul
12/05/1986	Blanco	Azul

Tabla 1. *Un atributo es una cualidad o una característica de la información que estamos almacenando.*

- **Tupla:** es el registro, el renglón o la fila que reúne los datos que están relacionados entre sí y corresponden a un solo elemento. En el ejemplo anterior si la tabla contiene las columnas **Nombre**, **Fecha_Nacimiento** y **dirección** una tupla podría ser: "Juan", "01/04/1978", "Avenida José 1230".

NOMBRE	FECHA DE NACIMIENTO	DIRECCIÓN
Juan	18/04/1979	Garay 334
Carlos	12/06/1975	San José 4332
Manuel	12/05/1986	Abelardo Rojas 223

tupla

Tabla 2. *La tupla corresponde al conjunto de información de un solo elemento.*

- **Llave primaria:** una llave primaria o principal es la o las columnas que identifican sin ambigüedades a una tupla de la tabla. Es decir, es un identificador de una fila que en muchas oportunidades nos ayuda a relacionar los datos contenidos en una tabla con los datos contenidos en otra. En el ejemplo mencionado la llave podrían ser los tres campos o podríamos agregar un número único a cada persona para utilizarlo como llave primaria (**ID_Persona**), y de esta manera sabremos que

III BASES DE DATOS RELACIONALES

El nombre proviene de la posibilidad que ofrecen de relacionar la información entre diferentes tablas, compartiendo datos y eliminando la duplicidad de los datos. Esto genera problemas de espacio de almacenamiento y redundancia dañina. De todos modos, ninguno de los sistemas gestores relacionales permiten la incorporación nativa de objetos multimedia (sonidos, imágenes, etc.).

para cada número de **ID_Persona** habrá solamente un único conjunto de valores de **Nombre**, **Fecha_Nacimiento** y **dirección**.

Figura 2. *La condición que debe cumplir una llave primaria,*
es que sea única para cada tupla o registro.

- **Llave externa:** una llave externa es la o las columnas que corresponden a la llave primaria de otra tabla. Citando el ejemplo del ítem anterior si en una tabla registramos las fechas en que una persona asistió a un sitio no estamos obligados a copiar toda la información (**Nombre**, **Fecha_Nacimiento** y **dirección**) sino que crearemos una sola columna denominada **ID_Persona** que guardará el valor numérico correspondiente a sus datos personales.

Figura 3. *Una llave externa nos permite*
relacionar los datos entre dos o más tablas.

- **Dependencia funcional:** es la conexión o relación existente entre una o más columnas. Es decir, un atributo o columna depende funcionalmente de otro si y sólo si a cada valor del primer atributo o columna le corresponde un valor y solo un valor del segundo atributo o columna. Debemos tener presente que los atributos no tienen porque corresponderse con columnas. Esta definición también aplica a casos en los que dos o más columnas definen un mismo atributo. Por ejemplo, si tenemos en una tabla cuatro columnas **Volumen_Total**, **Volumen_Ocupado**,

{} BASES DE DATOS HÍBRIDAS

Estas bases de datos nos permiten combinar las características de las bases de datos relacionales y las bases de datos orientadas a objetos. Con ellas podemos manejar datos alfanuméricos y binarios. Pero aún es una tecnología que se encuentra en desarrollo.

Volumen_Libre y **Porcentaje_Ocupado** en las que almacenamos los valores que referencian el espacio de soportes magnéticos, diremos que **Volumen_Libre** depende funcionalmente de **Volumen_Total** y **Volumen_Ocupado**, ya que podremos establecer una función que determina la dependencia entre estas columnas: **Volumen_Total-Volumen_Ocupado = Volumen_Libre**. Del mismo modo sucederá con la columna **Porcentaje_Ocupado** ya que depende funcionalmente de dos columnas cualesquiera de las tres restantes. Pero si dentro de la misma tabla almacenamos el tipo de soporte magnético la dependencia funcional sólo puede corresponder en algunos casos con el **Volumen_Total** ("Diskette 3 1/2","1,44 MB"), pero no con el **Porcentaje_Ocupado**.

Dependencia Funcional : Tabla

Soporte	Volumen_Total	Volumen_Ocupado	Volumen_Libre	Porcentaje_Ocupado
CD	700	490	210	70

Registro: 2 de 2

Figura 4. *La existencia de dependencias funcionales nos permite normalizar la tabla, como veremos más adelante.*

- **Dependencia Transitiva:** en este caso la conexión o relación es por transición. Es decir, cuando una columna determina otra sin confusión, y a su vez esta segunda columna determina unívocamente a una tercera. Podríamos plantear el ejemplo de una tabla que tiene tres columnas **Usuario**, **Permiso** y **Acción_Realizada**. De esta manera obteniendo el nombre de un usuario sabemos el permiso que tiene asignado y sabiendo que cierta acción sólo puede ser realizada con un solo permiso. En estas condiciones se forma una dependencia transitiva en la que **Usuario** determina **Permiso** y **Permiso** determina a **Acción_Realizada**.

USUARIO		PERMISO		ACCIÓN_REALIZADA
Pérez	→	Admin	→	Mantenimiento
González	→	Lectura	→	Informe
Gómez	→	Escritura	→	Grabación

Figura 5. *La dependencia transitiva depende únicamente del tipo de información que estemos almacenando.*

LLAVES ALTERNATIVAS

Las llaves alternativas son aquellas posibles llaves primarias, es decir, llaves candidatas, que no han sido elegidas para cumplir tal función.

• **Dependencia funcional de múltiples valores:** Encontramos dependencia funcional de múltiples valores o **multivalorada** si, en tres columnas de una tabla, para la primera columna existen muchos (múltiples) valores en la segunda, y además, no hay dependencia funcional existente entre la primera columna y la tercera, pero sí existe una dependencia transitiva. Un ejemplo sencillo aparece cuando consideramos una tabla que contiene tres columnas: **Usuario**, **Personal_A_Cargo**, **Computadoras_Asignadas**. Un usuario, puede tener muchos empleados a cargo, y a su vez muchas computadoras asignadas.

USUARIO		PERSONAL_A_CARGO		COMPUTADORA_ASIGNADA
Jefe	→	Gómez	→	SN 1234693762
Jefe	→	Pérez	→	SN 1234693763
Jefe	→	González	→	SN 1234693764

Figura 6. *En una dependencia funcional multivalorada sólo llegamos al tercer atributo desde el segundo.*

• **Proyección:** es cuando creamos una nueva tabla con algunas o todas las columnas que pertenecen a otras tablas. Es decir, tomamos algunas o todas las columnas y algunos o todos los registros. Un ejemplo claro es si de la tabla **usuarios** sólo tomamos el campo **password**, y de la tabla **Permisos** sólo tomamos el campo **Privilegio**, para conocer el perfil del usuario.

 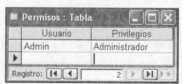

Figura 7. *La proyección nos permite crear tablas particulares para procesos o informes.*

• **Unión:** es cuando creamos una nueva tabla con dos tablas existentes. En este caso tomamos algunas o todas las columnas de cualquiera de ellas y todos los re-

III LLAVE SIMPLE Y LLAVE COMPUESTA

Una llave simple es aquella llave que sólo está compuesta por una sola columna. En cambio, la llave compuesta está integrada por dos o más columnas.

gistros de ambas columnas. Para que podamos realizar esta tarea debemos seleccionar la misma cantidad de columnas en ambas tablas, y además debe coincidir en el tipo de dato que almacenan. Consideremos el ejemplo de dos tablas: **Administradores** y **Operadores**. Ambas tablas contienen las columnas **ID** y **Password**. Si sólo tomamos la columna **ID** y luego todos los registros de ambas tablas obtenemos todos los usuarios.

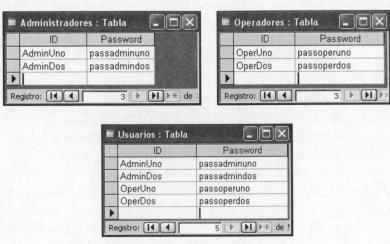

Figura 8. *La unión nos simplifica las vistas,*
si la información entre las tablas es congruente.

Diseño de la base de datos

Existen muchas y variadas consideraciones a tener en cuenta cuando realizamos el diseño de una base de datos. Las más importantes podemos enumerarlas en la siguiente lista:

• **Velocidad de acceso a la información:** nuestra aplicación necesita velocidad para leer los datos que se encuenrtan contenidos dentro de la base. Se pueden presentar circunstancias en las cuales no sea relevante el ingreso de información al sistema, sino sólo su lectura. Sistemas de información que necesitan **informes veloces** para la toma de rápida de decisiones.

||| LLAVE AJENA

Una llave ajena es aquella columna de una tabla determinada que hace referencia a la llave primaria de una segunda tabla. Es utilizada para relacionar una o varias tuplas de una tabla con una o varias tuplas de otra tabla. generalmente son campos de tipo autonuméricos.

- **Velocidad de escritura de los datos:** por otro lado, nos encontramos con el caso en que la lectura no sea considerada un factor importante en nuestra aplicación. Es el caso de aplicaciones que deben ingresar datos continuamente y los **informes son escasos**, es conveniente que nos preocupemos por la velocidad con que almacenamos los datos y que la velocidad de lectura tenga una menor importancia.
- **Volumen ocupado por el almacenamiento**: en ciertas circunstancias no es tan importante la velocidad de lectura o escritura, sino que lo único que nos interesa es el volumen que ocupará. Son aplicaciones que sólo guardarán esta información históricamente y su consulta será muy esporádica.
- **Facilidad de acceso a los datos:** puede preocuparnos también que el equipo de programadores encuentre una **visión muy simple** de la base de datos. Este factor toma vital importancia cuando las reglas del negocio son muy cambiantes y no podemos permitirnos el gasto de recursos en diseños, que quizás siendo más veloces, serán más complejos de entender o acceder.
- **Escalabilidad de la estructura de la base de datos:** éste, en el caso de presentarse, es uno de los factores más difíciles de resolver en el diseño de bases de datos. Nadie diseña una base de datos para luego tener que agregar o eliminar campos o tablas. Aun así, lo importante es ver la factibilidad de volcar la necesidad del rediseño en una sola capa, y como no podremos mantener rígida las estructuras de las tablas, deberá ser nuestra aplicación la que necesitará estar lista para asumir cualquier cambio de estructura lógica de la información.

Lo primero que debemos analizar es el origen de los datos, su necesidad e importancia. No podremos diseñar una tabla si no conocemos la procedencia de los datos que almacenará, si son realmente necesarios o si no importa su ausencia. Luego nos preocuparemos por cómo relacionar estos campos entre sí, para formar las tablas que compondrán la base de datos. Y por último crearemos la tabla o tablas definiendo en ellas los campos que contendrá.

Esta tarea parece muy sencilla pero si nos preocupamos por uno o varios de los puntos antes mencionados seguiremos ciertas reglas para que el diseño sea lo más eficiente en cuanto a velocidad y almacenamiento en general antes de que veamos de-

{} BASES DE DATOS ORIENTADAS A OBJETO

Estas bases admiten el paradigma de la Orientación a Objetos dentro de las propias bases de datos. Se considera que está construida por objetos, que pueden ser de diversas características y que permiten la inserción, modificación, eliminación, selección, etc. Estas bases sí permiten el manejo de datos multimedia de manera nativa y eficiente.

talladamente las formas normales, las cuales representan el el ideal para el correcto funcionamiento de una base de datos.

- Los campos que **no pueden contener valores nulos**, es decir, aquellos que son obligados o requeridos, los definiremos primero. Por ejemplo: el nombre de un cliente, el campo que almacena un usuario o una password.
- Del conjunto formado por los campos del punto anterior, definiremos primero aquellos campos de **longitud fija**, como pueden ser los conocidos campos **ID**, una fecha o un código de artículo y luego definiremos los de **longitud variable**.
- La longitud de los campos **debe ser la necesaria**, y cuanto más corta: mejor. El ahorro de unos cuantos **kilobytes** en una tabla de millones de registros puede ser importante, si consideramos el volumen de almacenamiento como un factor importante a destacar.
- Del conjunto de campos optativos, en especial aquellos de texto, consideraremos la **frecuencia de uso**. Y si esta frecuencia es relativamente baja crearemos una nueva tabla ligada a la primera por su **llave primaria**.
- Del mismo modo si alguno de los campos optativos debemos definirlo de **gran longitud**, también los volcaremos a una nueva tabla ligada a la primera por su llave primaria, como en el punto anterior. Este el caso de los conocidos campos **observaciones** que suelen ser definidos generosamente.

La escalabilidad a nivel de información de una base de datos estará **implícita en su diseño**, si este fue realmente bueno. Es decir, a medida que pase el tiempo, **no deberá ser necesario agregar campos** si no se modifican las reglas del negocio. Las bases de datos fueron creadas para agregarles registros, no campos. Por este motivo, si nos vemos obligados a incorporarle campos a las tablas de nuestra base de datos y las reglas del negocio en que se desenvuelve nuestra aplicación no fueron modificadas, significa que no hemos realizado un correcto diseño de las tablas. Y peor aún, seguramente estemos obligados a crearle campos de manera regular. Esto sucede por lo general en la interpretación de los datos ligados a períodos temporales o a cambios imprevistos. Datos como año o cliente no pueden ser campos en sí. Es decir, un campo denominado **año_2001** o **cliente_uno** no re-

III CARDINALIDAD Y GRADO

Los términos utilizados para denominar la cantidad de registros y el número de columnas o atributos de una tabla son **cardinalidad** y **grado**.

flejan un buen diseño. Porque aunque hagamos veinte campos (**cliente_veinte**) siempre estaremos expuestos a la llegada del cliente número veintiuno. Estas clases de falencias y algunas otras más son corregidas a medida que vamos formalizando las tablas de una base de datos.

Formas normales

La normalización de una base de datos es un proceso en el que minimizamos la complejidad de la información que manejaremos.

Con esto ganaremos simplicidad en el tratamiento de los datos.

Pero una de las ventajas más poderosas que conseguimos formalizando una base de datos es el ahorro del volumen utilizado para almacenarla.

Así, estamos remarcando que una base de datos normalizada nos ocupará mucho menos espacio que una no normalizada. Las tres primeras formas normales que veremos nos evitarán la repetición de los datos, la redundancia de información, y con ello obtendremos nuestro ahorro de volumen. No mencionaremos definiciones catedráticas, sino que traduciremos estas definiciones a conceptos y ejemplos que puedan ser entendidos fácilmente.

Cada forma normal tiene su propia regla, y cada regla se basa en que se ha aplicado la regla que la antecede. Estas reglas deben aplicarse a cada tabla de la base de datos: siempre partiremos de una tabla desnormalizada y con información redundante a dos o más tablas con información única.

Nos ayudaremos de un ejemplo de una tabla que iremos normalizando a medida que vayamos enunciando las reglas de normalización.

En el ejemplo utilizado, creamos una tabla en la que almacenaremos la información de ingresos y acciones de los empleados de una empresa a cierta aplicación. Esta tabla, en un principio, no cumple con ninguna de las reglas de normalización.

Usuario	Password	Num_Empleado	Nombre	Accion	Solicitante	Departamento	Codigo_Costos	Gerencia	Interno_1	Interno_2
uno	pw_uno	111	Gomez	alta	interno	Ventas Telefonicas	vta	Ventas	111	112
uno	pw_uno	111	Gomez	baja	cliente	Ventas Telefonicas	vta	Ventas	111	112
dos	pw_dos	222	Perez	modificacion	interno	Implementacion	vta	Ventas	222	223
dos	pw_dos	222	Perez	alta	cliente	Implementacion	sis	Sistemas	222	223
tres	pw_tres	333	Garcia	baja	interno	Operaciones	sis	Sistemas	333	334
cuatro	pw_cuatro	444	Gonzalez	modificacion	cliente	Sistemas	sis	Sistemas	444	445
cinco	pw_cinco	555	Vazquez	alta	interno	Ventas via Web	vta	Ventas	555	556

Figura 9. *Una base de datos sin normalizar, contiene tablas con información redundante y difícil de gestionar.*

Aquí enunciaremos los cinco niveles de normalización. En cada una de estas cinco formas normales seguiremos una regla. Cada vez que seguimos una regla, consideramos que la base de datos está normalizada al nivel de la regla aplicada.

Primera forma normal

La regla que establece la primera forma normal es la más sencilla. Consideraremos que una tabla está formalizada al primer nivel cuando a una columna o campo le corresponde un solo un atributo. En la primera forma normal estableceremos la eliminación de los tipos de datos repetidos en las columnas de una tabla.

Entonces, los pasos a seguir para aplicar la primera forma normal son:

- **Buscamos atributos iguales en columnas distintas:** al examinar los registros de la tabla de la **figura 1**, nos encontramos que los campos que corresponden al valor de los internos telefónicos están guardados en dos columnas, **Interno_1** e **Interno_2**. O sea, estamos almacenando en dos columnas distintas el mismo tipo de dato.
- **Unificamos ambos atributos en una misma columna:** eliminamos las columnas **Interno_1** e **Interno_2** y definimos una nueva tabla denominada **Internos** que almacenará todos los números de internos de los usuarios de la aplicación. En esta tabla también crearemos una columna para identificar a cada usuario con su número interno: **Usuario**.

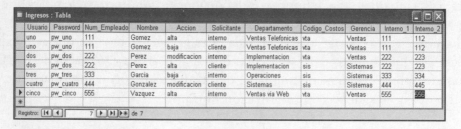

Figura 10. *Con la primera forma normal evitamos un futuro rediseño de las tablas de la base de datos.*

III RELACIONES

Las relaciones son asociaciones entre campos que contienen el mismo atributo de dos tablas, y que unen un registro con otro. Una relación puede ser: **Uno a uno:** un registro de una tabla está asociado a un registro de otra. **Uno a varios:** un registro de una tabla está asociado a varios registros de otra. **Varios a varios:** varios registros de una tabla están asociados a varios registros de otra.

Con la primera forma normal evitamos la repetición de columnas con el mismo atributo o tipo de información. De esta manera, si en el ejemplo mencionado a un usuario de la aplicación le asignan tres internos, no deberemos preocuparnos por agregarle una columna más para almacenarlo.

Además, la aplicación de la primera forma normal nos ayuda a no tener en una tabla columnas múltiples con la misma información. Columnas que representan la misma información pero que una de ellas es redundante en lo que respecta a tipo de dato o información.

Segunda forma normal

Consideramos que una tabla sigue la regla de la segunda forma normal cuando está normalizada al primer nivel y todas las columnas que no pertenecen a la llave primaria tienen una dependencia funcional con ella. Si la llave primaria contiene varias columnas tendremos que verificar también, que no haya columnas que posean una dependencia funcional con alguna de las columnas que integran la llave principal. Es importante que destaquemos que una vez que aplicamos la primera forma normal a cada columna le corresponde un atributo. Debido a esto último, si una tabla tiene una llave primaria conformada por una sola columna y ya está formalizada al primer nivel, también estará en segunda forma normal.

En la práctica esta regla nos indica que debemos eliminar las dependencias que tienen **entre sí** los datos dentro de una misma tabla. Vemos que podemos encontrar dependencias en aquellos datos que no están ligados al dato de la llave primaria, es decir, no necesitamos de la llave primaria para identificarlos.

De la definición desprendemos que debemos seguir los pasos siguientes:

• **Identificaremos aquellas columnas que no corresponden a ninguna llave y además no dependen de la llave primaria:** En el ejemplo que estamos viendo, no hay una columna única que pueda servirnos como llave primaria por lo que deberíamos elegir más de una de ellas para lograr identificar a un registro sin ambigüedad y unívocamente. Una **llave candidata** sería por ejemplo: **Usuario**, **Accion** y **solicitante**. Por otro lado vemos también que todas las columnas restantes dependen funcionalmente de la columna **Usuario** excepto las columnas

{} ROLES NECESARIOS EN UNA BASE DE DATOS

Existen cuatro clases de personal que intervienen en el ciclo de una base de datos:
El administrador: administra el diseño físico y su implementación. **El diseñador:** es el encargado de construir el diseño lógico, las tablas y sus relaciones. **El programador:** es quien implementa el acceso a los datos. **El usuario:** es quien solicita e ingresa información.

Accion y **solicitante**, por lo que estas dos columnas no dependen de **Usuario** si la consideramos como una llave primaria.

- **Eliminamos las columnas de la tabla original:** Eliminamos las columnas **Accion** y **solicitante** de la tabla original con lo que podremos reducir la cantidad de registros, ya que encontramos información duplicada como vemos en la tabla **Usuarios** de la **figura 13**.

- **Creamos una segunda tabla con las columnas eliminadas y con la columna de la llave primaria:** Generamos la tabla ingresos independiente de la tabla usuarios. Esta tabla estará conformada por las columnas eliminadas (**Accion** y **solicitante**) y por la llave primaria de la tabla original (**Usuario**) como observamos en la **figura 13**.

Usuarios : Tabla

Usuario	Password	Num_Empleado	Nombre	Departamento	Codigo_Costos	Gerencia
uno	pw_uno	111	Gomez	Ventas Telefonicas	vta	Ventas
uno	pw_uno	111	Gomez	Ventas Telefonicas	vta	Ventas
dos	pw_dos	222	Perez	Implementacion	vta	Ventas
dos	pw_dos	222	Perez	Implementacion	sis	Sistemas
tres	pw_tres	333	Garcia	Operaciones	sis	Sistemas
cuatro	pw_cuatro	444	Gonzalez	Sistemas	sis	Sistemas
cinco	pw_cinco	555	Vazquez	Ventas via Web	vta	Ventas

Registro: 7 de 7

Ingresos : Tabla

Usuario	Accion	Solicitante
uno	alta	interno
uno	baja	cliente
dos	modificacion	interno
dos	alta	cliente
tres	baja	interno
cuatro	modificacion	cliente
cinco	alta	interno

Registro: 8

Internos : Tabla

Usuario	Interno
Uno	111
Uno	112
Dos	222
Dos	223
Tres	333
Tres	334
Cuatro	444
Cuatro	445
Cinco	555
Cinco	556

Registro: 11

Figura 11. *Con la segunda forma normal clarificamos la lógica y distribución de los datos en las tablas.*

III INTEGRIDAD REFERENCIAL

Son reglas establecidas en la base de datos. Estas reglas impiden: **Agregar** registros en una tabla relacionada, si no existe un registro asociado en tabla principal. **Modificar** valores en la tabla principal si el nuevo valor ocasiona registros huérfanos en una tabla relacionada. **Eliminar** registros de la tabla principal si aún existen registros asociados en una tabla relacionada.

Cuando logramos aplicar la segunda forma normal, distribuimos mejor los datos entre las diferentes tablas. Esta distribución nos permite visualizar sin dificultad la lógica de la información y nos evita almacenar información redundante cuando insertamos un nuevo registro.

Tercera forma normal

Consideramos que una tabla está en tercera forma normal si está formalizada al segundo nivel y además no existen atributos (o columnas) no pertenecientes a la llave primaria que puedan ser identificados por otro atributo que no corresponde a la llave primaria, es decir, no existen **dependencias funcionales transitivas**.

Aplicando la regla de la tercera norma formal buscamos que aquellas columnas que no son llaves, solo sean dependientes de la llave primaria y que no existan dependencias transitivas. Prácticamente podríamos decir que una dependencia transitiva es la dependencia que existe entre las columnas que no son llave y las columnas que tampoco lo son. Puntualmente buscamos columnas que no son llave y que dependen de otras columnas que tampoco lo son.

Los pasos a seguir para poder formalizar la base de datos y llevarla al tercer nivel serán los que se detallan a continuación:

* **Determinamos aquellas columnas que no son llave y que dependen de otra columna que tampoco lo es:** En nuestro ejemplo vemos que las tablas **Ingresos** e **Internos** ya se encuentran formalizadas al tercer nivel ya que la llave primaria está conformada por todas las columnas que conforman las tablas. Pero la tabla **Usuarios** no lo está. Las columnas **Gerencia**, **Codigo_costos** y **Departamento** no dependen funcionalmente de **Usuario** sino de manera transitiva. Ya que a través de **Departamento**, podremos determinar **codigo_costos** y a traves de **codigo_costos** podemos determinar **Gerencia**.
* **Eliminamos las columnas identificadas de la tabla original:** De la tabla **Usuarios** eliminamos las columnas **Departamento**, **codigo_costos** y **Gerencia**.
* **Creamos una segunda tabla con las columnas eliminadas y con la columna que no es llave de la que depende**: En nuestro ejemplo encontramos dos dependencias funcionales transitivas, por lo que crearemos dos tablas. La primera co-

III LLAVES CANDIDATAS

Podemos encontrar en una misma tabla varias columnas o atributos que podremos utilizar como llaves primarias, la elección de una o de otra columna queda al arbitrio del diseñador de la tabla. Todas estás posibles llaves primarias se las denomina llaves candidatas.

rresponde a **Departamentos** que contendrá las columnas **Departamento** y **Gerencia** y la segunda tabla corresponde a **Gerencias** que estará conformada por las columnas **Departamento** y **Gerencia**.

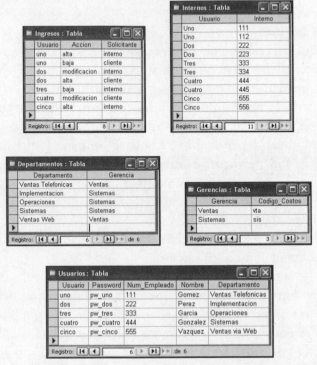

Figura 12. *Con la tercera forma normal obtenemos un esquema prolijo para poder realizar altas y bajas sin errores.*

Una vez que aplicamos las tres formas normales sobre las tablas de nuestra base de datos prevenimos errores que pueden suceder en la eliminación o inserción de nuevos registros. Cada columna en una tabla determinada se encuentra identificada sin ambigüedades por la llave primaria de la tabla.

Cuarta forma normal

La cuarta forma normal solo aplica cuando observamos en una de las tablas llaves primarias que contienen más de un columna.

Consideramos que una tabla se encuentra en cuarta forma normal si ya se encuentra formalizada al tercer nivel y solo existen dependencias funcionales de múltiples valores entre la llave con las columnas que no forman parte de ella.

Para formalizar una tabla al cuarto nivel realizaremos lo siguiente:

- **Identificamos las columnas que contienen dependencias funcionales de múltiples valores**: En nuestro ejemplo encontramos la tabla Ingresos, en donde para cada usuario existe más de una acción, y además le pueden corresponder muchos solicitantes. Las columnas serán: **Accion** y **Solicitante**.

• **Eliminamos una de las columnas identificadas con múltiples valores:** Elegiremos la columna **Accion**, aunque para nuestro ejemplo será indistinto, ya que la tabla sólo contiene tres columnas.

• **Creamos una nueva tabla con la columna eliminada y con la columna de la tabla original de la cual dependía funcionalmente:** Crearemos la tabla **Acciones**, que contendrá la columna **Accion** (columna eliminada) y la columna **Usuario** (columna de la cual dependía funcionalmente).

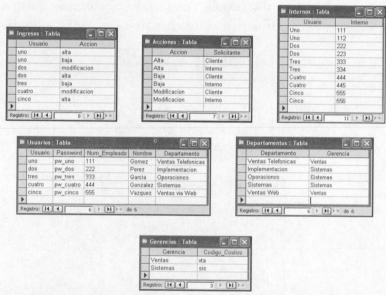

Figura 13. *La cuarta forma normal sólo puede aplicarse cuando existen llaves primarias compuestas por más de una columna.*

Quinta forma normal

Formalizamos una tabla al quinto nivel o forma normal de proyección-unión si se encuentra en cuarta forma normal y las únicas dependencias funcionales existentes son aquellas entre la unión de una tabla y sus posibles proyecciones, cuando estas proyecciones se realizan a través de la llave primaria o una de sus llaves candidatas. La quinta forma normal se aplica en circunstancias en donde la información la podemos generar a partir de tablas con menos atributos.

Una tabla con menos columnas será de acceso más veloz y de mantenimiento más sencillo. Hemos visto que las formas normales segunda, tercera y cuarta también tienen el propósito de disminuir los atributos de una tabla, pero la quinta forma normal se puede aplicar en donde los otros casos no pueden aplicarse.

Los pasos a seguir para formalizar una tabla en quinto nivel son los siguientes:

- **Identificamos una tabla con muchos atributos o columnas:** De las tablas obtenidas en la figura 5, podemos tomar la tabla **Usuarios** y considerarla candidata para formalizarla al quinto nivel.
- **Eliminamos con cierto criterio preestablecido las columnas que pertenecen a un tipo de información:** De la tabla elegida podemos considerar tres grupos de información que corresponderán con tres tablas nuevas: **Usuarios_Logon** (**Usuario** y **Password**), **Usuarios_Datos** (**Num_empleado** y **Departamento**) y **Usuarios_Nombres** (**Nombre**).
- **Creamos una nueva tabla con las columnas eliminadas y con la llave primaria de la original**: Como observamos en la figura 6, creamos cada tabla con las columnas elegidas en el paso anterior más la llave primaria de la tabla original.

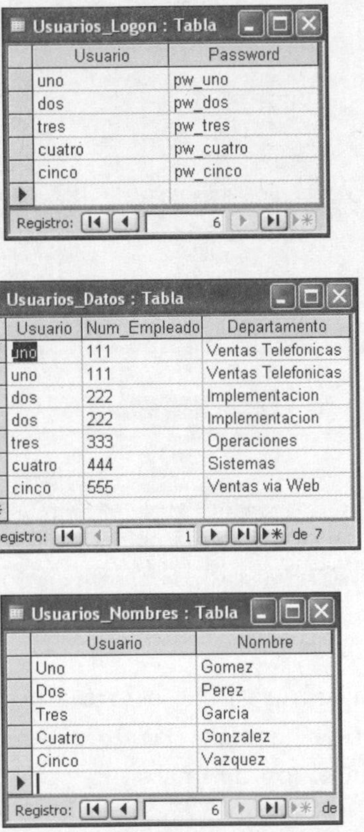

Usuarios_Logon : Tabla

Usuario	Password
uno	pw_uno
dos	pw_dos
tres	pw_tres
cuatro	pw_cuatro
cinco	pw_cinco

Registro: 6

Usuarios_Datos : Tabla

Usuario	Num_Empleado	Departamento
uno	111	Ventas Telefonicas
uno	111	Ventas Telefonicas
dos	222	Implementacion
dos	222	Implementacion
tres	333	Operaciones
cuatro	444	Sistemas
cinco	555	Ventas via Web

Registro: 1 de 7

Usuarios_Nombres : Tabla

Usuario	Nombre
Uno	Gomez
Dos	Perez
Tres	Garcia
Cuatro	Gonzalez
Cinco	Vazquez

Registro: 6 de

***Figura 14.** La quinta forma normal nos permite acelerar búsquedas y ordenamientos en subconjuntos de una tabla.*

Al igual que las anteriores formas normales, esta normalización también elimina la redundancia de información, ya que si deseamos crear un usuario que no pertenece a ningún departamento y no tiene un número de empleado asignado no estaremos generando un registro en la tabla Usuarios_Datos.

¿Cuándo desnormalizar?

Lejos de aquello que nos enseñan los manuales técnicos dedicados a la normalización de bases de datos, en la vida real podemos estar obligados a desnormalizar una o más tablas de una base de datos.

Consideremos la tabla **Usuarios** del ejemplo visto en las formas normales. Es posible que necesitemos, por motivos de auditoría o simplemente para mantener un historial de la información, conservar los valores de ciertas columnas en un momento dado y que estos datos no sean sobreescritos. Si uno de los requerimientos que nos solicitan es conservar la información de un usuario que es transferido de departamento o de gerencia, no podremos formalizar la tabla al tercer nivel.

Asimismo, si elevamos el nivel de formalización al nivel más alto podemos encontrarnos con una base de datos con una estructura lógica muy complicada o difícil de administrar y gestionar. Por otro lado, vemos que las reglas de normalización generan los mismos atributos para distintas tablas, que si bien es muy beneficioso cuando manejamos una gran cantidad de registros, puede resultar perjudicial cuando son pocos, ya que estamos duplicando datos innecesarios luego de la normalización, y si los datos a procesar son más, el tiempo de respuesta también lo será.

Elección de llaves primarias

A la hora de elegir el campo o los campos de la tabla para que realice la tarea de llave primaria la elección puede resultar fácil si la tabla contiene pocos campos y no es muy solicitada. Pero si la tabla contiene **muchos campos** y participará de **consultas complejas** entre varias tablas, la elección que hagamos influirá directamente sobre el espacio de almacenamiento, la velocidad y las reglas de negocio de nuestra aplicación. Esto se debe a que deberemos utilizar la llave primaria como nexo entre las tablas, y este campo estará indexado.

Es por esto que debemos respetar algunas reglas que nos garantizarán el mejor aprovechamiento de los recursos y el mantenimiento ordenado de la base de datos.

III TABLA BASE

Es la tabla considerada como autónoma, que a diferencia de las vistas y las tablas intermedias, contienen información básica, y no es necesario que sean construidas a partir de una consulta.

- **Único:** el campo elegido como llave primaria debe estar compuesto por un solo campo. Si es necesario más de un campo para identificar un registro de la tabla, también será necesario más espacio para almacenar la clave de hashing asociada al registro. Y el conjunto de campos elegidos como llave primaria deberá ser copiado en cada tabla que participe en la consulta.
- **Numérico:** la llave primaria debe ser numérica. Un campo numérico se procesa con más velocidad que un campo alfanumérico. En este sentido, si debemos procesar una gran cantidad de registros (y claves de **hashing**), es importante que lo hagamos sin desperdiciar tiempo de procesamiento. Todos los sistemas gestores de bases de datos de la actualidad nos permiten colocar un campo **autonumérico** que se incrementará cada vez que ingresemos un nuevo registro.
- **Invariable:** El valor de la llave primaria no puede sufrir modificaciones en el transcurso del tiempo. Para no permitir que el diseño de la base de datos se vuelva obsoleto cuando se modifiquen los datos que almacena, es necesario que el campo utilizado como llave primaria no sea modificado nunca. Estamos poniendo en riesgo la integridad de la información y los vínculos entre tablas, porque será muy complicada la administración de datos históricos, y las relaciones que existan entre los datos modificados de diferentes tablas serán muy complejas.
- **Insignificante:** El único modo que tenemos de garantizar que el campo utilizado como llave primaria no sea modificado, es que no tenga significado. De este modo un valor (ya hemos visto que conviene que sea numérico y autoincrementable) que no significa nada no corre el riego de ser modificado, ya que solo será utilizado como nexo entre tablas, y será **invisible** para el usuario de la aplicación.

Como hemos visto cuando necesitamos elegir un campo como llave primaria, **si ningún requisito del usuario final es contradicho**, o la creación de un campo adicional no nos genera mucho espacio de almacenamiento adicional, la mejor opción de la que disponemos es un campo autonumérico. De esta manera el ejemplo de la **figuras 5** nos quedaría de la siguiente manera.

III CAMPO AUTONUMÉRICO

Es un campo definido por el constructor de la tabla que es administrado por el sistema gestor de base de datos. Este campo se autocompletará con un número superior en una unidad al último número solicitado para el mismo campo.

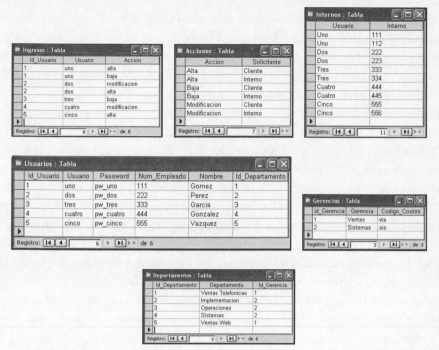

Figura 15. *La elección del campo que funcionará como llave primaria*
es importante para el respaldo de las reglas de negocio de nuestra aplicación.

Uso de índices

Los índices de una tabla son columnas que elegiremos arbitrariamente cuando creamos la base datos. El uso de índices nos permite realizar la búsqueda y ordenamiento de registros a una **velocidad considerablemente superior** que sin ellos. Funcionan de igual manera que el índice de un libro.

Son gestionados individualmente por el sistema gestor de bases de datos, y no comparten la misma **estructura lógica** junto con la información que almacenamos. De esta manera no tienen que procesar todo el volumen de información de la tabla considerada en la consulta, sino que solo trabaja sobre un subconjunto de datos mucho más pequeño. Puede agregarse n cantidad de estos en una base.

III | SISTEMA GESTOR DE BASES DE DATOS

El sistema de gestión de la base de datos (**SGBD**) es un software que nos permite definir, crear, mantener y administrar la base de datos, proporcionándonos una interfaz controlada a los datos. Está compuesto por un lenguaje de definición de datos, un lenguaje de manipulación de datos y un lenguaje de consulta (en la gran mayoría es el lenguaje **SQL**).

La técnica en la cual se basan los índices es el **Hashing**. Está técnica utiliza una estructura de datos denominada **Tabla de Hashing**, en la cual encontramos un conjunto de claves (el índice o índices de nuestra tabla) y un conjunto de valores (los registros de nuestra tabla). En la creación de una tabla con índices, existe una correspondencia unívoca entre cada clave o índice y un valor o registro.

Esta particularidad sobre el funcionamiento de los índices nos permitirá saber que la inserción, modificación o eliminación de un registro asociado a un índice no lleva el mismo tiempo de procesamiento que si no lo tuviese asociado. Es decir, cuando ingresamos, modificamos o eliminamos un registro dentro de una tabla que tiene indexado uno de sus campos, a la tarea implícita del procesamiento de la inserción, modificación o eliminación debemos sumarle el tiempo de procesamiento que insume la creación, modificación o eliminación de la **clave de hashing** asociada.

Muchos desarrolladores se ven obligados diariamente a diseñar una base de datos para almacenar la información que gestionará su aplicación. Y confiando en las bondades de los índices para acelerar las búsquedas y los ordenamientos crean índices indiscriminadamente. Pero a la penalización del tiempo de inserción, modificación y eliminación de registros con índices asociados, también debemos sumarle el uso que hace el proceso de ordenamiento o búsqueda de la memoria principal del equipo informático (estadísticamente utiliza el doble de memoria RAM).

Otra desventaja importante que debemos destacar cuando utilizamos deliberadamente los índices es el volumen en el cual debemos almacenarlos. Principalmente si indexamos todos los campos de una tabla con muchos atributos o columnas y con gran cantidad de registros, casi estaremos duplicando el volumen de la tabla en cuestión. No podemos olvidar que la clave de hashing también debe ser almacenada en el disco.

No está de más decir, que si indexamos aquellos campos que no son utilizados en las consultas que realizamos sobre la tabla, no sólo estamos penalizando el consumo de memoria sin obtener resultados positivos en la velocidad de respuesta. Sino que penalizamos también la inserción, modificación y eliminación de los registros como mencionamos anteriormente.

III VISTA

Una vista es una tabla virtual, que se construye a partir de distintas tablas base u otras vistas. Esta tabla virtual estará compuesta por algunas o todas las columnas de estas tablas o vistas de forma directa (una tabla, una vista) o como resultado de una consulta.

Aun luego de todas las desventajas mencionadas, existen casos en donde el uso de índices es primordial para obtener un tiempo de respuesta superior sin penalizar otros procesos sobre la base de datos. Cuando debemos realizar una consulta en donde participa más de una tabla, indexar el campo que utilizamos como nexo entre ambas, hará que el criterio de unión (**join**), la selección (**select**) y el ordenamiento (**order by**) se realice a una velocidad notoriamente superior al que obtendríamos sin el uso de los índices.

Optimizar velocidad en consultas con SQL

El lenguaje predominante para acceder a bases de datos es el **SQL** (**Structured Query Language** o **Lenguaje estructurado de consulta**). Este lenguaje se basa en el paradigma de la programación declarativa en la que, a diferencia de la programación imperativa, sólo debemos indicar qué deseamos realizar y no cómo hacerlo. El intérprete del sistema gestor de bases de datos se preocupará por suministrar la información que pedimos. De todos modos, existen ocasiones en las que la velocidad de respuesta no es la óptima, por lo que deberemos olvidarnos momentáneamente del paradigma declarativo e indicarle a nuestro amigo, el intérprete, **cómo realizar la consulta** para que sea más eficiente.

Como hemos visto en el capítulo 4 encontramos diferencias entre una aplicación correcta y una aplicación eficiente. Una situación análoga ocurre con una sentencia SQL, puede ser correcta, aunque no eficiente ni óptima.

Ya hemos visto cómo los distintos niveles de normalización nos ayudan directa e indirectamente en la velocidad de acceso y procesamiento de la información contenida en las tablas. También vimos cómo, bajo ciertas circunstancias, se hace necesario desnormalizar para obtener mayor velocidad, y cómo el uso apropiado de índices y la elección adecuada de una llave primaria acelera las consultas.

Pero aún luego de cumplir con todas las normas y recomendaciones que surgen cuando diseñamos una base de datos, podemos no estar conformes con los tiempos de respuesta de una o varias consultas.

• **SQL embebido y procedimientos almacenados:** si deseamos acceder a una base de datos desde una aplicación podremos elegir entre embeber la sentencia SQL dentro de la aplicación y utilizar procedimientos almacenados. La diferencia entre una opción y otra radica en que una sentencia embebida **es texto** cuando se la transfiere al gestor de bases de datos, por lo que primero deberá interpretarla y luego ejecutarla. En cambio, un procedimiento almacenado (o una vista) ya se encuentra precompilado por el gestor de bases de datos, y sólo debe ejecutarlo. De este modo nos ahorraremos el tiempo de proceso que insumirá el intérprete. Si deseamos averiguar el nombre de un usuario conociendo su interno podríamos crear un procedimiento almacenado como el siguiente:

```
ALTER PROCEDURE AveriguarEmpleado
(
@num_interno int
)


SELECT  Internos.Interno, Usuarios.Nombre
FROM    Internos, Usuarios


WHERE   Internos.Interno = @num_interno
        AND
        Usuarios.Id_Usuario = Internos.Id_Usuario
RETURN
```

- **Selección de campos:** cuando realizamos una consulta de selección (**select**), ésta será mucho más eficiente si establecemos **uno a uno** los campos que deseamos obtener. Si utilizamos como ejemplo la tabla **Usuarios** de este capítulo y deseamos validar el acceso de un usuario nos será muy eficiente escribir la siguiente sentencia:

```
SELECT * FROM Usuarios WHERE Usuario='uno';
```

Porque sólo nos interesa validar la contraseña de acceso para permitir o no al usuario ingresar a la aplicación. Entonces, la sentencia óptima será:

```
SELECT Password FROM Usuarios WHERE Usuario='uno';
```

Aun en los casos que necesitemos en una consulta todas las columnas de una tabla resulta más óptimo especificar campo por campo. Así, nos ahorramos el proceso que debe realizar el gestor de la base de datos para leer la estructura de la tabla.

- **Consultas de múltiples tablas:** cuando escribamos una consulta que obtendrá datos de diferentes tablas, especificaremos a qué tabla corresponde cada campo. Como vimos en el ejemplo del procedimiento almacenado.

```
...
SELECT Internos.Interno, Usuarios.Nombre
...
```

Especificando a qué tabla pertenece cada campo de la consulta, nos evitamos que el sistema gestor de la base de datos se tome el tiempo para localizar la tabla a la cual pertenece el campo solicitado, logrando un rendimiento óptimo.

- **Cláusula WHERE:** es importante que dentro de nuestras posibilidades todos los filtros de búsqueda los realicemos por aquellos campos que son índices. Y si en la consulta participa más de una tabla prestaremos atención en el orden en el que colocamos los valores que acompañan la cláusula **WHERE**. Si bien la consulta **WHERE** sólo realiza búsquedas, podemos discriminar esta búsqueda en dos grupos: **Filtro** y **selección**. El filtro nos permite obtener aquellos registros que son candidatos de seleccionarse pero no todos. Esta distinción se hace visible en la relación uno a varios entre dos tablas, en donde un registro de la primer tabla apunta a varios registros de la segunda, el filtro sólo es válido si lo ejercemos sobre la primer tabla, que tendrá menos registros que la segunda. Entonces, primero colocaremos el o los valores que filtran y luego colocaremos el o los valores que seleccionan. Veamos un ejemplo con las tablas **Departamentos** y **Usuarios**.

Si deseamos conocer cuáles usuarios pertenecen al departamento de sistemas una sentencia SQL correcta, pero no óptima sería la siguiente:

```
SELECT  Usuarios.Nombre
FROM    Usuarios, Departamentos
WHERE   Usuarios.Id_Departamento = Departamentos.Id_Departamento
        AND
        Departamentos.Departamento = "Sistemas"
```

Lo que observamos en esta sentencia es que primero seleccionamos todos los usuarios que pertenecen a algún departamento definido en la tabla **Departamentos**, o sea, todos lo usuarios ingresados. Y luego estamos filtrando aquellos usuarios que pertenecen al departamento de sistemas.
En cambio podríamos invertir los valores de la siguiente manera:

✱ FORMAS NORMALES

Son condiciones que estableceremos sobre las relaciones, que al definir la estructura lógica de las tablas se emplean para quitar de ellas problemas de redundancia y establecer de modo sencillo las dependencias funcionales entre los atributos.

```
SELECT  Usuarios.Nombre
FROM    Departamentos, Usuarios
WHERE   Departamentos.Departamento = "Sistemas"
        AND
        Departamentos.Id_Departamento = Usuarios.Id_Departamento
```

La consulta invertida, primero filtra el registro correspondiente al departamento de sistemas, obteniendo el valor de **Id_departamento**, y luego selecciona aquellos usuarios que pertenecen al departamento.

• **Índices de llaves compuestas:** si debemos realizar consultas sobre una tabla que tiene indexada una llave compuesta es más eficiente utilizar en la consulta todos los campos que intervienen en la llave aunque desconozcamos uno de ellos. Supongamos que la tabla **Usuarios** contiene como llave primaria indexada los campos **Usuario**, **Num_empleado** y **Nombre** (estamos suponiendo que dos empleados pueden tener el mismo Usuario y el mismo numero de empleado), y deseamos conocer el departamento al cual pertenecen todos los usuarios que tienen el usuario 'Pérez' y el nombre 'Pérez'. Una sentencia SQL correcta, pero no óptima sería la siguiente:

```
SELECT  Nombre
FROM    Usuarios
WHERE   usuario = "Pérez"
        AND
        Nombre = "Pérez"
```

Con esta sentencia no estamos aprovechando los beneficios del índice. Ya que al no pasarle al sistema gestor de base de datos el tercer campo que compone el índice, no lo utilizará. La sentencia SQL optimizada será:

```
SELECT  Nombre
FROM    Usuarios
WHERE   usuario = "Pérez"
        AND
        Num_empleado like "%"
        AND
        Nombre = "Pérez"
```

Desde el punto de vista lógico, ambas sentencias son equivalentes, solo que la segunda sentencia utiliza el índice, y obtiene así un tiempo de respuesta menor a la primera.

Conclusión

Hemos visto cómo la normalización puede traernos ventajas y desventajas en cuanto a redundancia de información y velocidad de acceso a los datos. Normalizar hasta el nivel más alto nos puede llevar a crear una base de datos ineficiente y con una estructura lógica demasiada compleja para administrar. Del mismo modo nos sucede con el uso de índices, pueden traernos beneficios o penalizar los tiempos de respuesta. La elección de una llave primaria puede no resultar una tarea sencilla y optimizar una consulta SQL tampoco lo parece. La importancia del manejo de una base de datos pasa por conocer los requerimientos que tienen prioridad. Si deseamos velocidad de inserción, modificación, eliminación, búsqueda y ordenamiento, nos preocuparemos por los índices, las llaves primarias o la escritura eficiente de sentencias SQL. Y si nuestra preocupación pasa por el volumen de almacenamiento, normalizaremos al cuarto nivel y evaluaremos los beneficios de la quinta forma normal, para luego utilizar todos los recursos de lógica posible que disminuyan el volumen de nuestra base de datos.

... RESUMEN

Durante todo este capítulo hemos visto diferentes normas y reglas que nos ayudan en diseños prolijos, tablas sin redundancia de información, velocidad de acceso a los datos y demás normas que regirán en una arquitectura información-aplicación cómoda de mantener y eficiente en cuanto a uso de recursos.

TEST DE AUTOEVALUACIÓN

1 ¿Qué es una dependencia funcional,¿y una dependencia transitiva?

2 ¿Qué es una dependencia funcional de múltiples valores?

3 ¿Qué objetivos buscamos con un buen diseño de la base de datos?

4 ¿Por qué normalizamos las tablas de una base de datos?

5 ¿Es conveniente desnormalizar una tabla?

6 ¿Para qué sirve un índice?

7 ¿Qué pautas podemos seguir para elegir una llave primaria?

8 Una consulta SQL correcta, ¿es eficiente?

9 Genere una consulta SQL óptima que muestre todos los datos, de todas las tablas del ejemplo citado en este capítulo.

10 Diseñe una base de datos que contenga una tabla con cinco campos cualesquiera, de los cuales tres forman el índice, y de estos tres, dos forman la clave. Escriba una sentencia SQL óptima que actualice los datos de cualquier campo.

Amigabilidad

En el capítulo 4 hemos visto una pequeña

definición de amigabilidad y facilidad

de uso. En este capítulo extenderemos

los conceptos de la amigabilidad

y los preceptos que la rigen. Daremos

ejemplos claros y concisos que le otorgan

a nuestra aplicación esta cualidad

tan deseada. Repasaremos los factores

y los atributos que componen

la amigabilidad y usabilidad para

que logremos un producto software

con un alto porcentaje de usabilidad.

DESARROLLAR UN SOFTWARE AMIGABLE

En el capítulo 4 definimos la facilidad de uso o amigabilidad de una aplicación cuando el usuario final no encontraba dificultades o ambigüedades en su uso. Si bien existen algunas disputas terminológicas entre facilidad de uso y amigabilidad, ambas tienen el objetivo de realizar un producto software que **no genere el rechazo** del usuario final y pueden agruparse bajo un mismo concepto: **usabilidad**.

El término usabilidad, se utiliza en la jerga informática, como el derivado de la palabra inglesa **usability**. Si bien la acepción en la lengua castellana puede ser creada sin inconvenientes, puede prestar a confusión. En la lengua castellana usabilidad significa **capacidad de uso**, es decir, es un término excluyente de aquello que puede utilizarse o no, para determinada tarea o fin. Asimismo, la acepción anglosajona hace referencia al **grado de dificultad o facilidad** que nos otorga el diseño de algo para realizar alguna tarea en particular. Considerando el término para fines informáticos, nos interesará la acepción anglosajona.

Esta cualidad es una de la más valoradas en los últimos años en los diseños de software. No es casualidad que las revistas informáticas evalúen la facilidad de aprendizaje y el entorno gráfico para comparar las distintas aplicaciones comerciales. Podemos considerar a la usabilidad no sólo como cualidad sino también como un campo de estudio o una disciplina que estudia los métodos, actividades y mecanismos para diseñar aplicaciones en las que los usuarios puedan interactuar de la forma más fácil, cómoda e intuitiva posible.

En la década de 1980 se insistió para lograr un concepto de usabilidad que permitiera cuantificarla de alguna manera. Se mencionó que la usabilidad estaba presente cuando una aplicación era eficiente, y si un fragmento de usuarios a los cuales estaba destinada la aplicación podían utilizarla sin problemas en un número de situaciones previamente contempladas.

También se discutió sobre la relación que existe entre amigabilidad y facilidad de uso de un programa, teniendo en cuenta que un programa que no realiza su objetivo no puede considerarse amigable.

Es por eso que sin entrar en discusiones paradigmáticas, evaluaremos la amigabilidad de una aplicación, **si y solo si** es correcta. Es decir, primero debe cumplir la cualidad de correctitud para poder valorar, validar o verificar su usabilidad.

▌▌▌ ORGANIZACIÓN ISO

La **Organización Internacional para la Estandarización** (ISO) es una organización internacional no gubernamental, compuesta por los representantes de los organismos de normalización de cada uno de los países que la componen. Las normas que redacta son conocidas como **normas ISO**.

Un concepto más general nos indica que la usabilidad y la amigabilidad son cualidades que facilitan a los usuarios con distintos conocimientos y aptitudes diversas a aprender el funcionamiento de un producto software con el objetivo de solucionar un problema concreto.

Vemos que la definición anterior trata de satisfacer a usuarios con distintos conocimientos y aptitudes. En una aplicación de venta masiva es un factor importante para lograr un mayor campo de venta. Pero en nuestras aplicaciones orientamos el desarrollo a un requisito y objetivo únicos, y hacia un tipo de usuario en particular. Por lo que una definición más formal sería más congruente.

Veamos esa definición:

- **ISO/IEC 9241:** La usabilidad es la efectividad, eficiencia y satisfacción con la que un producto permite alcanzar objetivos **específicos** a usuarios **específicos** en un contexto de uso **específico**.

Esta nueva definición hace hincapié en todo el entorno en el cual se desenvuelve la aplicación. El concepto de usabilidad se adopta como una medida **práctica** y **muy relativa** que hace referencia a lo fácil y agradable que nos resulta utilizar un producto software. Tengamos en claro que por fácil no podemos sólo considerar una interfaz gráfica, quizás una línea de comando o un editor de scripts también sean fáciles de utilizar, y por esto: amigables. Del mismo modo, tampoco la interfaz gráfica depende de cuán agradable es la aplicación.

Es una medida práctica ya que se pueden realizar casos de pruebas sobre un conjunto de usuarios para verificar el tiempo de uso de las funcionalidades del producto. Y resulta ser relativa ya que depende, como nos dice la definición, de las condiciones del desarrollo, de los objetivos propuestos, de los usuarios y del contexto en el cual se desenvuelve el producto. Por lo que los ítems más relevantes a tener en cuenta serán:

- **Las condiciones:** Cuando desarrollamos una aplicación, lo hacemos de acuerdo con aquello que nos solicita el cliente o usuario final, estas son las condiciones.

III USABILIDAD - ISO/IEC 9126

Una norma anterior a la **ISO/IEC 9241** define a la usabilidad como la capacidad de un software de ser comprendido, aprendido, usado y ser atractivo para el usuario, en condiciones **específicas** de uso. A diferencia de esa norma, la **ISO/IEC 9126** hace énfasis en las características internas y externas de la aplicación que actúan en la usabilidad.

Está en nosotros, realizar el relevamiento adecuado, para conocer el grado de amigabilidad que el usuario final espera.

- **Los objetivos**: El cliente o usuario final pretende de nuestra aplicación obtener algún beneficio productivo. Este beneficio será el objetivo y se encuentra relacionado con las condiciones. Podríamos decir que son las consecuencias de la implementación de las condiciones.

- **Los usuarios:** Un administrador de grandes sistemas no estará interesado en el formato de la información, sino en su calidad y en la velocidad con que pueda obtenerla. No le importarán los colores, las ventanas, los menús o cualquier cualidad de la interfaz del producto y en la mayoría de los casos preferirán una interfaz de línea de comandos.
En cambio, un directivo o un vendedor estarán muy interesados en la interfaz de la aplicación, y en la facilidad con la que puedan utilizarla, ya que son usuarios no especializados.

- **El contexto:** Un programa de contabilidad quizás pueda **perder tiempo** en formatear la información por pantalla o por impresora con colores y dibujos agradables, pero una aplicación diseñada para monitoreo de servicios de alta disponibilidad (transacciones bancarias, servicio de disponibilidad de **hosting**) difícilmente pueda permitirse este lujo superficial y en este caso la amigabilidad estará más relacionada con la velocidad de respuesta que con su interfaz.

Antes de sentarnos a desarrollar una interfaz con muchos colores, debemos ser conscientes de que somos programadores y no diseñadores gráficos profesionales. Por lo que debemos ser muy medidos en las **extravagancias** de la interfaz. Este control lo haremos sobre el volumen o procesos adicionales. Si agregamos muchos procesos que implícitamente ayudan a la amigabilidad (auto-completar, sincronización de List Box, búsqueda anticipada en una base de datos), puede suceder que sobrecarguemos de trabajo al procesador, y que entonces nuestra aplicación se ralentice notoriamente y pierda amigabilidad. También tendremos en cuenta las distintas con-

✳ ERGONOMÍA

No debemos confundir la usabilidad con la **ergonomía**. La ergonomía se refiere al estudio de las características, necesidades, capacidades y habilidades de los seres humanos, analizando aquellos aspectos y características que afectan el diseño de productos físicos o de procesos de producción en un ambiente laboral.

figuraciones que puede tener el monitor del usuario final. Consideraremos el tamaño y color de los elementos de la interfaz gráfica, etc.

El mejor concepto que podemos mantener durante todo el desarrollo es realizar un diseño de nuestra aplicación que esté integramente focalizado en el usuario final. Existen muchas aplicaciones que focalizan demasiados esfuerzos en la tecnología utilizada olvidándose a quién está dirigida.

Un beneficio económico

Encontraremos que se citan muchos y variados beneficios para que nuestros desarrollos no dejen a un lado la cualidad de amigabilidad. Entre estos beneficios encontraremos el ahorro del tiempo de aprendizaje y del tiempo dedicado por la mesa de ayuda, el incremento de la productividad de los usuarios finales, etc. Vemos que, independientemente de la satisfacción que obtenemos por haber desarrollado una aplicación amigable, encontramos beneficios económicos a corto, mediano y largo plazo. No por esto deja de ser válida la satisfacción que sentimos, pero en un desarrollo empresarial no podemos perder la visión de servicio y el sentido de la ganancia.

Atributos de usabilidad

La usabilidad está fuertemente relacionada con la **predicibilidad**, la **familiaridad**, la **flexibilidad**, la **robustez**, los **conocimientos** del usuario y la **consistencia**. A estos factores los llamaremos atributos de usabilidad.

Predicibilidad

Decimos que una aplicación es predecible, cuando el usuario sabe qué sucederá antes de ejecutar una funcionalidad.

Un ejemplo claro lo podemos apreciar en el tan conocido menú **Save** de cualquier aplicación. La obviedad de la tarea que realiza nos permite que la aplicación interactúe con el usuario de una manera más confiable, en el sentido de usabilidad.

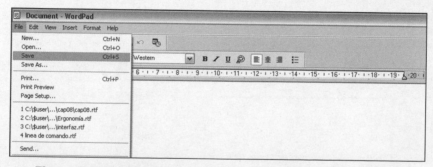

Figura 1. El **WordPad**, una aplicación por demás conocida, resulta
ser de una usabilidad asombrosa para la tarea que tiene destinada.

Si miramos detalladamente el menú de la **figura 1**, podemos observar que algunos menús vienen acompañados por tres puntos suspensivos. A diferencia de aquellos que no los tienen, estos menús no ejecutan una acción directa, sino que le pedirán al usuario algún valor, elección o dato para poder completarla. En estos casos el usuario **puede predecir**, gracias a los tres puntos suspensivos, que deberá proporcionar información a la aplicación para poder terminar con la tarea.

Podemos darnos cuenta de que no alcanzará que nuestra interfaz gráfica esté superpoblada de menús, botones y colores suaves, existen cánones preestablecidos que estamos obligados a seguir para permitir que el usuario sepa que hará nuestra aplicación cuando presione un botón o seleccione un menú.

Familiaridad

Una aplicación es familiar cuando posee un formato visual o esquema de uso análogo a otras aplicaciones que utiliza el mismo usuario.

El concepto de familiaridad lo podemos extender hacia la amigabilidad diciendo que una aplicación será amigable si el usuario encuentra las funciones y los resultados de sus tareas en forma similar a otras aplicaciones utilizadas por el mismo usuario.

Podemos apreciar como ejemplo las aplicaciones desarrolladas para los sistemas operativos **Windows** en los cuales los menús siguen un esquema similar.

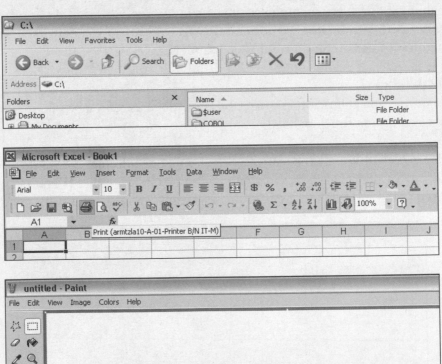

Figura 2. *La familiaridad nos permite que el usuario se sienta cómodo al utilizar nuestra aplicación.*

La familiaridad influye directamente en la curva de aprendizaje. Cuanto más similar sea la aplicación a otras utilizadas por el usuario, más fácil será de utilizarla.

Flexibilidad

La flexibilidad se refiere a la variedad de opciones posibles con las que un usuario final cuenta para realizar una determinada tarea. Le permite elegir al usuario la opción que le resulta más cómoda, amigable o útil.

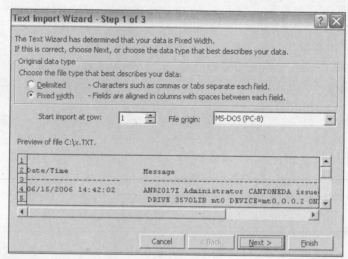

Figura 3. *Poder elegir distintas opciones, no sólo en la salida de información, sino en su ingreso, es una característica que influye en la amigabilidad.*

Robustez

La robustez viene dada por el nivel de ayuda que le proporcionamos al usuario mientras utiliza nuestra aplicación y que lo ayuda a cumplir con sus objetivos. Para cumplirla no alcanza con un manual de usuario completo o un buen archivo **.hlp** o **.chm** sino que, además, debemos embeber la ayuda dentro de una aplicación con mecanismos que faciliten el trabajo o prevengan errores comunes, tales como el correcto ingreso de formatos de fechas o la prevención de los errores producidos por la falta de conexión a una red.

{} SISTEMAS EXPERTOS

Los sistemas expertos simulan el comportamiento técnico de un humano experto en un dominio particular. Son extremadamente amigables en su sentido funcional. Con estas aplicaciones obtenemos respuestas veloces y de cierta calidad que nos favorecen a realizar nuestra tarea.

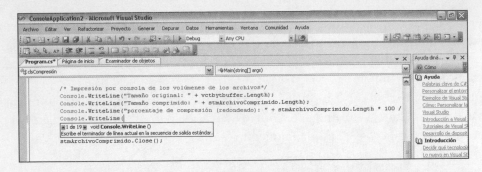

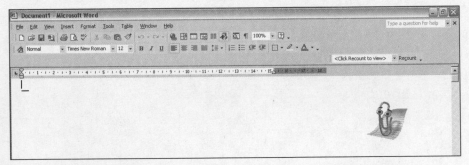

Figura 4. *Las distintas herramientas de **Microsoft** hacen hincapié en la robustez de la ayuda.*

Conocimientos del usuario

Aquí nos interesan tanto el conocimiento del usuario como las aplicaciones que utilizó anteriormente, es decir, su experiencia.

Hemos dicho que no podremos desarrollar interfaces análogas para usuarios especializados y no especializados. Pero aun desarrollando una interfaz acorde al usuario, debemos tener en cuenta las aplicaciones que utiliza cotidianamente.

Es fácil ver entre las distintas versiones de un mismo producto su **parecido**. Del mismo modo las aplicaciones con funcionalidades similares tienen interfaces similares.

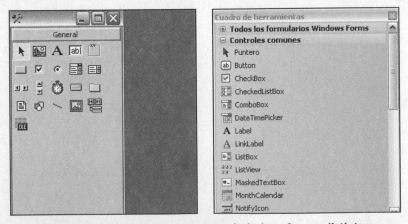

Figura 5. *Mantener la estructura de la interfaz en distintas versiones mejora notablemente la amigabilidad del último versionamiento.*

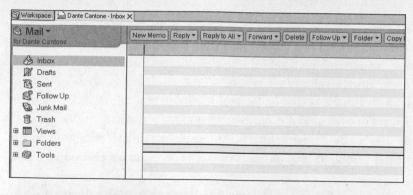

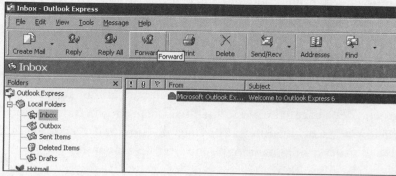

Figura 6. *Estamos obligados a realizar interfaces similares en aplicaciones similares.*

Consistencia

Si bien lo enumeramos al final, no deja de ser un punto importante. Con esta característica buscamos que los vocablos utilizados en las interfaces (entradas y salidas de cualquier dispositivo) sean conocidos por el usuario final o pertenezcan a su rubro. Y aunque seguramente mientras desarrollamos nuestras aplicaciones lo tenemos en cuenta, en muchas oportunidades lo olvidamos. Aun si desarrollamos una aplicación para un usuario especializado en informática, debemos prestar atención a la rama en que ubica este usuario: bases de datos, **networking**, desarrollo, **datawarehousing**, etc.

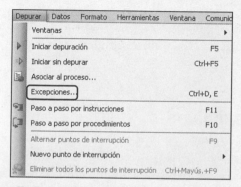

Figura 7. *El menú de una herramienta de desarrollo contendrá vocablos utilizados en la programación.*

Los atributos que mencionamos están enfocados a que nuestra aplicación sea lo más fácil de utilizar posible. Buscamos un equilibrio entre funcionalidad y facilidad, porque la facilidad de uso estará también ligada al tipo de aplicación que desarrollemos, análogamente a lo que explicamos en el capítulo 4 sobre comprensibilidad del código fuente. Una aplicación que realice *backups* (copias de seguridad), no será tan fácil de aprender como otra que administre un inventario, no importará que sea consistente o flexible. Esta característica nos permitirá que el usuario final pueda empezar a utilizar eficientemente nuestra aplicación lo antes posible. Y esto último se ve reflejado en una alta productividad.

Otros atributos que también podemos mencionar, aunque **derivan** de los ya explicados, son:

- **Eficiencia:** nuestra aplicación debe ser eficiente para ser amigable. La eficiencia de nuestra aplicación nos garantiza la productividad mencionada anteriormente. Para dar un ejemplo simple nos podemos plantear las siguientes preguntas: ¿Cuántos clic debe hacer el usuario final para realizar una funcionalidad de nuestra aplicación? O, si es una interfaz de línea de comandos, ¿cuántos caracteres debe escribir el usuario final para lograr ejecutar un comando?

- **Memorización:** es un atributo bastante discutible, ya que no existen pautas formales que validen o verifiquen si una aplicación es más o menos fácil de memorizar, sin embargo, sabemos que la familiaridad ayuda en estas situaciones. Se plantea este atributo, aunque como dijimos es un atributo que deriva de los anteriores, por la necesidad de que un usuario final esporádico de nuestra aplicación pueda utilizarlo nuevamente sin problemas ni pérdida de tiempo.

- **Satisfacción:** la satisfacción está relacionada con la interfaz o el diseño que posea. Nuestra aplicación debe ser principalmente agradable y fácil de utilizar para que los usuarios finales **quieran** utilizarla.

Todos estos atributos nos ayudan a adaptar nuestra aplicación a la forma en que trabaja el usuario cotidianamente, y no a obligarlo a adaptar su forma de trabajo a nuestra aplicación.

Esquemas de usabilidad

Es importante que trabajemos en la usabilidad de nuestra aplicación desde la primera etapa del ciclo de vida. Es posible que los requerimientos del usuario nos den pautas del grado de amigabilidad que pretende de nuestra aplicación. También es posible que se lo podamos preguntar abiertamente al cliente o usuario final, pero éste no podrá definir con detalles lo que es sólo una expresión de deseo.

Debido a esto podemos crear algunos casos de uso que nos permitan ver con mayor claridad en cuál o cuáles funcionalidades el usuario final puede tener dificultades para realizar la tarea solicitada.

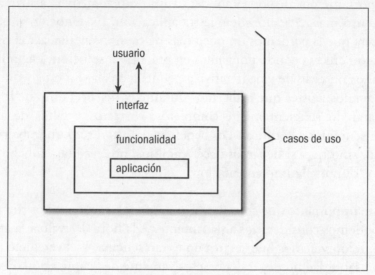

Figura 8. *Los factores que interactúan en la amigabilidad*
nos permiten crear casos de uso para un mejor análisis.

Un caso de uso orientado a estudiar la amigabilidad pretendida está comprendida por tres elementos que interactúan para lograr que el objetivo de la aplicación sea realizado fácilmente. Estos tres elementos son los siguientes:

• **El usuario final:** tendremos en cuenta qué herramientas conoce, es decir, sus conocimientos previos, y el tipo de trabajo al cual está orientado para lograr la consistencia. Podríamos también, obtener del mismo usuario, qué interés o motivación tiene para **querer** utilizar la aplicación. Es importante este factor humano, ya que si el usuario final no quiere usar la aplicación por motivos ajenos a ella, difícilmente podremos convencerlo para que la utilice.

• **La aplicación:** focalizaremos el diseño en la facilidad de aprendizaje. Nos podemos ayudar con la familiaridad para lograrlo. También prestaremos atención a la facilidad de uso. En este caso podemos optar por una ayuda robusta en línea mientras el usuario final está operando nuestra aplicación.

• **La funcionalidad:** se trata de los pasos a seguir para lograr el objetivo para el cual crearemos la aplicación. En este factor nos interesará la flexibilidad y la predicibilidad. Podemos incorporar al caso de uso una estimación de la frecuencia con la que será utilizada. De esta manera podemos compararla contra otras funcionalidades y saber, aunque más no sea aproximadamente, a cuál de todas las funcionalidades tendremos que enfocar un diseño más amigable.

Es muy importante que dispongamos del tiempo suficiente para armar, aunque sea, los casos de uso más relevantes de nuestra aplicación. Es conocido el pensamiento que menciona que si perdemos un poco más de tiempo en analizar el problema, lo ganaremos con creces cuando pongamos en práctica la solución. Del mismo modo, conseguiremos un ciclo de vida iterativo a pequeña escala. En este pequeño ciclo de vida los pequeños ajustes que realicemos durante el diseño (antes de la implementación) estarán lo suficientemente completos, correctos y faltos de ambigüedad cuando nos sentemos a codificar. Los beneficios, no son sólo un trabajo sin sorpresas o prolijo, sino que, si debemos hacer cambios, nos resultará mucho más costoso realizarlos durante la implementación.

Es realmente importante que consideremos cómo interactúan estos tres factores entre sí. No podemos considerarlos aisladamente. A la hora de evaluar la amigabilidad de una aplicación veremos que la tarea no es tan sencilla. Y el veredicto real de amigabilidad o usabilidad no dependerá exclusivamente de la aplicación. Pues como vimos, existen distintas **clases** de amigabilidad. Podemos considerar que una aplicación tiene un alto grado de usabilidad, como por ejemplo el **notepad** de Windows. Pero puede verse contrarrestado por las pocas funcionalidades que presenta si se lo requiere como procesador de texto o si lo utiliza un desarrollador de **Visual Basic**. De hecho los resultados de las pruebas de amigabilidad pueden variar de un usuario a otro, aunque los dos realicen la misma tarea corporativa. El interés de un usuario puede ser mayor al de otro, o tal vez uno de ellos este pensando en realizar otras tareas que también forman parte de sus responsabilidades.

Antes de finalizar el armado y estudio de los casos de uso. Definiremos junto al usuario final, ciertos criterios de aceptabilidad. Estos criterios, como dijimos, pueden ser expresiones de deseo, pero deben estar fijados previos al desarrollo. Cuando realicemos las pruebas de usabilidad, nos encontraremos con factores subjetivos en cada uno de los usuarios. Por lo que debemos cuantificar estas expresiones de deseo en valores nominales concretos, como por ejemplo: "El promedio de tiempo en dar de alta 100 registros con los datos completos de un cliente será de 6 minutos."

DISEÑO DE UNA APLICACIÓN AMIGABLE

Una de las principales estrategias a seguir para lograr una aplicación amigable es lograr una estructura simple de las funcionalidades. Como vimos en los ejemplos de las figuras, las funcionalidades de la mayoría de las aplicaciones comerciales están agrupadas en menús para lograr esta estructura simple.

Cuando hablamos anteriormente de calidad, sea en la etapa de implementación o en cualquier otra, hemos visto lo importante que es perder tiempo para analizar un problema, sabiendo que ahorraremos ese tiempo en un futuro. Cuando nuestro desarrollo se encuentra enfocado a la amigabilidad, diseñaremos desde los cimientos la arquitectura de nuestra aplicación para que esté orientada a esta cualidad. La estructura de las funcionalidades será uno de los cimientos, aunque no el único.

Figura 9. *Es importante que la aplicación sea agradable y vistosa, pero vimos que la amigabilidad es mucho más que eso. Uno de los puntos que pueden mejorar la amigabilidad en nuestra aplicación es el desarrollo de pequeños procesos internos que guíen al usuario. Un ejemplo sencillo es la sugerencia de valores que vemos en la imagen.*

En la mayoría de nuestros desarrollos evaluamos la usabilidad cuando la aplicación ya se encuentra terminada, y desde allí la mejoramos mediante un pequeño ciclo iterativo de pruebas.

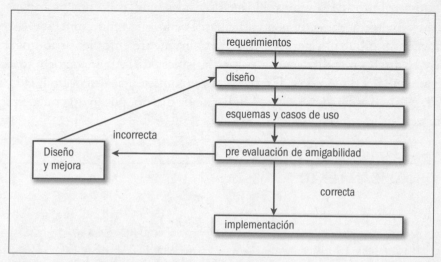

Figura 10. *La usabilidad puede ser diseñada desde el comienzo del proyecto.*

En este caso nuestro ciclo de vida, independientemente del elegido, se desarrolla de manera normal, pero incluimos una evaluación temprana de los requisitos de usabilidad. Si estos atributos son cumplidos correctamente seguimos con la etapa de implementación; en caso contrario iteramos sobre el diseño. El agregado de esta pequeña sub etapa, no es costosa temporalmente (suele ser de 10 a 20 horas-hombre en desarrollos medianos), y no es contraproducente para otras cualidades del proyecto.

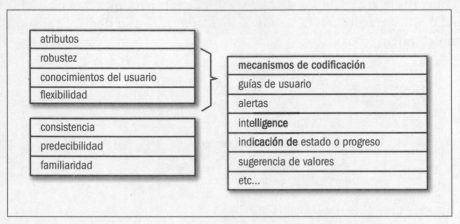

Figura 11. *Podemos materializar algunos atributos de la usabilidad en mecanismos concretos de codificación.*

Con esta sub etapa no nos liberamos de probar nuestra aplicación al finalizar el proyecto, sólo es un intento por evaluar tempranamente todos los posibles defectos de usabilidad que puede tener para resolverlos antes.

Pero nos encontramos con un problema: la alta subjetividad y el nivel de abstracción de los atributos de la amigabilidad. Esta subjetividad no nos permite a priori establecer diseños, arquitecturas o esquemas. Por lo que tendremos que encontrar algún mecanismo que nos permita establecer un puente entre los atributos de usabilidad y el diseño o codificación de nuestra aplicación. Algunos atributos surgen exclusivamente del diseño de la interfaz gráfica (consistencia, predecibilidad y familiaridad), pero otros pueden aparecer en la fase de diseño, por lo que pueden ser implementadas sin inconvenientes.

{} VISUALIZAR TEXTO I

Aconsejamos evaluar el largo de la línea que contiene el texto a visualizar. Una línea demasiado corta es muy molesta para la lectura y una línea extremadamente larga nos producirá aburrimiento. Los diseñadores nos aconsejan que no superemos los noventa caracteres por línea, ya sea en informes impresos como en el texto en la pantalla.

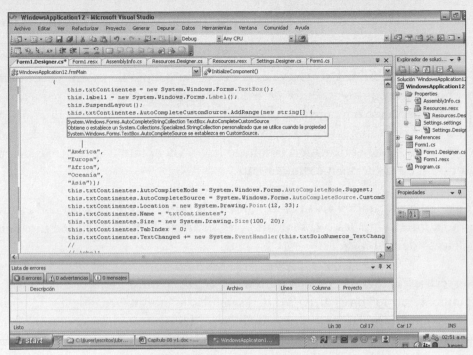

Figura 12. *El entorno de desarrollo de .NET nos facilita la tarea en la creación de aplicaciones amigables.*

A estos distintos mecanismos se los denomina patrones de diseño de usabilidad. El concepto de patrón de diseño se utiliza mayoritariamente en desarrollo de aplicaciones cuando se trabaja en un proyecto dirigido por el paradigma orientado a objetos. Dentro del proyecto un patrón de diseño es una descripción detallada de las clases y los objetos que interactúan para la satisfacción de los requerimientos del usuario.

Estos patrones de diseño pueden ser implementados de distintas maneras, no obstante, todos ellos nos guiarán hacia la solución del problema.

Al concepto de patrón de diseño de usabilidad podemos sumarle el concepto de patrón arquitectónico. Hemos visto que un patrón de diseño, y los patrones de diseño de amigabilidad por extensión, son los mecanismos que nos permiten incorporar dentro del diseño arquitectónico de la aplicación una solución efectiva para un problema concreto. En cambio un patrón arquitectónico nos mostrará cómo debemos incorporar el patrón de diseño de usabilidad dentro de la aplicación, los motivos que lo justifican y los efectos que puede causar en otras cualidades de la aplicación. Recordemos que muchos procesos adicionales no ayudan sino que perjudican la usabilidad si la aplicación se vuelve excesivamente lenta. Tanto la generación de uno patrones como otros, nos guiarán a la solución óptima del problema a resolver. Como en este capítulo tenemos el objetivo de proporcionar reglas y recomendaciones sobre diseño arquitectónico y mecanismos concretos de usabilidad en aplicaciones, veremos los patrones arquitectónicos más reconocidos como útiles y una breve reseña sobre cada uno de ellos con ejemplos sencillos. Cada patrón de diseño de usabilidad lo debemos describir como el conjunto de los siguientes elementos:

- **Defecto de usabilidad asociado:** es la detección del problema que encontramos en uno o varios de los atributos de usabilidad. Pueden surgir de los requerimientos del usuario (recordemos que el usuario nos plantea un problema a resolver) o de las pruebas realizadas en cualquier etapa del ciclo de vida. El patrón de diseño de usabilidad estará orientado a la solución de un conjunto de problemas del mismo tipo y no solucionan cualquier falla.

- **Causa:** identificamos y aislamos el módulo, la clase, la funcionalidad, el elemento de la interfaz gráfica o la sentencia en una línea de comandos que nos genera el defecto de usabilidad.

- **Consecuencia:** evaluamos si la utilización de este patrón impacta directa o indirectamente en los otros atributos de usabilidad o en otras cualidades de nuestra aplicación, como eficiencia o mantenibilidad. Usualmente impacta en la eficiencia porque necesitamos ejecutar más procesos o procesos más complejos. El impacto sobre la mantenibilidad se debe a esos procesos agregados que difícilmente pueden aislarse y estén **esparcidos** por todo el código fuente.

- **Patrones de diseño relacionados:** para cierto problema podemos encontrar más de un patrón de diseño de usabilidad que lo solucione. No resultará difícil elegir el patrón de diseño de usabilidad más conveniente: será aquel que luego de la implementación resulte ser el más eficiente (el que el usuario final ejecute con **menor cantidad de clic**).

Indicación de estado o progreso (Status indication)

Es el más utilizado en las aplicaciones de instalación para que el usuario final pueda visualizar cuanto falta para que finalice.

Defecto de usabilidad asociado

El desconocimiento que siente el usuario final cuando nuestra aplicación realiza procesos internos sin informar la situación en la que se encuentra. Estas situaciones incomodan al usuario final.

Causa

En una aplicación de instalación la causa de este defecto será el módulo que se encarga de la copia o descompresión de los archivos. Generalmente este tipo de procesos no posee una pantalla que informe el estado o progreso.

Consecuencia

La utilización de este patrón de diseño de usabilidad penaliza la eficiencia de nuestra aplicación. Estamos incorporando procesos no productivos (no realizan ninguna tarea que solucione alguno de los requerimientos del usuario final).

Patrones de diseño relacionados

Difícilmente encontremos algún componente que pueda reemplazar este patrón de diseño de usabilidad. Aunque sí podemos realizar distintas implementaciones del mismo concepto. En aplicaciones de líneas de comandos se utiliza un valor de porcentaje que cumple la misma función conceptual.

Guías de usario (wizards)

En muchas aplicaciones encontramos alguna funcionalidad que nos hace el trabajo sucio. Estos ayudantes, más conocidos como **wizards**, son muy valorados por los usuarios finales. Esta funcionalidad agiliza los procesos complicados de una manera mucho mas amigable para los usuarios finales

Defecto de usabilidad asociado

La falta de robustez en una aplicación es muy notoria por parte del usuario final. Sentirá mucha más satisfacción con una aplicación que le realice ese trabajo fatigoso, de una marera fácil y rapida.

Causa

Las funcionalidades que requieren mayor trabajo por parte del usuario final son candidatas a incorporarle alguna guía. Del mismo modo, lo haremos con aquellas tareas en las que el usuario desconozca los pasos a seguir.

Consecuencia

Seguramente la tarea no será realizada de manera eficiente ya que en las guías de usuario lo que buscamos es quitarle trabajo al usuario final, por lo que mucha de la información que debe facilitar el usuario nosotros la completamos con valores su-

III PRUEBAS DE USABILIDAD

Las pruebas de usabilidad se definen como la búsqueda de **cualquier cosa** que evite que un usuario final concluya una tarea concreta con un esfuerzo razonable en un tiempo razonable.

puestos por nosotros. Estos valores difícilmente estén bien parametrizados y los valores pueden no ser los óptimos.

Patrones de diseño relacionados

Un conjunto de alertas puede asemejarse a una guía de usuario. Porque podemos alertar al usuario final de todo aquello que necesita para realizar una tarea. Pero elegiremos las guías por ser las más eficientes y las más cómodas para el usuario final.

Alertas (alerts)

Defecto de usabilidad asociado

De forma similar a la indicación de estado o progreso las alertas buscan informar al usuario sobre el estado de una tarea determinada. En este patrón de diseño de usabilidad se busca informar sobre la omisión o sobre algún error de la información necesitada por nuestra aplicación.

Causa

Depende mucho de la lógica de nuestra aplicación. Pero podemos utilizarla en los **text box** cuando pulsan una tecla o cuando pierden el foco para validar la información ingresada en él. Por ejemplo, un **text box** que debe recibir sólo dígitos, debe alertar si le ingresan un carácter no numérico.

Consecuencia

Este patrón de diseño de usabilidad no penaliza ninguna de las cualidades de la aplicación. Pero debemos tener cuidado, si lo usamos en exceso puede disminuir la amigabilidad. Una aplicación que está todo el tiempo **quejándose** de lo que hace el usuario no será muy amigable.

Patrones de diseño relacionados

En algunas ocasiones podemos reemplazar una alerta por una guía de usuario que las evite. O podemos utilizar la sugerencia de valores antes de lanzar una alerta. Pe-

✳ SUPUESTOS

Cuando desarrollamos una aplicación desconociendo al usuario final, seguiremos los consejos de los diseñadores profesionales, y sólo supondremos algunas de las situaciones siguientes, las cuales hacen referencia al usuario final de nuestra aplicación: **es humano**, **sabe leer**, **sabe usar el mouse**, y **sabe presionar una tecla**.

ro siempre tendremos presente la eficiencia: una alerta es sólo un clic y volver a intentar, una guía de usuario son más.

Sugerencia de valores

Defecto de usabilidad asociado

El usuario final no siempre conoce el contenido que debe colocar en los distintos campos en donde se le solicita información. Por ejemplo: en una aplicación en la que se procesen altas de empleados y uno de sus campos sea Departamento, quien procese un alta de un empleado para el departamento de ventas podrá elegir entre distintos valores: Ventas, ventas, VTAS., etc.

Causa

El o los formularios que presenten ambigüedad o falta de información en cualquiera de los campos a completar. También aquellos campos en donde el contenido no sea intuitivo o predecible. Puede estar o no referidos a una base de datos.

Consecuencia

Difícilmente penalice alguna cualidad si se lo maneja con cautela. En aquellos campos en que los datos los debemos obtener de una tabla de una base de datos, tendremos que encontrar el momento en que la búsqueda de los datos no se solape con otro proceso, generando una espera **muy larga** (más de 2 segundos) para el usuario final.

Patrones de diseño relacionados

Siempre que se pueda implementar este patrón de diseño de usabilidad, en la mayoría de los casos, no es conveniente cambiarlo por otro.

Curva de aprendizaje

Conceptualmente la curva de aprendizaje refleja la facilidad medida en términos de tiempo con la cual se aprende a utilizar una aplicación para un determinado objetivo o nivel de uso con nuestra aplicación.

{} EXTREMADAMENTE FÁCIL

En la actualidad, hay una tendencia muy fuerte, no sólo en los productos software, a conseguir una facilidad de uso tal que el usuario final logre utilizar la aplicación correcta y efectivamente aun sin haber leído el manual del usuario o la ayuda destinada a él. Este podría ser uno de los nuevos atributos que desearíamos sumar a nuestra aplicación: **intuición.**

Esta facilidad mide en qué tiempo usuarios nuevos pueden lograr un uso efectivo de las funcionalidades. Como así también el tiempo en que un usuario puede llegar a un nivel de conocimiento de la aplicación: **Junior**, **semi-Senior** o **Senior**.

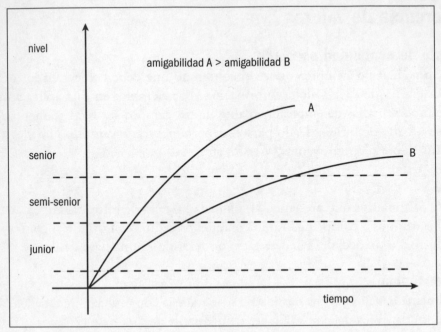

Figura 13. *Las curvas de aprendizaje nos ayudan a comparar gráficamente la amigabilidad de distintas aplicaciones o funcionalidades.*

En ciertas circunstancias las curvas de aprendizaje que obtengamos pueden resultar contradictorias en lo que refiere al tiempo de aprendizaje y al uso eficiente. El tiempo de aprendizaje puede crecer rápidamente y luego mantenerse, y el uso eficiente puede crecer muy lentamente a medida que el usuario final va **incorporando** las distintas funcionalidades de la aplicación.

PRUEBAS DE USABILIDAD

Probar la usabilidad de nuestra aplicación puede llegar a ser algo muy incómodo, pero extremadamente útil, ya que descubrir los errores tanto de diseño como de interfaz que tiene nuestra aplicación es el primer paso para poder corregirlos. En cuanto al momento del desarrollo que es más recomendable probar la aplicación: cuánto antes, mejor. Es mucho más costoso económica y temporalmente rediseñar toda la interfaz o el diseño de una aplicación ya terminada que ir haciendo pequeñas pruebas, que nos ayuden a ir corrigiendo sobre la marcha.

En todo este capítulo hemos intentado dar una definición de usabilidad y amigabilidad en términos conmensurables. Nuestra aplicación debe cumplir los atributos de usabilidad permitiendo operar una cantidad de funcionalidades en un número de situaciones, dentro de un tiempo finito y con un tope estipulado de cantidad de errores de usabilidad. Aunque resulta difícil medir ciertas actitudes del usuario, debemos intentar cuantificar todo cuanto podamos. Las pruebas de usabilidad no deben ser realizadas para establecer la efectividad del diseño adoptado. Si hemos elegido un diseño y no otro es porque lo consideramos el más óptimo para nuestra aplicación.

Las pruebas de usabilidad pueden y deben realizarse independientemente de la tarea de debugging. Y además debe hacerse después de aquella etapa. Esto se debe a que, si bien estamos probando el software, y podemos establecer ciertas medidas, no lo hacemos en relación a factores discretos, sino subjetivos. Podemos considerar esta tarea como un estudio de campo relacionado a la estadística.

Aun así, es una etapa de prueba, y al igual que la etapa de debugging, buscaremos errores, fallas y defectos que pongan en riesgo la usabilidad de nuestra aplicación. Y cuantos más errores encontremos más exitosa será la etapa. Principalmente buscamos el defecto que nos trae como consecuencia que un usuario final no pueda concluir una tarea predeterminada con un esfuerzo lógico y en un período de tiempo razonable. Un defecto de usabilidad estará dado por los errores que comete el usuario final, o todas sus acciones que no logran los resultados esperados.

En estas pruebas podremos establecer:

- **Casos de uso:** situaciones reales en las que un grupo de usuarios deba realizar una tarea, como por ejemplo, lograr la impresión de un reporte o realizar una búsqueda de cierta información.

- **Parámetros conmensurables:** son los valores que podemos medir y luego comparar, un ejemplo conciso es el tiempo que demora cada usuario final en lograr alguna tarea de nuestra aplicación.

{} ACCESIBILIDAD

La amigabilidad está relacionada con la accesibilidad. Ésta forma parte de la amigabilidad, aunque la accesibilidad está orientada a páginas web. Para que los usuarios puedan localizar con facilidad lo que necesitan, entender lo que encuentran y actuar apropiadamente dentro del tiempo y esfuerzo que ellos consideran adecuado para la tarea en cuestión.

- **Cantidad de intentos fallidos:** es la cantidad de veces que nuestra aplicación le impide al usuario final ejecutar una acción por falta de información, información incorrecta o pasos incorrectos. Este ítem es uno de los más importantes, ya que si un usuario no ingresa la información, o no lo hace correctamente, **no será culpa del usuario final sino nuestra**. Somos nosotros, como programadores, quienes debemos guiar al usuario final mientras utiliza nuestra aplicación.

- **Patrones de uso:** es cuando un usuario final utiliza sólo ciertas funcionalidades, o una funcionalidad la realiza de una sola manera. Por ejemplo, si nuestra aplicación permite exportar información en XML, Texto plano y en formato de **Microsoft Word**, un patrón de uso es cuando un usuario final utiliza un formato de información para la exportación, aunque luego lo necesite en otro. En este caso, puede ocurrir que las opciones no estén **claras**.

- **Complejidad léxica:** en este caso nos referimos a qué tipo de vocabulario manejaremos. Podemos listar los menús, botones y opciones para luego preguntar a los usuarios si alguno de ellos no es claro o es desconocido. Como mencionamos, el vocabulario estará orientado al tipo de usuario, no manejaremos los mismos vocablos para una aplicación contable, que para una médica.

- **Nivel de actitud:** es una medida subjetiva y se refiere al grado de satisfacción del usuario final al terminar de realizar una tarea predeterminada de nuestra aplicación. Puede realizarse una encuesta, como las que se sitúan en algunas páginas web.

Técnicas de pruebas

Las técnicas para localizar los defectos de usabilidad no son técnicas formales como pueden ser, por ejemplo, los mecanismos de trazado. No obstante, nos ayudan muchísimo en desarrollos complejos o que contienen muchas funcionalidades. De acuerdo con la técnica o técnicas elegidas abordaremos de una u otra manera las pruebas mencionadas anteriormente. De acuerdo con la forma en que realicemos estas pruebas encontraremos cuatro modelos:

III NO SIEMPRE EL CLIENTE TIENE LA RAZÓN

Pueden sucedernos dos situaciones con el usuario: **el usuario final tiene inconvenientes para utilizar la aplicación:** en este caso el usuario tiene la razón, la culpa es nuestra. No supimos desarrollar una aplicación fácil de usar, etc. **El usuario final quiere tres menús, dos botones y un formulario:** el usuario final sólo debe expresarnos sus necesidades y no cómo resolverlas.

Método explorador

Estas pruebas las realizaremos en los comienzos del desarrollo. Examinamos conceptualmente el diseño de nuestra aplicación y de allí obtenemos un prototipo que contiene las funcionalidades más representativas en una interfaz **prematura**. De esta manera intentamos evitar los problemas de definición sobre las necesidades del usuario final obtenidas de los requerimientos. Y logramos conocer el modelo de aplicación que realmente necesita o desea el usuario final.

Evaluación de funcionalidades

Realizamos un método explorador pero que abarca mucho más que la interfaz de las funcionalidades representativas. Y se orienta también al funcionamiento interno de éstas. Principalmente orientamos las pruebas hacia la robustez y la predecibilidad. Es decir, no sólo nos interesa **lo que ve** el usuario final sino que hacemos foco en lo que puede necesitar (robustez) o esperar (predecibilidad) de cierta funcionalidad.

Estas pruebas podremos realizarlas sólo cuando el proyecto haya avanzado lo suficiente, o luego de un método explorador.

Validación

En la validación de nuestra aplicación evaluamos la satisfacción del usuario final con respecto a la aplicación como conjunto, o de las funcionalidades más relevantes. Buscamos los defectos de usabilidad por vías de gusto o tendencia del usuario final, es decir, su satisfacción.

Este modelo de pruebas difícilmente podamos realizarlo hasta que la aplicación no esté en las últimas etapas del desarrollo.

Comparación

Comparamos varios diseños, interfaces y estructuras de funcionalidades (qué funcionalidad se busca en dónde, ejemplo: imprimir lo buscamos en el menú archivo). Con esta prueba obtendremos de varias posibilidades la mejor opción en lo que respecta a usabilidad. Lo que intentamos con este modelo de pruebas es ahorrar el tiempo que supone iterar cada vez que el usuario final desea modificar algún elemento de la aplicación o realiza una sugerencia.

Para llevar a cabo las pruebas antes descriptas podremos utilizar distintas formas de aplicación. De ellas no todas pueden aplicarse en todos los modelos, sino que de acuerdo con el modelo elegido y el tipo de aplicación que estemos desarrollando podremos elegir unas u otras técnicas.

Protocolos verbales

Esta técnica consiste en la narración por parte del usuario final sobre la utilización de nuestra aplicación. Podemos también pedir que responda algunas preguntas puntuales sobre elementos de la aplicación que puedan parecernos poco claros.

Por casos de uso

Luego de haber diagramado los casos de uso para lograr fortalecer la usabilidad, podemos ponerlos a prueba. Se trata de tomar uno a uno los casos de uso registrados y pedir que un usuario final los lleve adelante con nuestra aplicación.

Uso directo

Más que una técnica es un proceso involuntario que realizamos luego de implementar una interfaz. Solo que prestaremos atención a la usabilidad y amigabilidad, y no a los errores de lógica que pueda contener la aplicación. Es análoga a una prueba Alfa. Nos sentaremos junto a uno o varios usuarios y ellos nos dirán punto por punto que desean modificar de la aplicación.

Por consenso

Ésta tampoco es una técnica en sí, pero puede utilizarse antes que las anteriores para poder, si es posible, ahorrarnos el trabajo que insume realizarlas. Se trata simplemente de una encuesta realizada a los usuarios finales sobre nuestra aplicación. Si existe una satisfacción general, quizás sólo sea necesario corregir pequeños detalles y no realizar pruebas más extensas que requieran mucho esfuerzo y no sean justificadas.

No existen muchas técnicas para probar la amigabilidad y usabilidad de un producto software, y las que hay no son estrictamente formales en cuanto a operaciones o pasos a seguir. Esta situación quizás se deba a la inmadurez que aún presenta esta rama del desarrollo del software. Pero no podríamos no elegir ninguna. No olvidemos que es una etapa de prueba y así como en el **debugging** debíamos garantizar en cierta medida el correcto funcionamiento de nuestra aplicación, aquí necesitamos garantizar la conformidad o satisfacción, en un sentido subjetivo, del usuario final.
Seguramente algunas serán más factibles de realizar y otras no tanto según la disposición que tengamos de los usuarios finales.

En lo que respecta a las pruebas por casos de uso, podemos realizar pruebas alfa con un grupo de usuarios reducido. Y luego de un período de tiempo repetir las pruebas para corroborar que el usuario final haya retenido el uso de nuestra aplicación.

Por último, cumplir con las pruebas de usabilidad no sólo es realizar las tareas que aquí mencionamos, sino realizarlas bien y coherentemente. Las pruebas de usabilidad pueden ser útiles y confiables sólo si tienen validez. La validez de una prueba de usabilidad está dada por la confianza que tenemos en la evaluación, esta confianza será mayor cuantos más elementos participen en las pruebas (muchos usuarios, muchas técnicas, etc.). Es importante, y lo impone el sentido común, llevar adelante las pruebas correctas con los usuarios correctos. Es decir, no resultará muy confiable la prueba de una herramienta de desarrollo con personal contable. Como tampoco podemos utilizar la evaluación de necesidades en una aplicación de línea de comando.

Otro punto a tener en cuenta cuando realizamos pruebas de usabilidad para que resulten confiables es lograr un clima relajado mientras los usuarios prueban nuestra aplicación. Debemos indicarles en todo momento que estamos evaluando la aplicación y no a los usuarios. Si la evaluación resulta incómoda al usuario no nos sirve y debemos realizarla otro día o con otros usuarios. En lo posible, evitar que un tercero los esté observando y permitir que sea el usuario quien informe las fallas de usabilidad o las observaciones que encuentre.

Conclusión

Cuando nos dediquemos a diseñar una aplicación con el foco puesto en la usabilidad y amigabilidad, todas las pautas aquí mencionadas serán, seguramente, muy importantes. Pero aun prestando atención a los atributos, realizando cuidadosamente los esquemas de usabilidad y sus casos de uso y diseñando desde el comienzo focalizando en la usabilidad, podemos llegar a las pruebas y encontrarnos con una sorpresa: el usuario final no quiere usar la aplicación, no le gusta, le resulta difícil, incómoda, no entiende tantos menús y colores. Para que no lleguemos a una situación tan hostil, deberemos estar en contacto permanente con el usuario final, y obtener de él todas sus inquietudes y necesidades. De esta manera, sabremos desde el primer momento del desarrollo cómo cumplir con la satisfacción del usuario. No olvidemos que ese es nuestro objetivo.

... RESUMEN

Citamos algunas definiciones formales e informales de la usabilidad y amigabilidad del software. Hemos recorrido con ejemplos las distintas opciones y diseños que podemos seguir cuando una de las cualidades más importantes es la amigabilidad. Enumeramos los elementos más importantes en esta cualidad.

La predicibilidad, la familiaridad, la flexibilidad, la robustez, los conocimientos del usuario final y la consistencia, son conceptos que no podemos pasar por alto en el diseño de una aplicación amigable. Hemos visto también cómo concretar estos conceptos tan abstractos en la implementación. Por último, repasamos la tarea de probar, que en este caso particular, es altamente subjetiva.

TEST DE AUTOEVALUACIÓN

1 ¿Qué significa usabilidad?

2 ¿Qué relación mantiene con la amigabilidad y la facilidad de uso?

3 ¿Qué factor o factores debemos tener en cuenta para desarrollar un software amigable?

4 ¿Qué son los atributos de usabilidad?

5 ¿Por qué nos interesa diseñar casos de uso?

6 ¿Podemos diseñar la usabilidad antes de la etapa de implementación?

7 ¿Para qué sirve la curva de aprendizaje?

8 ¿Qué diferencia existe entre el patrón de diseño de usabilidad y el patrón arquitectónico?

9 Anote las diferencias que encuentra entre las pruebas de correctitud y las pruebas de amigabilidad.

10 Las técnicas para probar la usabilidad, ¿están basadas en mecanismos formales de evaluación?

El lenguaje C#

El lenguaje C# surgió con el nuevo

milenio. Es un lenguaje multipropósito

diseñado por Microsoft para su flamante

plataforma .Net.

Con él podremos realizar desde aplicaciones

de consola hasta servicios Web.

Es uno de los lenguajes más aceptados

por la comunidad desarrolladora.

Por esto último fue elegido para realizar

los ejemplos de este libro.

INTRODUCCIÓN

El lenguaje de programación **C#** fue creado por Scott Wiltamuth y Anders Hejlsberg. Este último también fue el creador del lenguaje **Turbo Pascal** y el entorno de desarrollo **Delphi**.
Lo diseñaron pensando en los dos grandes grupos de desarrolladores:

- Aquellos que vienen de lenguajes como **C++** o java, de allí el parecido estructural y la casi idéntica sintaxis de **C#** a ellos.
- Y aquellos programadores que vienen de lenguajes soportados por un entorno de desarrollo rápido de aplicaciones (RAD) como **Delphi** o **Visual Basic**, facilitándoles el **Visual Studio.Net**.

Necesitaremos de una infraestructura para poder utilizar este lenguaje: el **framework .Net**, y allí es en donde ejecutaremos nuestras aplicaciones. Esta infraestructura contiene una máquina virtual llamada **CLR** *(Common Language Runtime)*. Y nuestros programas no poseen código ejecutable de máquina, sino que estarán compuestos por instrucciones de un lenguaje intermedio denominado **MSIL** *(Microsoft Intermediate Language)*, que sólo serán compiladas a código nativo del procesador a medida que se van ejecutando, este trabajo lo realizará el **JIT** (compilador *Just In Time*). Dentro del framwork de .NET encontraremos una librería base de clases (**BCL**: *Base Class Library*) que contiene el conjunto de clases a las que pueden acceder todos los lenguajes, no sólo **C#**, que respeten la **CLS** *(Common Language Specification)*.

En este apéndice trataremos los temas que consideramos más relevantes para comprender al lenguaje **C#**. No pretendemos realizar un manual exhaustivo, sino que explicaremos los diferentes aspectos del lenguaje, para cumplir los objetivos del apéndice: entender los ejemplos del libro, y un poco más.

Una aplicación en C#

Todos los lenguajes almacenan el código fuente en uno o más archivos de texto plano, y el lenguaje **C#** no es la excepción. Estos archivos pueden escribirse con caracteres **unicode**, respetando la semántica y sintaxis del lenguaje.

En el segundo capítulo ya hemos visto una aplicación bastante sencilla que nos servirá de ejemplo para explicar los componentes de una aplicación escrita en **C#**. La famosa aplicación "Hola Mundo". Está aplicación realiza una única tarea: mostrar por consola el texto **Hola Mundo**.

```
using System;

class HolaMundo
// Se imprime en pantalla "Hola mundo"
{
    static void Main()
    {
            Console.WriteLine("Hola mundo");
    }
}
```

Como primer aclaración, debemos decir que toda aplicación escrita en **C#**, debe estar contenida dentro de la definición de una clase y entre corchetes. En este caso la clase se llamará **HolaMundo**. Las clases son abstracciones de los objetos de la vida real, es decir, una clase es la definición de un objeto. Cuando programamos un objeto y definimos sus características y funcionalidades estamos programando una clase.

```
class HolaMundo
```

Una vez definida la clase definimos un método. Este método deberá llamarse **Main**, ya que al generar el archivo ejecutable, la aplicación obtenida ejecutará este método antes que cualquier otro, será la entrada de nuestra aplicación.

```
static void Main()
```

Un método es un conjunto de instrucciones que están asociados a un nombre. Cuando **llamamos** a un método, lo que hacemos es referenciar este conjunto de instrucciones para ejecutarlas sin necesidad de escribirlas nuevamente
La palabra situada antes del método le indica al compilador cuál es el tipo de valor que devuelve el método una vez ejecutado. En nuestro ejemplo es **void**, que significa que el método no devolverá ningún valor.
Antes de **void** encontramos la palabra **static**, esta palabra es un modificador. La tarea que cumple es la de modificar el significado del método, indicando que se encuentra asociado a la clase que lo contiene. Este modificador es necesario para evitar la creación de algún objeto para llamarlo. También observamos que luego de **Main** hay dos paréntesis. Entre estos paréntesis deberemos colocar los parámetros que recibe el método. En nuestro caso no recibe ninguno.
Luego encontramos la sentencia.

```
Console.WriteLine("Hola mundo");
```

Ésta es la instrucción que ejecutará nuestra aplicación. Llamamos al método **Write-Line()** de la clase **Console** y le pasamos como parámetro la cadena "Hola mundo". La clase **Console** se encuentra definida en el espacio de nombres **System** y es por eso que la colocamos en nuestra aplicación.

```
using System;
```

Un espacio de nombres es un conjunto de clases agrupadas que realizan funciones relacionadas.

Es importante aclarar dos puntos importantes cuando programamos en **C#**. Primero, todas las instrucciones deben finalizar en un punto y coma (;). La ausencia de este Caracter es la falla más común que se comete, aun en el caso de los programadores experimentados. Segundo, el lenguaje **C#** es **case sensitive**, es decir, reconoce diferencias entre mayúsculas y minúsculas. No será lo mismo escribir **WriteLine** que WRITELINE o writeline. Las últimas dos palabras acusarán un error en el entorno de Visual Studio o en el compilador de línea de comandos, ya que la clase Console no contiene métodos con nombres WRITELINE o writeline.

La función Main

Hemos comentado que una aplicación **C#** comienza su ejecución exclusivamente por el método **Main**. Veamos todas las posibilidades que contamos para declarar y modificar este método:

```
static void Main()
static void Main(string[] args)
static int Main()
static int Main(string[] args)
```

Todas las versiones de declaración del método **Main** contienen el modificador **static** como mencionamos, no hay excepciones.

En nuestro ejemplo la función **Main** no devolvía valores, pero podemos hacer que devuelva valores enteros (del tipo **int**). Generalmente estos valores son utilizados como valores de retorno de la aplicación. Por convención, un valor **igual a cero** significará que la aplicación finalizó sin inconvenientes, un valor **impar** nos indica que hubo una falla en los parámetros de entrada y por último, un valor **par** nos informa que hubo una falla (o excepción) durante la ejecución.

Para devolver un valor utilizamos la sentencia **return** de la siguiente manera.

```
using System;
class ClsReturn
  {
  static int Main(string[] args)
  {
    try
    {
      Console.WriteLine(args[0]);
      return 0;
    }
    /* índice fuera de rango */
    catch(System.IndexOutOfRangeException)
    {
      return 1;
      Console.WriteLine("error en parámetros");
    }
    /* Error de IO */
    catch(System.IO.IOException)
    {
      return 2;
      Console.WriteLine("error durante el proceso");
    }
  }
}
```

Encontramos las palabras **try** y **catch**. Estas permiten gestionar los errores en nuestra aplicación. Sucede que antes de que aparezca un error, se invoca una excepción. Las excepciones son altamente recomendadas en la plataforma **.Net**.

Las excepciones son objetos que derivan de la clase **System.Exception** y se generan en tiempo de ejecución, siempre que la plataforma .Net tenga información sobre éste.

Compilar nuestra aplicación

Hemos dicho que podíamos escribir nuestras aplicaciones en archivos de texto plano para luego compilarlas. Podemos escribir en el **notepad** cualquiera de los ejemplos anteriores de código fuente (respetando mayúsculas y minúsculas) y luego almacenarlo en un archivo de formato de texto plano que se llamaría, por ejemplo, **return.cs**. Si disponemos de **Visual Studio .Net** iremos al menú **Generar** y luego al submenú **Generar solución.** Si hemos bajado del sitio de **Microsoft** el framework **SDK** de **.Net** que nos provee el compilador de **C#** abriremos una consola del intérprete de **DOS** y nos colocaremos en el directorio en donde se encuentre el compilador (**csc.exe – C Sharp Compiler**). Luego le pasaremos como parámetro al compilador nuestro de archivo de texto para que genere el archivo ejecutable.

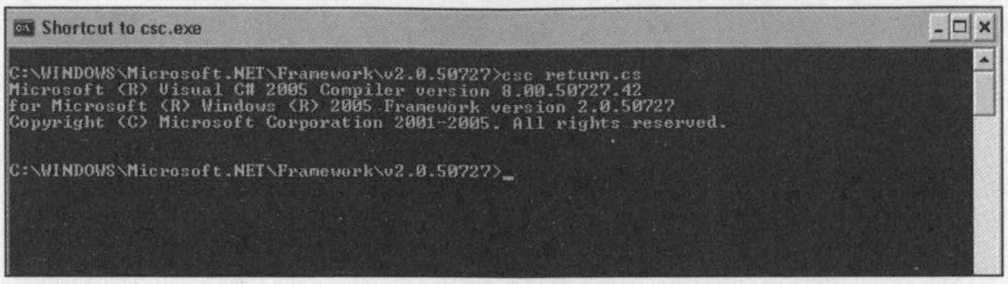

Figura 1. Microsoft *nos ofrece descargar gratis de su sitio el framework* **SDK** *de* **.Net** *que contiene el compilador para el lenguaje* **C#**.

LÉXICO DEL LENGUAJE

A continuación veremos de qué se trata cada una de las características y propiedades de un lenguaje cualquiera.

Comentarios

Ya hemos explicado con detalles para qué sirve un comentario, por lo que sólo veremos cómo se escriben en el lenguaje **C#.**

```
// Esto es un comentario de una sola línea

/*
Este comentario
puede ocupar
muchas líneas
*/
```

Identificadores

Los identificadores son nombres elegidos por los programadores, para identificar elementos dentro del código fuente: una variable, una clase, un *name space*, etc.

Como en todos los lenguajes de programación, un identificador será una secuencia de caracteres alfanuméricos que nos permitan dar nombres representativos a los elementos que conforman nuestra aplicación. En el lenguaje **C#**, además, podemos utilizar **vocales acentuadas** y nuestra querida **ñ**, y decirle adiós a esa **variable fea** que representaba al año como anio. Pero no deben comenzar por un número ni deben ser palabras reservadas, que las veremos más adelante. De este modo los siguientes identificadores son válidos.

```
class clsAño
int intUnNúmero;
```

Palabras reservadas

Las siguientes palabras contienen un significado especial en el lenguaje **C#** y no pueden ser utilizadas para otro fin que el previsto:

abstract	enum	long	stackalloc
as	event	namespace	static
base	explicit	new	string
bool	extern	null	struct
break	false	object	switch
byte	finally	operator	this
case	fixed	out	throw
catch	float	override	true
char	for	params	try
checked	foreach	private	typeof
class	foto	protected	uint
const	if	public	ulong
continue	implicit	readonly	unchecked
decimal	in	ref	unsafe
default	int	return	ushort
delegate	interface	sbyte	using
do	internal	sealed	virtual
double	lock	short	void
else	is	sizeof	while

Tabla 1. *Las palabras reservadas no pueden ser utilizadas como identificadores.*

Microsoft informó que si en futuras versiones del lenguaje llegase a incorporar al mismo nuevas palabras reservadas, éstas comenzarán con dos caracteres de subrayado (guión bajo) consecutivos.

Literales

Un literal es un valor explicito que asignamos a un elemento del lenguaje (variables, parámetros, etc.).

Los literales pueden ser enteros, reales, lógicos, de caracter, de cadena y nulos (**null**).

CARACTER	CÓDIGO DE ESCAPE	CÓDIGO DE ESCAPE ABREVIADO
Alarma	\u0007	\a
Barra invertida	\u005C	\\
Caracter nulo	\u0000	\0
Comilla doble	\u0022	\?
Comilla simple	\u0027	\'
Nueva línea	\u000A	\n
Retorno de carro	\u000D	\r
Retroceso	\u0008	\b
Salto de página	\u000C	\f
Tabulación horizontal	\u0009	\t
Tabulación vertical	\u000B \	v

Tabla 2. Existen literales de caracter que no pueden escribirse directamente.
En estos casos utilizamos las secuencias de escape en código **unicode**.

Operadores

En **C#** un operador es un símbolo formado por caracteres que nos permite realizar una operación determinada entre uno o más datos devolviendo un resultado.

Operadores aritméticos

Los operadores aritméticos en el lenguaje **C#** son:

OPERACIÓN	SÍMBOLO
Suma	+
Resta	-
Multiplicación	*
División	/
Módulo	%
Menos unario	-
Más unario	+

Tabla 3. Los operadores aritméticos de **C#** nos permiten
realizar las operaciones básicas matemáticas.

C# contiene dos operadores más que, si bien están relacionados con las operaciones aritméticas, no realizan ninguna sino que actúan sobre ellas. Los operadores **checked**

y **unchecked** nos permiten controlar si deseamos detectar los desbordamientos en las operaciones aritméticas, chequeando si el resultado de las operaciones es superior a la capacidad del tipo de dato que contendrá el resultado.

Podríamos ver el ejemplo en nuestra calculadora:

```
...

try
{
  switch (intOperacion)
  {
  case 1:
    intResultado = checked(intOperando1 + intOperando2);
    Console.WriteLine("Resultado = " + intResultado);
    break;
  case 2:
    intResultado = checked(intOperando1 - intOperando2);
    Console.WriteLine("Resultado = " + intResultado);
    break;
  case 3:
    intResultado = checked(intOperando1 * intOperando2);
    Console.WriteLine("Resultado = " + intResultado);
    break;
  case 4:

    intResultado = checked(intOperando1 / intOperando2);
    Console.WriteLine("Resultado = " + intResultado);
    break;
  }
}

catch{System.OverflowException)
{
  Console.WriteLine("El resultado de la operación no cabe en un entero");
}

...
```

Operadores Lógicos

Son los que nos permiten realizar las operaciones lógicas sobre condiciones o variables.

OPERACIÓN	SÍMBOLO
And (evaluación perezosa)	&&
And (evaluación completa)	&
Or (evaluación perezosa)	||
Or (evaluación completa)	|
Not (negación)	!
Xor (o exclusivo)	^

Tabla 4. *El lenguaje **C#** a diferencia de muchos, incluye operadores lógicos perezosos.*

La evaluación perezosa es un método en el cual se evalúa el primer operando tratando de deducir el resultado de la operación lógica.

Por ejemplo si la evaluación del primer operando en una operación \|\| resulta true, entonces no se evalúa el segundo y obtenemos true como resultado.

Operadores relacionales

Nos permiten evaluar relaciones entre elementos del lenguaje

OPERACIÓN	SÍMBOLO
Igualdad	==
Desigualdad	!=
Mayor que	>
Menor que	<
Mayor o igual que	>=
Menor o igual que	<=

Tabla 5. *C# incluye los operadores relaciones tradicionales. Un error muy común que cometen los programadores acostumbrados a otros lenguajes es utilizar el operador de asignación (=) como operador de igualdad.*

Operadores para manipular bits

Nos permiten realizar las operaciones a nivel de bits. Por ejemplo, un desplazamiento a izquierda equivale a multiplicar por dos.

OPERACIÓN	SÍMBOLO
And	&
Or	|
Not	~
Xor	^
Desplazamiento a izquierda	<<
Desplazamiento a derecha	>>

Tabla 6. *C# también incluye los operadores de manipulación de bits al igual que C y C++.*

Operadores de asignación

Los operadores de asignación nos permiten manipular o realizar operaciones sobre los valores de las variables.

OPERACIÓN	SÍMBOLO
Asignación simple	=
Suma y asignación	+=
Resta y asignación	-=
Multiplicación y asignación	*=
División y asignación	/=
Módulo y asignación	%=
Or lógico y asignación	| =
Xor lógico y asignación	^=
Incremento	++
Decremento	—

Tabla 7. Algunos de los operadores
de asignación más utilizados en **C#**.

Con respecto a los operadores de asignación **++** y **–** que incrementan y disminuyen la variable en una unidad, es importante aclarar la diferencia entre colocarlos antes o después de la variable. Si lo colocamos antes devuelve el valor de la variable después de incrementarla o disminuirla, pero si lo colocamos después, entonces devuelve el valor de la variable antes de incrementarla o disminuirla.

Además de los operadores de asignación compuestos que mencionamos, existen los de desplazamiento a izquierda y desplazamiento a derecha. En la tabla mencionamos al operador compuesto **+=** como suma y asignación, aunque este operador también puede ser utilizado para concatenar cadenas.

```
using System;
class clsConcatenar
{
    static void Main()
    {
        string strCadena = "Hola ";

        strCadena += "Mundo !";

        Console.WriteLine(strCadena);
    }
}
```

IMPLEMENTACIÓN Y DEBUGGING

Operador condicional

Es un operador ternario, es decir, actúa con tres operandos y posee un funcionamiento parecido a la sentencia condicional **IF-THEN-ELSE**.

Con la unica diferencia de que este operador nos devuelve un valor y, por el contrario, la sentencia **IF-THEN-ELSE** no.

Su sintaxis es la siguiente:

```
<condición> ? <expresión1> : <expresión2>;
```

Este operador evalúa la **condición**, si es verdadera, entonces devuelve el resultado de evaluar la **expresión1**, y si la condición es falsa, entonces devuelve el resultado de evaluar **expresión2**.

```
using System;
class clsOperadorCondicional
{
  static void Main()
  {
    int int1 = 1;
    int int2 = 10;
    int intMayor;

    intMayor = int1 > int2 ? int1 : int2;
    Console.WriteLine(intMayor);
  }
}
```

Este operador se asocia implícitamente por derecha. Si deseamos que se asocie de un modo diferente debemos ser explícitos. Veamos un ejemplo:

```
using System;
class clsOperadorCondicional
{
  static void Main()
  {
    int int1 = 1;
    int int2 = 10;
    int int3 = 20;
```

```
    int intMayor;

    intMayor = int1 > int2 ? int1 : int2 > int3 ? int2 : int3 ;

    Console.WriteLine(intMayor);
  }
}
```

La sentencia que determina el mayor de los números debe interpretarse como:

```
intMayor= int1 > int2 ? int1 : (int2 > int3 ? int2 : int3) ;
```

Operador de acceso a objetos
Lo utilizamos para poder acceder a los miembros de un objeto (propiedades, eventos y métodos). Es un punto y su sintaxis es la siguiente:

```
<Objeto>.<Miembro>;
```

Este operador ya lo vimos en los ejemplos anteriores, cuando utilizamos el método WriteLine del objeto Console.

```
Console.WriteLine(intMayor);
```

Operadores para punteros
Un puntero es una variable que almacena una referencia a una dirección de memoria. Almacenamos en una variable la ubicación de otra variable.

OPERACIÓN	SÍMBOLO
Obtener dirección de memoria	&
Obtener el valor de la variable referenciada	*
Acceder a un miembro de un objeto por referencia	->
Referenciar dirección relativa	[]

Tabla 8. *Cuando utilizamos punteros debemos colocarlos dentro de un método con el modificador **unsafe** y compilarlos con la opción **/unsafe**.*

```
using System;
```

```
class clsUnsafe
{

  unsafe static void Potencia(int* pintNumero)

  {

    *pintNumero *= *pintNumero;

  }


  unsafe static void Main()

  {

    int intNumero = 2;

    Potencia(&intNumero);


    Console.WriteLine(intNumero);

  }

}
```

Otros operadores

El lenguaje **C#** también nos proporciona tres operadores más asociados a operaciones sobre el tipo de una variable.

El operador **tipeof** nos permite conocer el tipo de dato de una variable. El operador **is** nos devuelve un valor booleano indicándonos si la variable del primer término no es del tipo que indicamos en el segundo. Por último, el operador **sizeof** nos indica el volumen de memoria que ocupa la variable pasada como parámetro.

OPERACIÓN	SÍMBOLO O SINTAXIS
Operador de obtención de tipo	Typeof(Tipo)
Is	Expresión is Tipo
Sizeof	sizeof(Tipo)

Tabla 9. *El lenguaje C# nos proporciona distintos operadores que nos permiten obtener información del tipo de las variables.*

En el caso del operador **is**, si la expresión evaluada devuelve **null**, el operador devuelve false, porque null no se considera en la BCL un tipo de dato.

```
using System;
class clsUnsafe
{
  static void Main()
  {
```

```
    int intNumero ;

    Console.WriteLine(typeof(int));
    /* System.Int32 */

    Console.WriteLine(intNumero is System.Int32);
    /* True */

    Console.WriteLine(sizeof(int));
    /* 4 */
    /*(el valor es en bytes, son 32 bits) */


  }
}
```

Variables y tipos de datos

Definición y ámbito de variables

En el lenguaje de programación **C#**, para realizar la defininición de las variables utilizaremos la siguiente sintaxis:

```
<TipoDato> <Identificador>;
```

Las variables sólo pueden ser definidas dentro de una clase. En este caso serán denominadas variables **campo**. Podemos definirlas también dentro de un método (el cual también estará definido dentro de una clase) y serán variables **locales** del método y sólo podremos acceder a ellas desde dentro del mismo código. Por último, podemos definir las variables como **parámetros** de un método previamente definido, en el que almacenaremos los valores que le pasaremos al método y que del mismo modo que las variables locales, estas sólo podrán ser accedidas desde dentro del propio método.

```
using System;

class clsVariables
{
  static string strVariableCampo;
```

```
static void Main()
{
  strVariableCampo = "Hola ";

  Console.WriteLine(Concatenar(strVariableCampo,"mundo !"));
}

static string Concatenar(string strParametro1, string strParametro2)
{
  string strVariableLocal = strParametro1 + strParametro2;

  return strVariableLocal;
}
}
```

Tipos de datos básicos

El lenguaje **C#** nos proporciona distintos tipos de datos básicos, todos ellos definidos como tipos nativos en la BCL.

A continuación se muestra una descripción de estos tipos básicos:

NOMBRE	TIPO DE DATO	BITS	ALIAS
SByte	Bytes con signo	8	sbyte
Byte	Bytes sin signo	8	byte
Int16	Enteros cortos con signo	16	short
Uint16	Enteros cortos sin signo	16	ushort
Int32	Enteros normales	32	int
Uint32	Enteros normales sin signo	32	uint
Int64	Enteros largos	64	long
Uint64	Enteros largos sin signo	64	ulong
Single	Reales con 7 dígitos de precisión	32	float
Double	Reales de 15-16 dígitos de precisión	64	double
Decimal	Reales de 28-29 dígitos de precisión	128	decimal
Boolean	Valores lógicos	32	bool
Char	Caracteres Unicode	16	char
String	Cadenas de caracteres	Variable	string
Object	Cualquier objeto	Variable	object

Tabla 10. *Tipos de Datos en* **C#**.

Vectores

Los vectores son variables especiales que utilizamos para almacenar información del mismo tipo de dato. La declaración se realiza de la siguiente manera:

```
<TipoDato>[] <IdentificadorVector>;
<IdentificadorVector> = new <TipoDatos>[<Ocurrencias>];
```

Una definición válida de un vector sería la que se muestra en el siguiente código de la clase clsVectores, con vector **vctMiVector** y se le asigna el tipo de dato **int.**

```
using System;
class clsVectores
{
  static void Main()
  {
    int[] vctMiVector;
    vctMiVector = new int[100];

    for (int i = 0; i < 100; i++)
    {
      vctMiVector[i]= i * 10;
    }

    for(int i=0;i<100;i++)
    {
      Console.WriteLine(vctMiVector[i]);
    }
  }
}
```

Clases y objetos

El lenguaje **C#** es un lenguaje orientado a objetos, por este motivo todo lo que programemos serán objetos.

Un **objeto** lo consideraremos un conjunto de datos y funciones (métodos) que están asociados por un concepto en común.

Una **clase** es el conjunto de objetos de determinado tipo. Agrupa los datos y los métodos a los que pueden acceder los objetos que pertenecen al mismo tipo.

Para definir una clase utilizamos la siguiente sintaxis

```
class <Identificador>
{
  <Variables>
  <Métodos>
}
```

De una clase derivamos la creación de un objeto. Esta operación la realizamos a traves del uso del operador **new** de la siguiente manera. Como ejemplo, el siguiente código muestra el uso del operador **new.**

```
using System;
class clsObjetos
{
  static void Main()
  {
    clsFecha clsMiCumpleaños = new clsFecha();

    clsMiCumpleaños.día = 18;
    clsMiCumpleaños.mes = 4;
    clsMiCumpleaños.año = 1979;

    Console.Write(clsMiCumpleaños.día + "/");
    Console.Write(clsMiCumpleaños.mes + "/");
    Console.WriteLine(clsMiCumpleaños.año);
    clsMiCumpleaños.vWrite("Llamada a un método");
  }
}


class clsFecha
{
  public byte día;
  public byte mes;
  public int año;

  public void vWrite(string strCadena)
  {
    Console.Write(strCadena);
```

```
    }
}
```

Instrucciones de control

Las sentencias de control, condicionales o de bifurcación nos permiten controlar el flujo de ejecución de nuestra aplicación. Permitirán la ejecución de una sentencia o bloque de sentencias sólo si se cumple la condición asociada.

Instrucción if

La sintaxis para esta instrucción es la siguiente:

```
If (<expresión>)
{
   <BloqueDeInstrucciones1>
}
else
{
   <BloqueDeInstrucciones2>
}
```

Se evalúa la **condición**, si es verdadera ejecutamos **BloqueDeInstrucciones1**, si es falsa, entonces ejecutamos **BloqueDeInstrucciones2**.

En el siguiente ejemplo mostramos una u otra leyenda según el valor de la variable **blnCondicion**.

```
using System;

class clsIf
{
   static void Main()
   {
      Boolean blnCondicion = true;

      if (blnCondicion == true)
      {
         Console.WriteLine("condición verdadera");
```

```
        }
        else
        {
           Console.WriteLine("condición falsa");
        }
     }
   }
```

Instrucción switch

La sintaxis para esta instrucción es un poco más compleja que la del **if** y se describe a continuación:

```
switch (<expresión>)
{
   case <valor1>:   <BloqueDeInstrucciones1>
      break;
   case <valor2>:   <BloqueDeInstrucciones2>
      break
   ...
   default:   <BloqueDeInstruccionesDefault>
}
```

Esta instrucción transfiere el control de ejecución a un bloque de instrucciones o a otro, eso depende del resultado de evaluar expresión.

```
using System;

class clsSwitch
{
   static void Main()
   {
      int intOpcion = 1;

      switch (intOpcion)
      {
         case 1: Console.WriteLine("BloqueDeInstrucciones1");
            break;
         case 2: Console.WriteLine("BloqueDeInstrucciones2");
```

```
        break;
    default: Console.WriteLine("BloqueDeInstruccionesdefault");
        break;
    }
  }
}
```

Instrucciones iterativas

Las instrucciones iterativas o bucles nos permiten ejecutar iterativamente una instrucción o un bloque de instrucciones, mientras se cumpla la condición de su encabezado.

Instrucción while

La instrucción **while** nos permite ejecutar una o varias instrucciones mientras se cumpla una cierta instrucción. Su sintaxis es:

```
while (<condición>)
{
<BloqueDeInstrucciones>
}
```

El encabezado de la instrucción evalúa la condición, si es verdadera se ejecutan las instrucciones y vuelve a evaluar la condición. Este proceso será iterativo hasta que la condición sea falsa. En el caso de que la condición sea falsa, las instrucciones internas a la instrucción **while** no se ejecutan.

```
using System;

class clsWhile
{
  static void Main()
  {
    int intVeces = 1;

    while (intVeces < 11)
    {
      Console.WriteLine("iteración n° " + intVeces);
      ++intVeces;
```

```
      }
    }
  }
```

Instrucción do while

La instrucción **do while** permite ejecutar una o varias instrucciones mientras se cumpla una cierta instrucción. **do while** contiene una pequeña variación con respecto a la instrucción **while**. Su sintaxis es la siguiente:

```
do
<BloqueDeInstrucciones>
while(<condición>);
```

La variación a la que hicimos referencia anteriormente se debe a que esta instrucción primero ejecuta el bloque de instrucciones y luego evalúa la condición. De esta manera se garantiza que el bloque de instrucciones se ejecutará al menos una vez y dependerá del programador tener en cuenta en cuales casos es conveniente la utilización de una u otra instrucción, mientras que en la instrucción **while** es posible que no se ejecute nunca.

```
using System;

class clsSwitch
{
  static void Main()
  {
    int intVeces = 1;

    do
    {
      Console.WriteLine("Ejecución n° " + intVeces);
      ++intVeces;
    }
    while (intVeces == 9999 );
    /* Se ejecuta una vez aunque la condición sea falsa */
  }
}
```

Instrucción for

La instrucción **for** es otra variante de la instrucción **while**. Ejecuta un bloque de sentencias si se evalúa verdadera una expresión lógica.

Una característica que posee la instrucción **for** con respecto al **while**, es que realiza tres operaciones en su encabezado: ejecuta instrucciones antes de ejecutar el bloque de sentencias, evalúa la expresión lógica y ejecuta instrucciones luego de ejecutar el bloque de sentencias. Estas operaciones se reducen a: inicialización, evaluación y modificación de la variable inicializada.

A continuación se describe la sintaxis para la utilizar esta instrucción:

```
for (<inicialización>; <condición>; <modificación>)
{
<instrucciones>
}
```

Ninguna de las tres sentencias del encabezado es obligatoria, para utilizar la instrucción, podría faltar alguna como en el ejemplo siguiente:

```
using System;

class clsFor
{
  static void Main()
  {
    for (int i = 1; i < 10; )
    {
      Console.WriteLine("Ejecución n° " + i);
      ++i;
    }
  }
}
```

O no haber ninguna como en el ejemplo siguiente:

```
using System;

class clsFor
{
```

```
static void Main()
{
  for ( ; ; ) Console.WriteLine("bucle for infinito");
}
}
```

Instrucción foreach

La instrucción **foreach** es una variante de la instrucción **for**, y resulta útil cuando deseamos escribir código para recorrer todos los elementos de una colección. Su sintaxis es la siguiente:

```
foreach(<tipo> <elemento> in <colección>)
<BloqueDeInstrucciones>
```

Esta instrucción ejecuta el contenido de **BloqueDeInstrucciones** para cada elemento que compone la colección especificada.
Veamos un ejemplo de uso:

```
using System;

  class clsForEach
  {
    public static void Main(String[] args)
    {
      foreach(string arg in args)
        /* Impresión de los argumentos */
        Console.WriteLine(arg);
    }
  }
```

El lenguaje SQL

Sin discusión, el lenguaje SQL es el

estándar dentro de la gestión en

los Sistemas Gestores de Base de Datos.

Es un lenguaje correspondiente al

paradigma de programación declarativa.

No sólo es un lenguaje sencillo y robusto,

sino que resulta necesario conocerlo para

cualquier desarrollador.

INSTRUCCIONES DE SQL

El lenguaje **SQL** (**lenguaje de consulta estructurado**) es el lenguaje más utilizado en la actualidad para acceder a bases de datos relacionales. Es un lenguaje exclusivo de base de datos y se encuentra normalizado (**ANSI SQL**) para lograr un estándar en todos los sistemas gestores de bases de datos que lo utilizan.

Dentro del lenguaje **SQL** encontraremos las instrucciones para crear, actualizar y gestionar la estructura y la información de cualquier base de datos que soporte este lenguaje. Al igual que en el apéndice anterior, aquí tampoco pretendemos ser rigurosos y completos en la sintaxis y semántica del lenguaje explicado. Sólo daremos las explicaciones más básicas para que se pueda comprender el capítulo dedicado a las bases de datos, en el cual los ejemplos se encuentran en este lenguaje.

El lenguaje **SQL** no es multipropósito, como la mayoría de los lenguajes. En rigor de verdad sólo sirve para una sola cosa: administrar bases de datos. Pero lo hace maravillosamente. Este lenguaje sólo está compuesto por las denominadas consultas **SQL**. Una consulta de **SQL** es una sentencia que crearemos con los distintos comandos, cláusulas, operador y predicados que dispone el lenguaje.

Tipos de Datos en SQL

TIPO DE DATO	BYTES	DESCRIPCIÓN
bit	1 byte	0/1 - true/false - si/no
byte	1 byte	Un valor entero entre 0 y 255.
counter	4 bytes	long autoincrementable
currency	8 bytes	Un entero entre 922.337.203.685.477,5808 y 922.337.203.685.477,5807.
datetime	8 bytes	Un valor de fecha u hora entre los años 100 y 9999.
single	4 bytes	Un valor en punto flotante de precisión simple
double	8 bytes	Un valor en punto flotante de precisión doble
short	2 bytes	Un entero corto entre -32,768 y 32,767.
long	4 bytes	Un entero largo entre - 2,147,483,648 y 2,147,483,647.
longtext	variable	Hasta 1.2 GB (1 byte por caracter)
longbinary	variable	Hasta 1 GB Utilizado para objetos.
text	variable	hasta 255 caracteres (1 byte por caracter)

Tabla 1. Los tipos de datos de SQL.

Comandos

Nos encontraremos con dos tipos de comandos: los que nos permiten gestionar la estructura de la base de datos (crear las tablas, los campos y los índices) y los que nos permiten gestionar la información que contiene la base de datos. Con estos últimos generaremos las consultas para obtener, filtrar, agrupar, ordenar y administrar la información según lo necesitemos.

Lenguaje de manipulación de datos

- **SELECT:** el comando por excelencia y el que más utilizaremos. Nos permite seleccionar los registros de la o las tablas que deseemos y que cumplan con las condiciones y criterios predeterminados.
- **INSERT:** lo utilizaremos cuando necesitemos dar de alta registros en las tablas.
- **UPDATE:** nos permite modificar los valores de los campos elegidos y que cumplan con las condiciones y criterios predeterminados.
- **DELETE:** lo utilizaremos para borrar los registros de una tabla.

Lenguaje de definición de datos

- **CREATE:** nos permite crear las tablas, los campos y los índices.
- **DROP:** nos servirá para borrar las tablas y los índices.
- **ALTER**: lo utilizaremos cuando necesitemos modificar la estructura de una tabla agregando campos o modificando su definición.

Estos comandos no serán detallados, ya que escapan al propósito de este apéndice. Además la mayoría de los gestores de base de datos, contienen una interfaz visual que nos permite crear y administrar las bases de datos de manera sencilla.

Cláusulas más utilizadas

Las cláusulas nos permiten manejar las condiciones, lineamientos o criterios que deseamos aplicar a los comandos para que actúen de cierta manera o sobre un conjunto particular de datos.

- **FROM**: la utilizaremos para especificar la o las tablas que intervendrán en el comando.
- **WHERE**: nos permite determinar las condiciones y los criterios que deben cumplir los registros.
- **GROUP BY**: la utilizaremos para agrupar los registros seleccionados en grupos.
- **HAVING**: nos permite establecer la condición que deben cumplir los grupos para ser seleccionados.
- **ORDER BY**: la utilizaremos para ordenar los registros obtenidos según un campo y orden determinado.

Operadores

Como todos los lenguajes, el **SQL** también tiene operadores lógicos y de comparación de datos. Los utilizaremos dentro de la cláusula **WHERE** para establecer los criterios

Operadores lógicos más utilizados

OPERADOR	DESCRIPCIÓN
AND	Evalúa dos expresiones lógicas y devuelve verdadero si y sólo si las dos expresiones son verdaderas. Caso contrario devuelve falso.
OR	Evalúa dos expresiones lógicas y devuelve verdadero si cualquiera de las expresiones es verdadera. Caso contrario devuelve falso.
NOT	Es un operador unario (sólo actúa sobre un elemento) y devuelve el valor opuesto a la expresión.

Tabla 2. Los operadores logicos de SQL.

Operadores de comparación

OPERADOR	DESCRIPCIÓN
=	Igual que.
<>	Distinto que.
<	Menor que.
>	Mayor que.
>=	Mayor o igual que.
<=	Menor o igual que.
BETWEEN	Nos permite condicionar los registros a un intervalo específico de valores.
LIKE	Nos permite condicionar los registros a ser análogos a un modelo de dato.
IN	Condiciona los registros.

Tabla 3. Los operadores de comparación de SQL.

Funciones de agregado

Las funciones de agregado sólo pueden utilizarse en el comando **SELECT**. La siguiente tabla muestra las funciones de agregado más utilizadas en el lenguaje **SQL**.

FUNCIÓN	DESCRIPCIÓN
AVG	Devuelve el promedio de un campo en particular.
COUNT	Devuelve la cantidad de registros de la consulta.
SUM	Devuelve la suma de un campo en particular.
MIN	Devuelve el menor de los valores de un campo.
MAX	Devuelve el mayor de los valores de un campo.

Tabla 4. Las funciones de agregado de SQL.

Predicados

Los predicados los podemos aplicar sólo en el comando **SELECT**, y nos permiten utilizar criterios sobre los datos como si fuesen funciones.

PREDICADO	DESCRIPCIÓN
ALL	Devuelve todos los campos de la tabla.
TOP	Devuelve el numero especificado de registros.
DISTINCT	Devuelve sólo uno de los registros que tengan un campo coincidente seleccionado.
DISTINCTROW	Devuelve sólo uno de los registros que coincidan todos los campos.

Tabla 5. Los predicados de SQL.

ALIAS

Un alias es un nombre arbitrario que le asignamos a un campo para facilitar su descripción. Lo utilizaremos en los resultados que nos devuelven las funciones de agregado.

CONSULTAS

Las consultas las utilizaremos para obtener los datos de las tablas. Estos datos contienen una estructura denominada registro. Éste no tiene porque estar compuesto por todos los campos de la tabla.

Consultas simples

Una consulta simple nos sirve para ir viendo la sintaxis de una instrucción **SQL**.

```
SELECT campo1, campo2,... FROM tabla1, tabla2,...
```

Por comodidad de lectura, le otorgaremos a cada comando y a cada cláusula un renglón e igualaremos la indentación de los valores, esto facilitará mucho la lectura sean consultas simples o complejas.

```
SELECT campo1, campo2,...
FROM   tabla1, tabla2,...
```

En una consulta **SELECT** podemos elegir uno o más campos de una o más tablas. Veamos un ejemplo:

```
SELECT nombre, dirección, teléfono
FROM   agenda
```

Esta consulta nos devuelve todas las filas con los valores del nombre, de la dirección y del teléfono de la tabla agenda. Quizás la tabla contenga más campos, pero en la consulta sólo estamos solicitando éstos.

Consultas ordenadas

Seguramente será más cómodo obtener la información ordenada. En estos casos disponemos de la cláusula **ORDER BY** para poder ordenarlos por uno o más campos. Su sintaxis es la siguiente:

```
SELECT    campo1, campo2, ...
FROM      tabla
ORDER BY campo1, campo2, ...
```

Que llevado a nuestro ejemplo de la agenda será:

```
SELECT    nombre, dirección, teléfono
FROM      agenda
ORDER BY nombre
```

En el caso de que nuestra agenda contenga nombres iguales, podemos ordenar también por dirección:

```
SELECT    nombre, dirección, teléfono
FROM      agenda
ORDER BY nombre, dirección
```

Y si deseamos que los ordene descendentemente podemos especificarlo.

```
SELECT    nombre, dirección, teléfono
FROM      agenda
ORDER BY nombre
          DESC
```

Para ordenarlos ascendentemente se utiliza la palabra reservada **ASC**, que es el valor por defecto de la cláusula **ORDER BY**.

Consultas con predicado

Una consulta con predicado tendrá la siguiente sintaxis

```
SELECT    predicado campo1
FROM      tabla
```

ALL

Si deseamos obtener todos los campos de una tabla utilizaremos el predicado **ALL** o su análogo * (un asterisco). Como vimos en el capítulo 7, no es óptimo utilizar este predicado, porque obliga al gestor de bases de datos a leer la estructura de la tabla que estamos consultando para conocer sus campos.

```
SELECT    ALL
FROM      agenda
```

O podemos utilizar el asterisco:

```
SELECT    *
FROM      agenda
```

TOP

El predicado **TOP** nos devolverá una cantidad de registros que especificaremos en la instrucción **SQL**. En el caso de que utilicemos la cláusula **ORDER BY** nos devolverá la cantidad de registros que especificamos luego de ordenarlos. El valor que pondremos luego del predicado **TOP** debe ser un número entero y sin signo.

Si necesitamos los 10 primeros nombres y sus teléfonos de nuestra agenda haremos:

```
SELECT    TOP 10
          nombre, teléfono
FROM      agenda
ORDER BY nombre
```

Si no incorporamos la cláusula ORDER BY a la consulta, el resultado será un conjunto de 10 nombres cualesquiera. Es importante aclarar también que la cláusula TOP no distinguirá entre valores iguales. Es decir, si el campo 10 y el campo 11 tienen el mismo nombre, la consulta **SQL** nos devolverá los 11 registros y no 10 como suponíamos al realizarla.

Podemos utilizar la palabra reservada PERCENT para que la consulta nos devuelva el porcentaje de registros y no la cantidad. Si en vez de los primeros 10 nombres deseamos el 15 % del total de registros haremos:

```
SELECT    TOP 15 PERCENT
          nombre, teléfono
FROM      agenda
ORDER BY  nombre
```

DISTINCT

Este predicado nos permite evitar los registros que contienen datos duplicados en los campos establecidos en la consulta. Veamos un ejemplo:

```
SELECT    DISTINCT nombre
FROM      agenda
```

La consulta anterior nos devolverá valores únicos para el campo nombre. Si tenemos tres contactos en la agenda que tienen el mismo nombre, sólo nos traerá uno de ellos.

DISTINCTROW

Este predicado no sólo evalúa la igualdad de los campos seleccionados sino que verifica la igualdad de todo el registro. Es decir, nos devolverá los campos seleccionados para valores únicos de registros y no de campos.

```
SELECT    DISTINCTROW nombre
FROM      agenda
```

La consulta anterior seguramente nos devuelva todos los registros de la tabla, difícilmente ingresemos un contacto dos veces.

Consultas de selección

Hasta ahora sólo hemos visto cómo obtener todos los registros de una tabla, veamos ahora las posibilidades que tenemos para que las instrucciones nos devuelvan los registros que cumplen con ciertos criterios.

Para esto, sólo será necesario redactar la instrucción SQL con el agregado del uso de los operadores de comparación.

```
SELECT  campo1, campo2, ...
FROM    tabla
WHERE   condicion
```

Uso de los operadores de comparación

Nos permite obtener los registros en los que uno o varios de los campos cumplen la condición de comparación que le especificamos.

```
SELECT  dirección, teléfono
FROM    agenda
WHERE   nombre = 'Juan'
```

Este operador es sensible a minúsculas y mayúsculas, o sea que no considera 'Juan' igual a 'juan' o a 'JUAN'.
Veamos otro ejemplo con una fecha:

```
SELECT  dirección, teléfono
FROM    agenda
WHERE   nacimiento>#04-18-1979#
```

En la consulta anterior debemos remarcar tres puntos importantes.
- Los valores de fecha siempre deben ir encerrados entre almohadillas (#).
- El separador debe ser un guión. Existen algunos **dialectos** del SQL que permiten la barra (/), pero no son todos.
- La notación que debemos utilizar es **MM-DD-AAAA** y no **DD-MM-AAAA**, aunque en este caso también existen algunos gestores de bases de datos que lo permiten.

Y por último con un número:

```
SELECT  nombre, dirección, teléfono
FROM    agenda
WHERE   edad<30
```

Difícilmente tengamos en una tabla el campo edad, por lo tanto, sólo utilizaremos este campo para fines didácticos.
De los tres ejemplos, en el primero hemos visto que a los valores alfanuméricos o tratados como cadenas de caracteres lo encerramos entre comillas simples ('), en el

segundo la fecha la encerramos entre almohadillas (#) y a los valores numéricos no los encerramos con ningún caracter.

El operador **BETWEEN** nos facilita la búsqueda cuando necesitamos obtener de la base de datos campos comprendidos dentro de un rango específico.

```
SELECT  dirección, teléfono
FROM    agenda
WHERE   edad BETWEEN 20 AND 30
```

Con esta consulta obtenemos de la base de datos los campos dirección y teléfono de aquellas personas que tienen entre 20 y 30 años ambos valores inclusive. También podemos anteponer el operador lógico NOT delante del operador BETWEEN y obtendremos sólo los registros que están fuera del intervalo especificado, es decir, los menores de 20 años y los mayores de 30 años.

```
SELECT  dirección, teléfono
FROM    agenda
WHERE   edad NOT (BETWEEN 20 AND 30)
```

El operador **LIKE** lo utilizaremos cuando necesitemos realizar comparaciones entre un campo alfanumérico y un modelo o máscara que debe cumplir el campo para ser seleccionado por la consulta. La utilidad de este operador radica en la posibilidad de utilizar caracteres comodín para modelar los datos que deseamos sean seleccionados por la instrucción.

Con el uso de estos caracteres comodín (solos o combinados) logramos formar el modelo o máscara para filtrar los datos que deseamos obtener de la base de datos. Es muy util cuando, por ejemplo se necesita realizar una busqueda de todos los registros que en un campo x comiencen con cierto criterio.

TIPO DE FILTRO	MÁSCARA
Varios caracteres	%
Un único caracter	?
Un único dígito	#
Rango de caracteres o dígitos	[caracter inicial – caracter final]
Fuera de un rango de caracteres o dígitos	[caracter inicial – caracter final]

Tabla 6. Caracteres comodin en SQL.

En el siguiente ejemplo recuperaremos de la base de datos todos nuestros contactos que comiencen con el caracter **A**.

```
SELECT  nombre, dirección, teléfono
FROM    agenda
WHERE   nombre LIKE 'A%'
```

Podemos recuperar nombres como Ariel, Ana o Alberto. En el ejemplo anterior se utilizó el caracter comodín que establece el ANSI **SQL**, aunque existen dialectos, como la herramienta **MS SQL Server** o **MS ACCESS**, que aceptan el asterisco. Aquellos que se llaman Alejandro o Alejandra.

```
SELECT  nombre, dirección, teléfono
FROM    agenda
WHERE   nombre LIKE 'Alejandr?'
```

O aquellos que tiene entre 20 y 29 años usando el operador **LIKE** y no el **BETWEEN**.

```
SELECT  nombre, dirección, teléfono
FROM    agenda
WHERE   edad LIKE '2#'
```

Podemos recuperar los nombres desde la **A** hasta la **M**.

```
SELECT  nombre, dirección, teléfono
FROM    agenda
WHERE   nombre LIKE '[A-M]%'
```

Tal vez nos interese aquellos contactos que no empiecen con los caracteres **H**, **I** o **J**.

```
SELECT  nombre, dirección, teléfono
FROM    agenda
WHERE   nombre LIKE '![H-J]%'
```

El operador **IN** nos ofrece filtrar los registros de acuerdo con una lista de valores. Esta lista de valores podemos escribirla literalmente o podemos obtenerla con otra consulta, denominada subconsulta.
Si deseamos obtener todos nuestros amigos y compañeros laborales, podemos utilizar el operador **IN** de la siguiente manera.

```
SELECT nombre, dirección, teléfono
FROM    agenda
WHERE   tipo_contacto
        IN ('Amistad','Laboral')
```

O, como mencionamos, obtener la lista de valores de otra consulta.

```
SELECT nombre, dirección, teléfono
FROM    agenda
WHERE   tipo_contacto
        IN
        (
        SELECT  tipo_contacto
        FROM    otra_agenda
        )
```

Esta instrucción primero obtiene todos los tipos de contacto de otra agenda y luego selecciona de la agenda principal aquellos contactos que coinciden con los tipos de contacto de la segunda.

Uso de operadores lógicos

Estos operadores nos permiten crear consultas más complejas o refinadas, cuando la búsqueda debe realizarse filtrando dos o más campos.

Por ejemplo, si deseamos obtener de nuestra agenda todos nuestros amigos que se llamen Juan, escribiremos lo siguiente.

```
SELECT nombre, dirección, teléfono
FROM    agenda
WHERE   nombre = 'Juan'
        AND
        tipo_contacto = 'Amistad'
```

O aquellos que se llamen Juan y sean amigos o compañeros de estudio.

```
SELECT nombre, dirección, teléfono
FROM    agenda
WHERE   nombre = 'Juan'
```

```
        AND
        tipo_contacto = 'Amistad'
        OR
        tipo_contacto = 'Estudio'
```

Por último, podemos necesitar todos los contactos menos los laborales.

```
SELECT nombre, dirección, teléfono
FROM   agenda
WHERE  NOT
        tipo_contacto = 'Laboral'
```

Uso de funciones

Las funciones nos sirven para obtener datos de los datos. Nos ayudan a realizar operaciones que de otro modo serían muy laboriosas.

Si una tarde estamos muy aburridos y deseamos averiguar el promedio de edad de nuestros contactos, para saber si nos vamos volviendo viejos, escribiremos la siguiente consulta de ejemplo.

```
SELECT AVG(edad)
FROM   agenda
```

La instrucción anterior realiza el promedio de todas las edades y nos devuelve, al igual que todas las demás funciones, un registro con una columna y una fila que contiene el resultado de la función.

Si deseamos saber cuántos contactos tenemos ingresados en nuestra base de datos, entonces, escribiremos lo siguiente.

```
SELECT COUNT(*)
FROM   agenda
```

Si llevamos un registro de los llamados que nos hizo cada contacto, podremos sumarlos como en el siguiente ejemplo.

```
SELECT SUM(llamados_recibidos)
FROM   agenda
```

La instrucción anterior, toma uno a uno de todos los registros, el campo llamados_recibidos (que debe ser numérico) y va sumando su contenido.
También podemos buscar la menor cantidad de llamados recibidos.

```
SELECT  MIN(llamados_recibidos)
FROM    agenda
```

Y quién o quiénes son los que nos llaman siempre...

```
SELECT nombre
FROM    agenda
WHERE   llamados_recibidos IN
        (
        SELECT MAX(llamados_recibidos)
        FROM    agenda
        )
```

En la instrucción anterior la función MAX busca el mayor valor del campo llamados_recibidos de todos los registros, y con el valor devuelto, obtenemos los contactos que realizaron esa cantidad de llamados.
Las funciones MIN y MAX pueden devolver más de un registro, esto sucede cuando el valor mínimo o máximo no es único en un registro. Por ejemplo si tres contactos nos llamaron una vez y este resulta ser el valor mínimo, la función MIN devolverá tres registros.

Alias

En ciertas ocasiones puede resultar necesario establecer el nombre a un campo de una instrucción SQL, para obtener más claridad o para reconocer la información devuelta.

```
SELECT nombre AS 'Amigos',
        dirección, teléfono
FROM    agenda
WHERE   tipo_contacto='Amistad'
```

La anterior instrucción apenas nos ayuda con la claridad, pero veamos dónde sí sería realmente necesaria su utilización.

```
SELECT  COUNT(nombre) AS 'Cantidad de amigos'
FROM    agenda
WHERE   tipo_contacto='Amistad'
```

O tal vez en esta otra:

```
SELECT  nombre AS "Amigo más viejo"
FROM    agenda
WHERE   edad IN
        (
        SELECT MAX(edad)
        FROM    agenda
        )
```

El alias es necesario porque los intérpretes de **SQL** denominan con nombres ambiguos a las columnas devueltas por las funciones. En unos casos la llaman **EXPR1** o **EXPR1000**, y en otros las llaman **UNNAMED1** (Sin nombre).

Grupos de registros

En algunos casos será necesario agrupar los resultados de las sentencias, sobre todo en los casos que se desea elaborar una estadística con la información.

Uso de la cláusula GROUP BY

Esta cláusula nos permite agrupar los registros que contienen valores idénticos en los mismos campos. Para poder utilizar esta cláusula necesitaremos como mínimo una función en la sentencia.

Veamos un ejemplo. Si deseamos conocer cuántos contactos tenemos, pero agrupados por tipo de contacto, escribiremos la siguiente consulta:

```
SELECT   tipo_contacto,
         COUNT(nombre)
FROM     agenda
GROUP BY tipo_contacto
```

Esta consulta nos devolverá dos columnas, la primera indicará el tipo de contacto (amistad, laboral, estudio, etc.) y la segunda, la cantidad (**COUNT**) de contactos que tenemos de ese tipo.

Uso de la cláusula HAVING

La cláusula **Having** se utiliza en conjunto con la cláusula **GROUP BY**. La utilizamos para filtrar los grupos armados según el criterio utilizado.

```
SELECT    tipo_contacto,
          COUNT(nombre)
FROM      agenda
GROUP BY  tipo_contacto
HAVING    COUNT(nombre)>10
```

En este caso obtendremos solamente aquellos grupos de tipo de contacto que superen los diez contactos en la tabla.

Consultas de acción

Las consultas de acción las utilizamos para dar altas, bajas y modificaciones dentro de una tabla. Debemos ser minuciosos con las instrucciones que efectúan acciones, ya que por lo general los intérpretes de **SQL** no muestran resultado o pre-avisos sobre los registros que están involucrados en la acción.

Uso del comando DELETE

Este comando lo utilizaremos para eliminar registros de una tabla especificada y que cumplan ciertos criterios. Su sintaxis es la siguiente:

```
DELETE *
FROM    tabla1,tabla2,...
WHERE   criterios
```

Por ejemplo, si deseamos borrar todos los contactos laborales porque ganamos la lotería, escribiremos la siguiente consulta:

```
DELETE *
FROM    agenda
WHERE   tipo_contacto='Laboral'
```

Este comando sólo nos permite eliminar registros completos, y no campos individuales. Tal como se muestra en el ejemplo su uso puede combinarse con el de los operadores de comparacion y los operadores logicos.

Uso del comando INSERT INTO

Lo utilizaremos para dar altas en las tablas. Podremos dar de alta uno o más registros y su sintaxis para agregar un registro es la siguiente:

```
INSERT INTO tabla
          (
          campo1,
          campo2,
          ...
          )
VALUES    (
          valor_campo1,
          valor_campo2,
          ...
      )
```

El registro agregado contendrá en el campo1 el valor especificado en valor_campo1, en campo2, el valor de valor_campo2, etc.

Entonces, para agregar un nuevo contacto en nuestra agenda, escribiremos la siguiente sentencia de ejemplo.

```
INSERT INTO agenda
          (
          nombre,
          tipo_contacto,
          edad,
          nacimiento,
          )
VALUES    (
          'Dante',
          'Laboral',
          27,
          #04-18-1979#
      )
```

También podemos insertar uno o más registros de otra tabla, en este caso la sintaxis es algo diferente, como en el ejemplo siguiente, en el cual se inserta un registro en una tabla, tomando como valores para los campos "campo1" y "campo2", los datos contenidos otra tabla.

```
INSERT INTO tabla_destino
            (
             campo1,
             campo2,
             ...
            )

SELECT      campo3,
            campo4,
            ...
FROM        tabla_origen
WHERE     criterios
```

En este caso buscamos en otra tabla los campos o los registros que deseamos dar de alta. La única condición a cumplir es que los campos de la tabla origen sean del mismo tipo de dato que los campos de la tabla destino.

De igual manera es posible hacer uso de los operadores lógicos o los operadores de comparación para realizar la selección de los registros que finalmente serán insertados en la tabla de destino.

```
INSERT INTO agenda
            (
             nombre,
             tipo_contacto,
             edad,
             nacimiento,
            )

SELECT      el_nombre,
            tipo_de_contacto,
            la_edad.
            Fecha_nacimiento,
FROM        una_agenda_prestada
WHERE       tipo_de_contacto = 'Laboral'
```

Este ejemplo nos muestra claramente que no es necesario que los campos se llamen igual. Tampoco es necesario, que posean la misma estructura u orden de los campos. Pero si la estructura de la tabla origen es idéntica a la tabla destino (mismo orden, tipo de datos y nombre de las columnas), entonces la consulta es mucho más sencilla.

```
INSERT INTO tabla_destino
SELECT      *
FROM        tabla_origen
```

Uso del comando UPDATE

Con este comando realizamos las modificaciones sobre los valores de los campos, al igual que el comando DELETE sólo actúa sobre los registros que cumplen cierto criterio. Su sintaxis es:

```
UPDATE tabla
SET    campo1=nuevo_valor
       campo2=nuevo_valor
       ...
WHERE  criterios
```

Este comando es realmente necesario cuando necesitamos modificar el valor de varios registros.

En el caso de que deseemos actualizar el tipo de contacto en varios registros de nuestra agenda, porque nos llevamos muy bien con nuestros compañeros de trabajo, utilizaremos la siguiente instrucción.

```
UPDATE agenda
SET    tipo_contacto='Amistad'
WHERE  tipo_contacto='Laboral'
```

El ejemplo citado no es más que una pequeña variante que podemos realizar del comando UPDATE.

Este comando no sólo nos sirve para realizar modificaciones simples a campos individuales, sino que es realmente útil cuando nos vemos en la necesidad de modificar los valores de **una gran cantidad de campos y registros simultáneamente**, o cuando los registros que deseamos modificar se encuentran en diversas tablas.

Veamos un ejemplo más complejo. Si quisiéramos dar un aumento a los empleados de nuestra empresa que superan los diez años de antigüedad con un porcentaje igual a la antigüedad, y además regalarles una semana de vacaciones ejecutaríamos la siguiente sentencia:

```
UPDATE salarios
```

```
SET     sueldo = sueldo * ( 1 + antiguedad / 100 )
        dias_vacaciones = dias_vacaciones + 7
WHERE   antigüedad > 10
```

Es importante que destaquemos que el comando UPDATE no nos genera ningún resultado previo o posterior a la actualización.

Al igual que los comandos INSERT, INSERT INTO y DELETE, para averiguar sobre qué registros estamos actuando, deberíamos ejecutar una consulta SELECT con el mismo criterio de filtro con el que luego ejecutaremos los comandos de acción. Para nuestro ejemplo sería simplemente:

```
SELECT *
FROM    salarios
WHERE   antigüedad > 10
```

Documentación en C#

Ya vimos en el segundo capítulo,

lo útil que resultan los comentarios

que detallan los procesos de nuestro

código fuente, sin importar el tamaño

del proyecto que estamos llevando a cabo.

El compilador de C# y el entorno

de desarrollo Visual Studio .Net nos

facilitan la tarea para la documentación

de nuestro código en el desarrollo actual

y en futuras implementaciones.

INTRODUCCIÓN

El paradigma de programación orientada a objetos y el uso cotidiano de clases nos ayuda mucho a agilizar el proceso de desarrollo, porque acelera notablemente el acceso a los tipos de datos, métodos y propiedades que conforman nuestro querido **IntelliSense** de **Microsoft**.

La documentación que nos viene facilitando desde la versión del siglo pasado con esta tecnología, nos permite mediante un punto, un espacio o la apertura de un paréntesis una lista de opciones disponibles. El detalle de información que posee esta documentación la envidia hasta el programador más minucioso. Incluyendo desde la descripción del elemento del funcionamiento, cantidad y tipo de datos de los parámetros hasta el tipo de dato que devuelve, y mucho más también.

Cuando desarrollamos clases y métodos sabemos que, aunque nos moleste, debemos documentar los tipos de datos que reciben, los que devuelven y los procesos que realizan. Ya hemos visto cómo esta tarea nos facilita el trabajo de tener que recordar el tipo de dato que recibe o de tener que revisar el método o la clase para saberlo.

Esta tarea se la podremos dejar con absoluta confianza al compilador de **C#**. La generará automáticamente de acuerdo con **unos comentarios especiales** que coloquemos dentro del código fuente. Estos comentarios le permiten al compilador generar la documentación en formato **XML**. Las razones por la cual puede interesarnos esta documentación son varias: nos ahorra llevar una documentación paralela en desarrollos medianos y grandes; a un usuario que desconozca la programación o el lenguaje **C#** le resultará más cómodo leer un archivo **XML** que un fragmento de código y nos agiliza notablemente la codificación ya que el sistema **IntelliSense** de **Visual Studio .Net** lo utiliza para mostrarnos las descripciones (el **tool tip text**) de los tipos de datos o cualquier información que hayamos creado mientras estamos codificando.

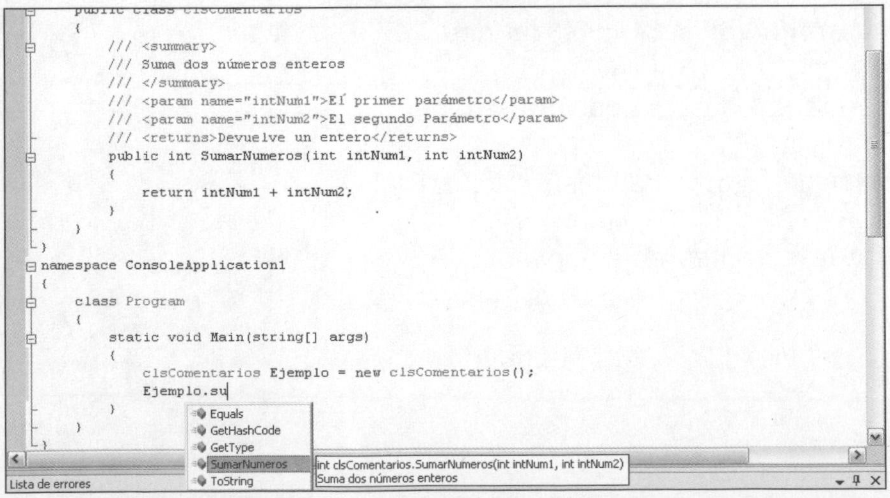

```
public class clsComentarios
{
    /// <summary>
    /// Suma dos números enteros
    /// </summary>
    /// <param name="intNum1">El primer parámetro</param>
    /// <param name="intNum2">El segundo Parámetro</param>
    /// <returns>Devuelve un entero</returns>
    public int SumarNumeros(int intNum1, int intNum2)
    {
        return intNum1 + intNum2;
    }
}
namespace ConsoleApplication1
{
    class Program
    {
        static void Main(string[] args)
        {
            clsComentarios Ejemplo = new clsComentarios();
            Ejemplo.su
        }
    }
}
```

```
   Equals
   GetHashCode
   GetType
   SumarNumeros      int clsComentarios.SumarNumeros(int intNum1, int intNum2)
   ToString          Suma dos números enteros
```

Lista de errores

Figura 1. La tecnología **Intellisense** de **Visual Studio .Net** utiliza nuestros propios comentarios.

El lenguaje XML

Antes de continuar deberemos hacer un pequeño repaso al lenguaje **XML**. Porque los comentarios que aceptará el compilador para autodocumentar deberán estar escritos en este lenguaje.

Las siglas **XML** significan **eXtensible Markup Language** (lenguaje para marcado extensible o generalizado). Fue creado por el **W3C** (*World Wide Web consortium*) y es un estándar libre y abierto.

Este lenguaje es un lenguaje de etiquetado (similar al lenguaje **HTML**) y nos permite estructurar información en cualquier fichero que contenga texto. Debido a su misión de estructurar es un lenguaje que creará meta datos, es decir, nos aporta información de los datos sobre los que actúa.

La estructura que utiliza este lenguaje es la siguiente:

```
<etiqueta> dato </etiqueta>
```

Como vemos resulta ser una estructura muy simple de realizar. La etiqueta tiene como comienzo el nombre que le demos entre los símbolos < y >, luego debemos darle un cierre a la etiqueta haciendo coincidir el nombre pero agregando el símbolo / dentro de la etiqueta de la cierre.

Estas etiquetas no sólo se pueden anidar, sino que ése es uno de sus grandes beneficios. La anidación de las etiquetas puede realizarse de la siguiente forma:

```
<etiqueta1><etiqueta2> dato </etiqueta2></etiqueta1>
```

Aquí vemos como cada etiqueta anidada debe encontrar su cierre antes de encontrar el cierre de la etiqueta exterior. Por lo que no sería correcto realizar la escritura de la forma siguiente:

```
<etiqueta1><etiqueta2> dato </etiqueta1></etiqueta2>
```

Veamos un ejemplo de uso en un menú de una confitería:

```
<?xml version='1.0'?>

<menu>
  <desayuno>
    <infusion>cafe con leche</infusion>
```

```
      <galletitas>chocolate</galletitas>
      <torta>limon</torta>
   </desayuno>
   <merienda>
      <infusion>te con leche</infusion>
      <galletitas>vainilla</galletitas>
      <torta>frutilla</torta>
   </merienda>
</menu>
```

El lenguaje **XML** es *case sensitive*, por lo que deberemos respetar las minúsculas y las mayúsculas, no será lo mismo escribir la etiqueta **\<torta>** que **\<Torta>** o **\<TORTA>**, así que es conveniente escribir siempre los nombres de etiquetas en minúsculas para evitar estos errores de capitalización.
Podemos agregar atributos a las etiquetas creadas de la siguiente forma:

```
<etiqueta atributo="valor">dato</etiqueta>
```

Veamos cómo implementarlo en el ejemplo anteriormente visto.

```
<?xml version='1.0'?>

<menu>
   <desayuno clase="imperial">
      <infusion>cafe con leche</infusion>
      <galletitas>chocolate</galletitas>
      <torta>limon</torta>
   </desayuno>
   <merienda clase="continental">
      <infusion>te con leche</infusion>
      <galletitas>vainilla</galletitas>
      <torta>frutilla</torta>
   </merienda>
</menu>
```

También podremos crear etiquetas que no necesitan de una segunda para su cierre. Estas etiquetas sólo indican atributos y no es necesario que encierren ningún dato dentro de ellas. Un ejemplo de esto es el seguiente.

```
<etiqueta atributo="valor"/>
```

Podemos aplicarlo también a nuestro ejemplo del menú.

```
<?xml version='1.0'?>

<menu>
  <desayuno clase="imperial">
    <infusion>cafe con leche</infusion>
    <galletitas>chocolate</galletitas>
    <torta>limon</torta>
    <personas cantidad="dos"/>
  </desayuno>
  <merienda clase="continental">
    <infusion>te con leche</infusion>
    <galletitas>vainilla</galletitas>
    <torta>frutilla</torta>
    <personas cantidad="cuatro"/>
  </merienda>
</menu>
```

Un último detalle que debemos tener en cuenta, es que los archivos de texto en lenguaje **XML** están escritos en caracteres **unicode** (aunque puede utilizarse otro alfabeto), y aquellos caracteres que tienen un significado dentro del lenguaje deben ser especificados mediante secuencias de escape. Estas secuencias tienen la siguiente forma: **&#códigounicode**.

CARÁCTER	SECUENCIA DE ESCAPE
<	&#60
/	&#47
>	&#62
"	&#34
&	&#38

Tabla 1. Las secuencias de escape nos permiten utilizar
los símbolos que tienen un significado dentro del lenguaje *XML*.

Si comparamos al lenguaje **XML** con otras tecnologías para crear documentos con formato, el lenguaje **XML** corre con la ventaja de poseer una organización más clara del documento creado. Como podemos **leer** la estructura del **XML** en un documento, conseguiremos extraer información de forma automática, para exportar datos a un archivo externo o para crear una base de datos de documentación.

COMENTARIOS XML EN C#

Como mencionamos los comentarios que escribamos para que el compilador de **C#** los utilice para crear el archivo **XML**, son comentarios especiales. La sintaxis que debemos seguir para que sean reconocidos es la siguiente.

```
///etiquetas de xml
```

Vemos que son comentarios de una sola línea (**//**) y que comienzan con el carácter **/**, éste es el símbolo por el cual serán reconocidos.

Los comentarios **XML** siempre los ubicaremos inmediatamente antes del miembro que estamos definiendo y que creamos conveniente documentar. Podremos escribir las etiquetas que deseemos tengan o no sentido o lógica, porque la única tarea que realiza el compilador es volcarlas dentro de un archivo **XML** tal cual las hemos escrito sin procesar su significado. De todos modos el entorno de **Visual Studio .Net** (o el compilador **csc.exe**) comprobará que los comentarios estén correctamente escritos.

Cómo generar el archivo de doumentación

Para obtener el archivo **XML** que contendrá toda nuestra documentación tenemos dos opciones:

Compilación por línea de comandos

Si queremos generar la documentación por línea de comandos tendremos que ejecutar el compilador de **C#**, pasándole como parámetro el texto **/doc:<archivo.xml>**. En archivo.xml le indicaremos el nombre del archivo **XML** que deseamos generar con los comentarios del código fuente. Entonces, si deseamos compilar el archivo de código fuente **codigo.cs** generando el archivo **XML** llamado **documentación.xml** escribiremos lo siguiente:

```
Csc codigo.cs /doc:documentación.xml
```

Compilación con Visual Studio .Net

En Visual Studio .Net seguiremos los siguientes pasos:

■ Generación de documentación con VS .Net

1 Primero, haga un clic sobre su solución en el cuadro **Explorador de soluciones**.

2 Luego, diríjase al menú **Ver**, y allí seleccione el submenú de **Páginas de propie-dades**.

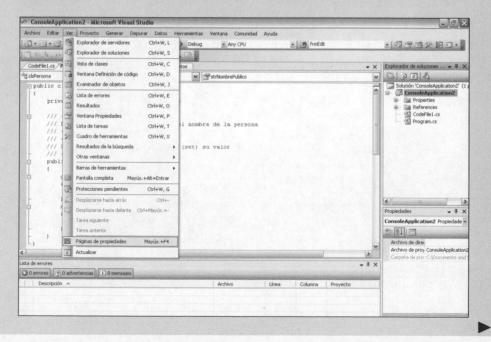

▶

3 Una vez abierto el formulario de las propiedades busque la pestaña **Generar**.

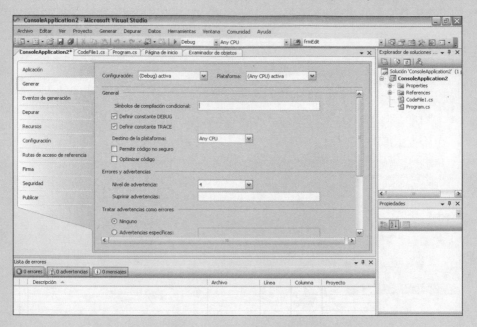

4 Marque la casilla de verificación **Archivo de documentación XML** y coloque el nombre del archivo y el directorio en donde lo desee.

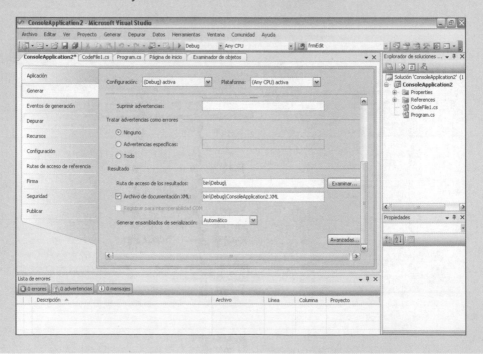

Etiquetas recomendadas en la documentación XML

En los comentarios **XML** podremos colocar las etiquetas que nos parezcan necesarias y agregar cualquier información que creamos conveniente. De todos modos sugerimos seguir la recomendación de Microsoft con respecto a qué etiquetas utilizar. Estas etiquetas nos permiten ingresar datos comúnmente utilizados en la documentación y con significados concretos.

Etiqueta <summary>

La etiqueta **<summary>** la utilizaremos para realizar la descripción del tipo de dato, del miembro de una clase o de cualquier elemento del código fuente al que esté precediendo. Y se utilizará como fuente de información en el **IntelliSense** de **Visual Studio .Net**.

```
using System;
namespace ComentariosXML
{
    /// <summary>
    ///     Clase de ejemplo para comentarios
    /// </summary>
    public class clsComentariosXML
    {
        /// <summary>
        ///     Método que suma dos números enteros
        /// </summary>
        public int SumarNumeros(int intNum1, int intNum2)
        {
            return intNum1 + intNum2;
        }
    }
}
```

Etiqueta <remarks>

La etiqueta **<remarks>** nos permite dar mayores detalles sobre el elemento que describimos con la etiqueta **<summary>**.

```
using System;
namespace ComentariosXML
{
    /// <summary>
```

```
///    Clase de ejemplo para comentarios
/// </summary>
public class clsComentariosXML
{
  /// <summary>
  ///    Método que suma dos números enteros
  /// </summary>
  /// <remarks>
  ///    Este método recibe dos
  ///    parámetros de tipo int y
  ///    devuelve su suma
  ///    también de tipo int
  /// </remarks>
  public int SumarNumeros(int intNum1, int intNum2)
  {
    return intNum1 + intNum2;
  }
}
}
```

Esta información será visualizada en el examinador de objetos de **Visual Studio .Net**.

Figura 2. La etiqueta *<remarks>* nos ofrece la posibilidad
de agregar información detallada a nuestra documentación **XML**.

Etiqueta<see>

La etiqueta **<see>** la podemos utilizar para crear referencias (hipervínculos) hacia otros elementos de documentación de **Visual Studio .Net** o generados por nosotros mismos. Es una etiqueta que sólo contiene el atributo **cref**, para referenciar la documentación. El compilador verificará la existencia de la referencia.

```
using System;
namespace ComentariosXML
{
  /// <summary>
  ///    Clase de ejemplo para comentarios
  /// </summary>
  public class clsComentariosXML
  {
    /// <summary>
    ///    Método que suma dos números enteros
    ///    para mayor información sobre el tipo int
    ///    consultar documentación
    ///    <see cref="System.Int32"/>
    /// </summary>
    /// <remarks>
    ///    Este método recibe dos
    ///    parámetros de tipo int y
    ///    devuelve su suma
    ///    también de tipo int
    /// </remarks>
    public int SumarNumeros(int intNum1, int intNum2)
    {
      return intNum1 + intNum2;
    }
  }
}
```

Etiqueta<seealso>

Esta etiqueta cumple una función análoga a la anterior. La utilizaremos para referenciar documentación relativa al elemento comentado. Al igual que la etiqueta **<see>** sólo contiene el atributo **cref** y el compilador verificará la existencia de la documentación referenciada para realizar el vinculo.

Escribiremos, a continuación, un ejemplo de la utilización de la etiqueta **<seealso>** para clarificar su funcionalidad.

```
using System;
namespace ComentariosXML
{
    /// <summary>
    ///    Clase de ejemplo para comentarios
    /// </summary>
    public class clsComentariosXML
    {
        /// <summary>
        ///    Método que suma dos números enteros
        ///    para mayor información sobre el tipo int
        ///    consultar documentación
        ///       <see cref="System.Int32"/>
        ///    si se desea visualizar por pantalla
        ///    consultar la siguiente documentación
        ///       <seealso cref="System.Console"/>
        /// </summary>
        /// <remarks>
        ///    Este método recibe dos
        ///    parametros de tipo int y
        ///    devuelve su suma
        ///    también de tipo int
        /// </remarks>
        public int SumarNumeros(int intNum1, int intNum2)
        {
            return intNum1 + intNum2;
        }
    }
}
```

Etiqueta <permission>

Esta etiqueta la utilizaremos para indicar qué permiso debe tener el elemento o quien accede para poder ejecutarse. Entre las etiquetas colocamos una descripción y en su atributo **cref** podremos colocar la documentación referente al permiso.

```
using System;
namespace ComentariosXML
{
    public class clsComentariosXML
```

```
{
    /// <permission cref="System.Security.Permission">
    ///    No se necesitan privilegios
    ///    para ejecutar este método
    /// </permission>
    public int SumarNumeros(int intNum1, int intNum2)
    {
        return intNum1 + intNum2;
    }
  }
}
```

Etiqueta <param>

La etiqueta **<param>** la podremos utilizar para realizar el comentario en la declaración de un método, describiendo sus parámetros. El texto que coloquemos se utilizará para mostrarse en el texto de **IntelliSense** y en el examinador de objetos.

```
using System;
namespace ComentariosXML
{
  public class clsComentariosXML
  {
    /// <param name="intNum1">
    ///    El primer parámetro, tipo entero
    /// </param>
    /// <param name="intNum2">
    ///    El segundo Parámetro, tipo entero
    /// </param>
    public int SumarNumeros(int intNum1, int intNum2)
    {
        return intNum1 + intNum2;
    }
  }
}
```

Etiqueta <paramref>

Esta etiqueta nos permite crear una referencia a uno o varios de los parámetros. No posee contenido o datos y sólo debemos indicarle en su atributo **name** el parámetro al cual corresponde la referencia.

```
using System;
namespace ComentariosXML

{

  public class clsComentariosXML
  {
    /// <summary>
    ///    Método que suma dos números enteros
    ///    El parámetro
    ///<paramref name="intNum1"/>
    ///    corresponde a un entero de 32 bits
    /// </summary>

    public int SumarNumeros(int intNum1, int intNum2)
    {
      return intNum1 + intNum2;
    }
  }
}
```

Etiqueta <value>

La etiqueta **<value>** nos permite describir una propiedad, el significado de su valor, y las posibilidades que tenemos sobre ella.

```
public class clsPersona
{
  private string strNombre="Sin Nombre";

  /// <summary>
  ///    La propiedad strNombrePublico
  ///    es el nombre de la persona
  /// </summary>
  /// <value>
  ///    Se puede obtener(get)
  ///    y modificar (set) su valor
  /// </value>

  public string strNombrePublico
  {
```

```
      get
      {
         return strNombre;
      }
      set
      {
         strNombre = value;
      }
    }
}


public class clsInicial
{
   static void Main()
   {
      clsPersona YO = new clsPersona();
      Console.WriteLine(YO.strNombrePublico);
   }
}
```

Etiqueta <exception>

La etiqueta **<exception>** nos permite referenciar desde el entorno de visual Studio .Net una excepción disponible, desde su atributo **cref**. El compilador comprobará si hemos referenciado una excepción existente.

```
public class clsExcpecion : System.Exception
{
   /// Código de excepción
}


/// <exception cref="System.Exception">
///    una excepción
/// </exception>
class cls
{
   static void Main()
   {
      try
      {
```

```
      ///código a intentar
   }

   catch (clsExcepcion)
   {
      ///código correctivo
   }
  }
}
```

Etiquetas <example> y <code>

La etiqueta **<example>** nos permite definir un ejemplo del uso de un método o de cualquier elemento contenido dentro de una biblioteca de clases.

La etiqueta **<code>** acompañará a la etiqueta **<example>** encerrando el código de ejemplo.

```
using System;
public class clsComentarioXML
{
  /// <summary>
  ///    Un método que imprime Hola en pantalla
  /// </summary>
  /// <example>
  ///    Este ejemplo de código indica como
  ///    llamar al método ImprimirHola
  ///    <code>
  ///       ...
  ///       ImprimirHola();
  ///       ...
  ///    </code>
  /// </example>

  public static void ImprimirHola()
  {
    Console.WriteLine("Hola");
  }

  static void Main()
  {
```

```
    ImprimirHola();
  }
}
```

Etiqueta <c>

La etiqueta **<c>** nos permite diferenciar dentro de un texto aquello que debe remarcarse como una palabra contenida dentro de una porción de código.

```
using System;
public class clsComentarioXML
{
  /// <summary>
  ///   Un método que imprime Hola en pantalla
  /// </summary>
  /// <example>
  ///   Este ejemplo de código indica como
  ///   llamar al método
  ///   <c>ImprimirHola</c>
  ///   <code>
  ///     ...
  ///     ImprimirHola();
  ///     ...
  ///     </code>
  /// </example>

  public static void ImprimirHola()
  {
    Console.WriteLine("Hola");
  }

  static void Main()
  {
    ImprimirHola();
  }
}
```

Etiqueta <returns>

La etiqueta **<returns>** podemos utilizarla cuando comentamos un método, indicando o explicando los valores que devuelve.

```
using System;

namespace ComentariosXML

{  public class clsComentariosXML
   {
      /// <summary>
      ///    Método que suma dos números enteros
      /// </summary>
      /// <returns>
      ///    Devuelve un entero
      ///    Suma de los parámetros
      /// </returns>

      public int SumarNumeros(int intNum1, int intNum2)
      {
         return intNum1 + intNum2;
      }
   }
}
```

Etiqueta <para>

La etiqueta **<para>** sólo podremos utilizarla anidada dentro de las etiquetas **<summary>**, **<remarks>** o **<returns>**. La única utilidad que posee es formatear el texto en parágrafos.

```
using System;

namespace ComentariosXML
{
   /// <summary>
   ///    Clase de ejmplo para comentarios
   /// </summary>
   public class clsComentariosXML
   {
      /// <summary>
      ///    Método que suma dos números enteros
      /// </summary>
      /// <remarks>
```

```
///    <para>
///       Este método recibe dos parámetros
///       de tipo int y
///       devuelve su suma
///       también de tipo int
///    </para>
///    <para>
///       no contiene
///       el operador checked
///    </para>
/// </remarks>

public int SumarNumeros(int intNum1, int intNum2)
{
   return intNum1 + intNum2;
}
}
}
```

Etiqueta <list>

La etiqueta **<list>** la utilizaremos para incluir tablas y listas dentro del contenido de otras etiquetas.

Cuando utilicemos esta etiqueta deberemos incluir también un atributo que especifique el tipo de lista que crearemos.

• **bullet:** indicaremos que se trata de una lista no numerada.

• **number:** indicaremos que se trata de una lista numerada.

• **table:** indicaremos que se trata de una tabla.

Veremos que las etiquetas y contenido que incluyamos junto con la etiqueta **<list>** dependerán del tipo de lista que hayamos elegido.

Si elegimos numerada o no numerada su contenido será una etiqueta **<item>** por cada elemento de la lista, y cada etiqueta de este tipo contendrá una etiqueta **<description>** con el texto correspondiente a cada elemento.

```
using System;

namespace ComentariosXML
{
   public class clsComentariosXML
   {
```

```
    /// <remarks>
    ///     <list type="bullet">
    ///        <item>
    ///           <description>
    ///              un item
    ///           </description>
    ///        </item>
    ///        <item>
    ///           <description>
    ///              otro item
    ///           </description>
    ///        </item>
    ///     </list>
    /// </remarks>

    public int SumarNumeros(int intNum1, int intNum2)
    {
       return intNum1 + intNum2;
    }
  }
}
```

Si elegimos una tabla, el contenido que coloquemos será análogo a las listas anteriores, pero por cada fila incluiremos una etiqueta **<item>** y dentro de esta etiqueta incluiremos la etiqueta **<description>** por cada columna de la fila. Podremos incluir también la etiqueta **<listheader>**, anteriormente a la etiqueta **<item>** en la que indicaremos el nombre la tabla.

```
using System;

namespace ComentariosXML
{
  public class clsComentariosXML
  {
    /// <remarks>
    ///     <list type="list">
    ///        <listheader>
    ///           <term>
    ///              cabecera
```

```
///        </term>
///        <description>
///           descripción
///        </description>
///     </listheader>
///     <item>
///        <term>
///           otro item
///        </term>
///        <description>
///           descripción
///        </description>
///     </item>
///   </list>
/// </remarks>

public int SumarNumeros(int intNum1, int intNum2)
{
   return intNum1 + intNum2;
}
}
}
```

El atributo cref

Hemos visto el uso de este atributo en distintas etiquetas, como **see**, **seealso**, **permission** o **exception.** Su significado proviene de abreviar la frase **check reference** (validar referencia).

Si bien podemos agregar en las etiquetas de los comentarios XML de autodocumentación los atributos que creamos convenientes o útiles, ninguno de ellos tendrán un significado especial para el compilador como lo tiene el atributo **cref**. Este atributo le indica al compilador que valide o compruebe la existencia de la referencia indicada dentro del atributo en el momento que estamos generando la documentación. Si el valor del elemento indicado dentro del atributo no existe, el compilador nos lo indicará para que podamos verificar la existencia de la referencia citada.

Cuando colocamos un valor dentro de este atributo es recomendable, aunque no obligatorio, que lo realicemos indicando el nombre completo. Corresponda a un miembro, clase o espacio de nombres, especificaremos su **ruta** de la siguiente forma:

```
<Espacio de nombres externo>.<Espacio de nombres interno>.<elemento>
```

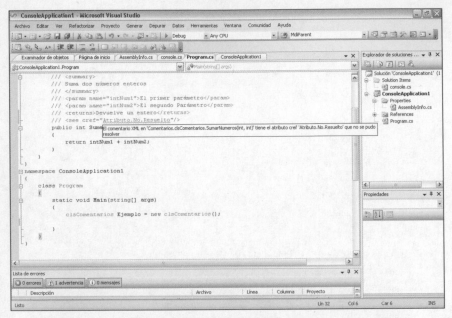

Figura 3. *El entorno de desarrollo de Visual Studio .Net verifica
la referencia del atributo cref sin necesidad de compilar la aplicación.*

Figura 4. *Si utilizamos el compilador de línea de comandos
nos revelará que no es posible resolver el valor del atributo cref.*

Esta ruta la lograremos indicando antes del elemento el espacio o espacios de nombres al cual pertenece, concatenando del espacio de nombres más externo al más interno mediante un punto, como en el siguiente ejemplo.

```
public class clsInstanciasSQL
  {
  /// <summary>
  /// Proporciona un mecanismo para enumerar
  /// Todas las instancias disponibles de SQL Server
  /// incluidas en la red local.
  /// </summary>
  /// <seealso cref="System.Data.Common.DbDataSourceEnumerator">

  ...
```

El valor de este atributo también lo podemos utilizar para documentar y validar campos, propiedades, eventos, métodos, indicadores, etc.

- Para un **campo**, **propiedad**, **evento** o **tipo de dato**, luego de la ruta escribiremos el nombre del elemento.
- Para un **método**, luego de la ruta escribiremos su nombre, y seguido a él los nombres completos de los tipos de datos de sus parámetros con comas y entre paréntesis. Los nombres de tipos de datos de los parámetros deben llevar el carácter arroba (@) como sufijo en aquellos parámetros que se pasarán por referencia (tanto para **ref** como para **out**), el carácter asterisco (*) para los puntero, los caracteres corchetes [] para cada anidación de los tipos de datos de tablas unidimensionales y un modelo de la forma [0:,0:...] para los tipos de datos que son tablas de más de una dimensión.
- En el caso de un **constructor** de objeto el identificador **#ctor**, y luego la lista de los tipos de datos de sus parámetros.
- Para un **destructor**, utilizaremos el identificador **Finalize**.
- Por último, si deseamos representar un **operador**, debemos reemplazarlo por el identificador que corresponda según la tabla

OPERADOR	IDENTIFICADOR DE DOCUMENTACIÓN
+	op_Addition
-	op_Substraction
*	op_Multiply
/	op_Division
%	op_Modulus
<	op_LessThan
>	op_GreaterThan
>=	op_GreaterThanOrEqual
<=	op_LowerThanOrEqual
==	op_Equality

OPERADOR	IDENTIFICADOR DE DOCUMENTACIÓN
!=	op_Inequality
!	op_LogicalNot
&	op_BitwiseAnd
|	op_BitwiseOr
^	op_ExclusiveOr
~	op_OnesComplement
<<	op_LeftShift
>>	op_RightShift
TRUE	op_True
FALSE	op_False
++	op_Increment
--	op_Decrement
Conversión explícita	Op_Explict
Conversión implícita	Op_Implicit

Tabla 2. *Identificadores para representar un operador como valor de un atributo cref.*

Veamos un ejemplo en donde colocaremos algunos valores que deberíamos asignarle a **cref** para referenciar la definición asociada.

```
/// <see cref="EspacioDeNombres" >
namespace EspacioDeNombres
{
  // cref="EspacioDeNombres.ClsClase"
  class ClsClase
  {
    /// <see cref="EspacioDeNombres.ClsClase.Campo">
    int Campo;

    /// <see  cref="EspacioDeNombres.ClsClase.Propiedad">
    int Propiedad
    {
      set {}
    }

    /// <see  cref="EspacioDeNombres.ClsClase.EstructuraInterna">
    struct EstructuraInterna {}

    /// <see cref="EspacioDeNombres.ClsClase.Evento">
```

```
    public event evInterno Evento;


    /// <see  cref="EspacioDeNombres.ClsClase.Metodo(System.Int32,
        System.Int32@, System.Int32*, System.Int32@, System.Int32[][]
        System.Int32[0:, 0:, 0:])">
    int Metodo(int i,  ref int j, int * p, out k, int[][] Vct, int[,,] m)
    {
      return 0;
    }



    /// <see  cref="EspacioDeNombres.ClsClase.op_Addition(EspacioDeNombres.
  ClsClase, EspacioDeNombres.ClsClase)">
    public static int intAdición +(ClsClase operUno, ClsClase operDos)
    {
      return 0;
    }
  }
}
```

Estructura interna del fichero de documentación

Hemos visto cómo escribir los comentarios especiales de autodocumentación y cómo generar a partir de ellos la documentación en un archivo en lenguaje XML. Tan importante como aquello será conocer la estructura de estos ficheros, porque nos puede resultar útil si necesitamos procesarlos.

Para conocer la estructura básica de un archivo XML de documentación podremos compilar cualquier código que no contenga los comentarios para la generación de documentación, pero solicitando al compilador que genere el archivo XML.

De esta manera obtendremos un archivo XML que contendrá el siguiente contenido:

```
<?xml version="1.0"?>
  <doc>
    <assembly>
      <name>
        Nombre
      </name>
    </assembly>
```

```
    <members>
    </members>
  </doc>
```

En la primera línea observamos lo que identifica a cualquier archivo XML, indicando la versión del lenguaje que utiliza. Luego nos encontramos con tres etiquetas más, **assembly**, **doc** y **members**. La primer etiqueta indica el nombre del ensamblado, o más precisamente del archivo de código fuente (aquel de extensión cs). La etiqueta **doc** agrupará toda la información de documentación. Por último, la etiqueta **members**, que se encuentra dentro de la etiqueta **doc**, contendrá la documentación que generemos mediante los comentarios de documentación.

Veamos, con un ejemplo, cómo el compilador le agrega etiquetas y datos al archivo XML de acuerdo con los comentarios que hayamos agregado en el código fuente.

```
namespace Comentarios
{
    /// <summary>
    /// Clase de ejemplo para comentarios
    /// </summary>
    public class clsComentarios
    {
        /// <summary>
        /// Suma dos números enteros
        /// </summary>
        /// <param name="intNum1">
        /// El primer parámetro
        /// </param>
        /// <param name="intNum2">
        /// El segundo Parámetro
        /// </param>
        /// <returns>
        /// Devuelve un entero
        /// </returns>
        /// <see cref="Atributo.No.Resuelto"/>

        public int SumarNumeros(int intNum1, int intNum2)
        {
            return intNum1 + intNum2;
        }
```

```
        }
    }
```

El código fuente anterior, grabado en un archivo llamado **EjemploDeDocumenta-
cion.cs** generará el siguiente archivo XML de documentación.

```
<?xml version="1.0" ?>

  <doc>
    <assembly>
      <name>
        EjemploDeDocumentacion
      </name>
    </assembly>
    <members>
      <member name="T:Comentarios.clsComentarios">
      <summary>
        Clase de ejemplo para comentarios
      </summary>
      </member>
      <member name="M:Comentarios.clsComentarios.SumarNumeros
        (System.Int32,System.Int32)">
      <summary>
        Suma dos números enteros
      </summary>
      <param name="intNum1">
        El primer parámetro
      </param>
      <param name="intNum2">
        El segundo Parámetro
      </param>
      <returns>
        Devuelve un entero
      </returns>
      <see cref="!:Atributo.No.Resuelto" />
      </member>
    </members>

  </doc>
```

Vemos que dentro de la etiqueta **members** (prestar atención al plural) el compilador ingresa una etiqueta **member** por cada elemento o miembro documentado de nuestro código fuente. Dentro de la etiqueta **member** se incluye el atributo **name** que indica su nombre completo.

También observamos que el nombre del elemento lleva un prefijo que indica qué tipo de elemento es el que estamos documentando.

```
<member name="T:Comentarios.clsComentarios">

    <member name="M:Comentarios.clsComentarios.SumarNumeros
       (System.Int32,System.Int32)">
```

Este prefijo puede tomar los siguientes valores.

PREFIJO	TIPO DE ELEMENTO
T	Tipos de dato (class, interface, struct, enum, delegate)
F	Campos
P	Propiedades (también indizadores y otras propiedades indizadas)
M	Métodos (también métodos especiales como constructores, operadores, etc.)
E	Eventos

Tabla 3. Indicadores de tipos de elementos
en archivos de documentación XML para miembros.

Vemos también que el compilador utiliza una sintaxis análoga para expresar valores del atributo **cref**.

```
<see cref="!:Atributo.No.Resuelto" />
```

En este caso el prefijo puede tomar dos valores.

PREFIJO	TIPO DE ELEMENTO
N	Espacio de nombres. No podemos agregar comentarios de documentación a un espacio de nombres, pero podemos realizar referencias mediante el atributo cref.
!	Símbolo de advertencia. El compilador lo coloca cuando no puede resolver la referencia.

Tabla 4. Indicadores de tipos de elementos
en archivos de documentación XML para atributos cref.

Microsoft ideó esta sintaxis para favorecernos a los desarrolladores, en el caso que necesitemos procesar los archivos XML para extraer documentación que consideremos conveniente.

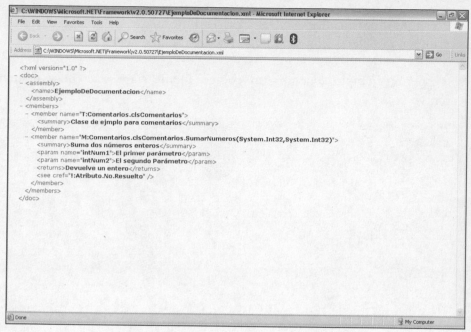

Figura 5. *Los archivos XML de documentación*
se pueden visualizar con el Internet Explorer.

Inclusión de documentación externa

Del mismo modo que podemos generar archivos XML con la documentación, podemos también disponer de un archivo XML con la documentación ya generada y luego referenciarla desde el código fuente. Este modo de documentación nos puede resultar útil si deseamos utilizar la misma documentación en muchos códigos fuentes, o en el caso de que las directivas de documentación de XML dentro del código fuente sean tantas que penalicen su legibilidad.

Para esta tarea disponemos de la etiqueta incluye, que posee la siguiente sintaxis:

```
<include file='Archivo.xml' path='etiquetas[@name="Identificador"]/*' />
```

En donde:

- **Archivo.xml** es el archivo que contiene la documentación en formato XML. Debemos ingresarlo entre comillas simples ('').
- **Etiquetas** corresponde a la o las etiquetas que contienen la información que deseamos incluir, pueden ser varias ya que al existir etiquetas anidadas es posible que debamos indicar el **camino** a recorrer hasta la información. También debemos ingresarlas entre comillas simples ('').* **name** es el tipo de atributo que utilizaremos en el criterio de inclusión, generalmente es **name**.

- Y por último, **identificador** es el valor del atributo **name** de los miembros de documentación que deseamos incluir en el código fuente actual.

En el siguiente ejemplo tenemos un código fuente hace referencia al archivo otro_archivo.xml.

```
/// <include file='otro_archivo.xml' path='OtroDoc/otroMiembro
    [@name="DocUno"]/*' />


class DocUno
{
  static void Main()
  {
    /*Código para Main*/
  }
}


/// <include file='otro_archivo.xml' path='OtroDoc/otroMiembro
    [@name="DocDos"]/*' />


class DocDos
{
  public void VEjemplo()
  {
    /*Código para VEjemplo*/
  }
}
```

En el ejemplo suponemos que el archivo otro_archivo.xml se encuentra en el mismo path o carpeta. En el caso de que se encuentre en otro path o carpeta podemos utilizar la nomenclatura relativa o completa. Por ejemplo, si el archivo se encuentra en la carpeta **c:\dir1\dir2**, nuestra etiqueta será:

```
/// <include file='c:\dir1\dir2\otro_archivo.xml' path='OtroDoc/otroMiembro
    [@name="DocDos"]/*' />
```

Y si el código fuente desde el cual estamos incluyendo el archivo se encuentra en la carpeta **dir1**, también podríamos haber escrito.

```
/// <include file='dir2\otro_archivo.xml' path='OtroDoc/otroMiembro
[@name="DocDos"]/*' />
```

Para nuestro ejemplo el archivo otro_archivo.xml contiene las siguientes etiquetas y valores.

```xml
<?xml version="1.0"?>
  <OtroDoc>

    <otroMiembro name="DocUno">
      <summary>
        Descripción de DocUno
      </summary>
    </otroMiembro>

    <otroMiembro name="DocDos">
      <summary>
        Descripción de DocDos
      </summary>
    </otroMiembro>

  </OtroDoc>
```

Luego, cuando compilemos direccionando la salida de documentación al archivo XML éste contendrá lo siguiente.

```xml
<?xml version="1.0"?>
  <doc>
    <assembly>
      <name>
        Codigo_con_Comentario_externo
      </name>
    </assembly>

    <members>
      <member name="T:DocUno">
        <summary>
          Descripción de DocUno
```

```
            </summary>
        </member>

        <member name="T:DocDos">
          <summary>
             Descripción de DocDos
          </summary>
        </member>
    </members>

</doc>
```

Servicios al lector

Para concluir el presente libro,

presentamos una lista con los mejores

sitios de internet sobre programación

y diseño de aplicaciones. Algunos de estos

poseen foros y listas de discución

en las que se debaten los diferentes

temas tratados en este libro.

GUÍA DE SITIOS WEB

Existen muchos recursos en la web en donde se puede encontrar gran cantidad de información sobre programación y diseño de aplicaciones. A continuación nombramos algunos de los más importantes.

www.iso.org/iso/en/ISOOnline.frontpage

No podemos dejar de visitar la página de la ISO para conocer en detalle las normas que dicta. La importancia de estas normas se deben a que tienen como objetivo la coordinación de las distintas normas de cada país miembro de la Organización Mundial del Comercio, para facilitar el comercio y la transferencia de información.

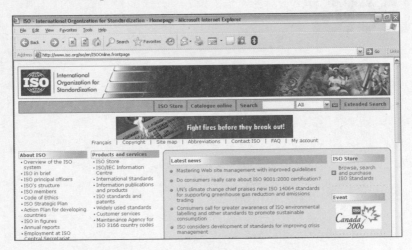

www.dsic.upv.es/asignaturas/facultad/lsi/ejemplorup

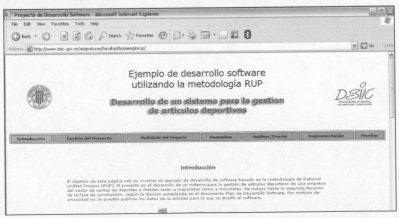

Este sitio nos muestra un ejemplo completo de un ciclo de vida. Podremos conocer los detalles de cada etapa, y además, obtener documentos de casos de uso y las especificaciones de los casos de prueba.

www.cs.ualberta.ca/~pfiguero/soo/metod

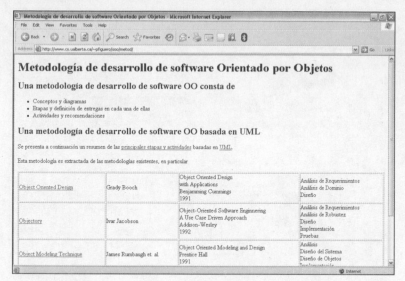

Un sitio que aunque no es actualizado regularmente, contiene un buen resumen de las metodologías orientadas a objetos. Nos muestra las diferentes etapas, actividades y recomendaciones que podemos seguir en un proyecto de desarrollo de software.

www.scourdesign.com

En este sitio encontraremos información muy profesional sobre el diseño en general. La página esta subdividida en tres sitios: Tutoriales, Artículos y Diseño Web. Los tres contienen datos muy precisos para implementar una interfaz amigable. No podemos dejar de visitar el de diseño web, que aunque está orientado al diseño de sitios, posee conceptos fácilmente trasladables a una aplicación de escritorio.

www.newsartesvisuales.com

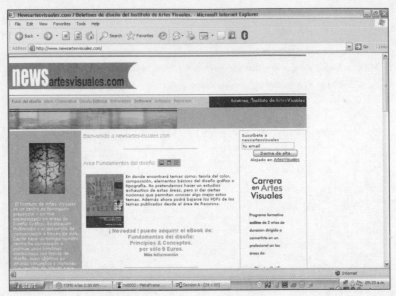

En este sitio podremos leer en la sección Fundamentos del Diseño, conceptos y excelentes explicaciones sobre la importancia del diseño.

Y aunque este sitio no esté orientado al desarrollo de software, nos facilita técnicas a seguir para obtener un diseño profesional en nuestra aplicación.

www.calidaddelsoftware.com

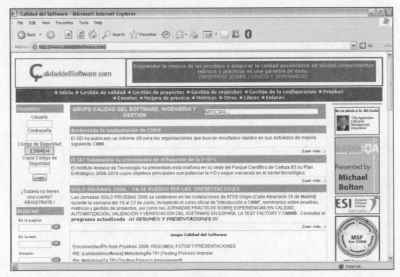

Un sitio en donde todo el contenido está orientado al mismo objetivo. Se destaca por tener muy buenos artículos y noticias sobre la gestión de la calidad del software: gestión de proyectos, gestión de requisitos, mejoras del proceso, pruebas, etc.

http://msdn2.microsoft.com/es-es/library/default.aspx

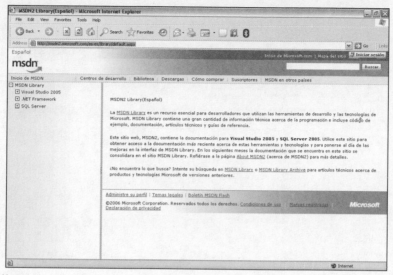

Si desarrollaremos aplicaciones sobre la arquitectura .Net, este sitio será de inigualable ayuda. Tenemos la documentación más completa sobre Visual Studio 2005 y sus lenguajes asociados. Contiene la referencia completa de la biblioteca de clases del framework .Net y la explicación detallada y con ejemplos de cada una de ellas.

www.ineta.org/latam

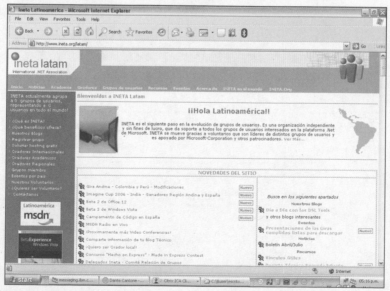

Un sitio que agrupa a los desarrolladores que utilizan la tecnología .Net. Contiene foros, Blogs, las últimas novedades sobre la plataforma y una agenda sobre los cursos o jornadas que realiza la asociación en los distintos países.

www.microsoft.com/spanish/msdn/comunidad/comunidades/csharp

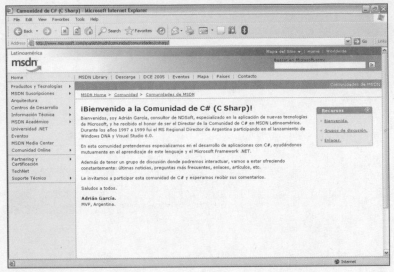

El sitio oficial de los desarrolladores en C#. Encontraremos grupos de discusión y enlaces interesantes (todos en inglés). Un sitio que no podemos dejar de visitar que deseamos profundizar en el lenguaje.

www.microsoft.com/spanish/msdn/arquitectura/default.asp

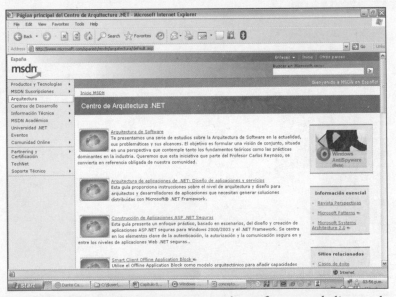

En este sitio encontraremos los mejores artículos referentes al diseño de aplicaciones en .Net, estudios relevantes realizados sobre la arquitectura del software y algunos enlaces a páginas interesantes. Veremos también una sección de software recomendado, libros y presentaciones sobre las características de .Net.

www.lawebdelprogramador.com

Quizás, el sitio más conocido que contiene la más diversa información sobre programación. Secciones como cursos, biblioteca y código fuente cumplen con creces su objetivo por la variedad de material que ofrecen.

Contiene además foros, utilidades para los desarrolladores, enlaces y noticias. Un verdadero portal del rubro.

www.elguille.info

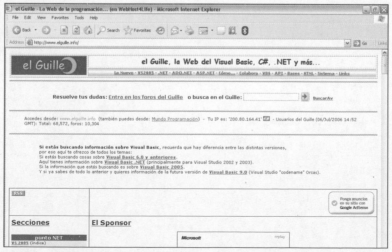

Ya es un clásico en Internet. Desde 1997 este sitio nos aporta información útil, código fuente, trucos, enlaces de interés sobre las herramientas de programación de Microsoft y cursos muy didácticos en idioma español. Hoy nos ofrece la misma información orientada a la plataforma .Net.

www.algoritmia.net

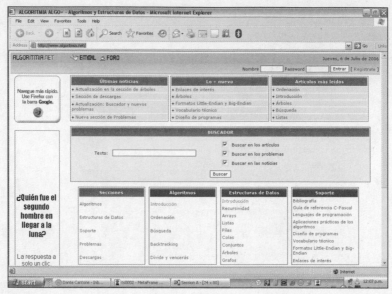

Otro portal de programación con servicios de noticias, novedades, un foro más que interesante, artículos y unas secciones muy interesantes sobre tipos de algoritmos y estructuras de datos.

www.lcc.uma.es/~av/Libro/indice.html

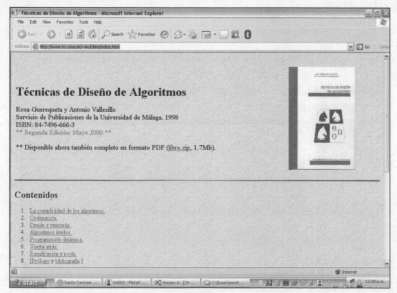

Un libro, que aunque no esté completo en cuanto al material que aborda es muy bueno para comprender las distintas posibilidades que tenemos al abordar la codificación de nuestras aplicaciones.

www.programar.net

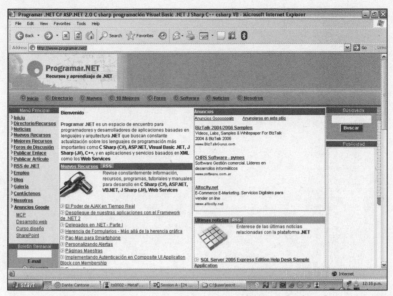

Otro portal que nos ayuda a mejorar nuestra experiencia en la plataforma .Net. Contiene mucha y de la más variada información sobre esta arquitectura de Microsoft: artículos, foros, enlaces y una sección de software con material para algunos de los temas tratados en este libro.

http://articulos.conclase.net/compresion/huffman.html

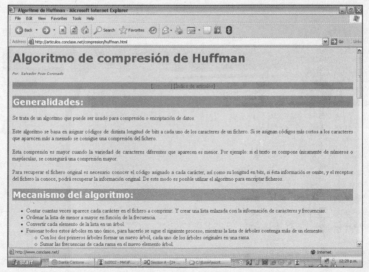

Un artículo que nos ofrece más información sobre el algoritmo de huffman. Este algoritmo es utilizado para la compresion de información. Incluye código fuente, que aunque no está en C#, no está de más leerlo.

www.um.es/giisw

Sitio del grupo de investigación de ingeniería del software de la Universidad de Murcia. Contiene enlaces a sitios de otros grupos de investigación y hacia otros proyectos y redes de grupos con el mismo objetivo.

www.microsoft.com/spanish/MSDN/estudiantes/ingsoft/default.asp

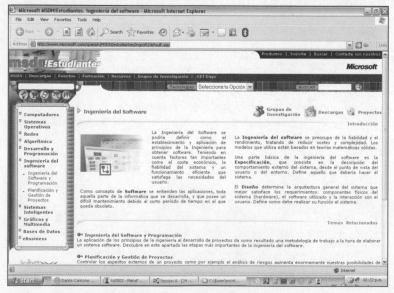

El sitio que ofrece Microsoft a los estudiantes de las carreras afines a la informática. De más está decir que contiene muchísima información adicional sobre los temas tratados en este libro. Especialmente sobre la ingeniería del software.

ÍNDICE TEMÁTICO

usr.code

EQUIVALENCIA DE TÉRMINOS

▼ En este libro	▼ Otras formas	▼ En inglés
Acceso dial up	Acceso de marcación	
Actualización		Update, Upgrade
Actualizar		Refresh
Ancho de banda		Bandwidth
Archivos	Filas, Ficheros, Archivos electrónicos	Files
Archivos adjuntos	Archivos anexados o anexos	Attach, Attachment
Backup	Copia de respaldo, Copia de seguridad	
Balde de pintura	Bote de pintura	
Base de datos		Database
Booteo	Inicio/Arranque	Boot
Buscador		Search engine
Captura de pantalla		Snapshot
Carpeta		Folder
Casilla de correo	Buzón de correo	
CD-ROM	Disco compacto	Compact disk
Chequear	Checar, Verificar, Revisar	Check
Chip	Pastilla	
Cibercafé	Café de Internet	
Clipboard	Portapapeles	
Cliquear	Pinchar	
Colgar	Trabar	Tilt
Controlador	Adaptador	Driver
Correo electrónico		E-Mail, Electronic Mail, Mail
Descargar programas	Bajar programas, Telecargar programas	Download
Desfragmentar		Defrag
Destornillador	Desarmador	
Disco de inicio	Disco de arranque	Startup disk
Disco rígido	Disco duro, Disco fijo	Hard disk
Disquete	Disco flexible	Floppy drive
Firewall	Cortafuego	
Formatear		Format
Fuente		Font
Gabinete	Chasis, Cubierta	
Grabadora de CD	Quemadora de CD	CD Burn
Grupo de noticias		Newsgroup

▼ En este libro	▼ Otras formas	▼ En inglés
Handheld	Computadora de mano	
Hipertexto		HyperText
Hospedaje de sitios	Alojamiento de sitios	Hosting
Hub	Concentrador	
Impresora		Printer
Inalámbrico		Wireless
Libro electrónico		E-Book
Lista de correo	Lista de distribución	Mailing list
Motherboard	Placa madre, Placa base	
Mouse	Ratón	
Navegador		Browser
Notebook	Computadora de mano, Computadora portátil	
Offline	Fuera de línea	
Online	En línea	
Página de inicio		Home page
Panel de control		Control panel
Parlantes	Bocinas, Altavoces	
PC	Computador, Ordenador, Computadora Personal, Equipo de cómputo	Personal Computer
Pestaña	Ficha, Solapa	
Pila	Batería	Battery
Placa de sonido		Soundboard
Plug & Play	Enchufar y usar	
Por defecto	Por predefinición	By default
Programas	Aplicación, Utilitarios	Software, Applications
Protector de pantalla		Screensaver
Proveedor de acceso a Internet		Internet Service Provider
Puente		Bridge
Puerto Serial		Serial Port
Ranura		Slot
Red		Net, Network
Servidor		Server
Sistema operativo	SO	Operating System (OS)
Sitio web	Site	
Tarjeta de video	Placa de video	
Tipear	Teclear, Escribir, Ingresar, Digitar	
Vínculo	Liga, Enlace, Hipervínculo, Hiperenlace	Link

ABREVIATURAS COMÚNMENTE UTILIZADAS

▼ Abreviatura	▼ Definición
ADSL	Asymmetric Digital Subscriber Line o Línea de abonado digital asimétrica
AGP	Accelerated Graphic Port o Puerto acelerado para gráficos
ANSI	American National Standards Institute
ASCII	American Standard Code of Information Interchange o Código americano estándar para el intercambio de información
BASIC	Beginner´s All-Purpose Symbolic Instruction Code
BIOS	Basic Input/Output System
Bit	Binary digit (Dígito binario)
Bps	Bits por segundo
CD	Compact Disk
CGI	Common Gateway Interface
CPU	Central Processing Unit o Unidad central de proceso
CRC	Cyclic Redundancy Checking
DNS	Domain Name System o Sistema de nombres de dominios
DPI	Dots per inch o puntos por pulgada
DVD	Digital Versatile Disc
FTP	File Transfer Protocol o Protocolo de transferencia de archivos
GB	Gigabyte
HTML	HyperText Mark-up Language
HTTP	HyperText Transfer Protocol
IDE	Integrated Device Electronic
IEEE	Institute of Electrical and Electronics Engineers
IP	Internet Protocol
IR	Infra Red
IRC	Internet Relay Chat
IRQ	Interrupt Request Line o Línea de petición de interrupción
ISO	International Organization Standard u Organización de Estándares Internacionales
ISP	Internet Service Provider o Proveedor de acceso a Internet
KB	Kilobyte
LAN	Local Area Network o Red de área local
LCD	Liquid Crystal Display o Pantalla de cristal líquido
LPT	Line Print Terminal
MB	Megabyte
MBR	Master Boot Record
MHz	Megahertz

▼ Abreviatura	▼ Definición
NETBEUI	Network Basic Extended User Interface o Interfaz de usuario extendida NETBios
OEM	Original Equipment Manufacturer
OS	Operative System
OSI	Open Systems Interconnection o Interconexión de sistemas abiertos
PCMCIA	Personal Computer Memory Card International Association
PDA	Personal Digital Assistant
PDF	Portable Document Format
Perl	Practical Extraction and Report Language
PGP	Pretty Good Privacy
PHP	Personal Home Page Tools, ahora llamado PHP Hypertext Preprocessor
POP3	Post Office Protocol 3 o versión 3 del Protocolo de oficina de correo
PPP	Point to Point Protocol o Protocolo punto a punto
RAM	Random Access Memory
ROM	Read Only Memory
SMTP	Simple Mail Transport Protocol o Protocolo simple de transferencia de correo
SPX/IPX	Sequence Packet eXchange/Internetwork Packet eXchange o Intercambio de paquetes secuenciales/Intercambio de paquetes entre redes
SQL	Structured Query Language
SSL	Secure Socket Layer
TCP/IP	Transfer Control Protocol / Internet Protocol o Protocolo de control de transferencia / Protocolo de Internet
UML	Lenguaje de Modelado Unificado
UDP	User Datagram Protocol
UPS	Uninterruptible Power Supply
URL	Uniform Resource Locator
USB	Universal Serial Bus
VGA	Video Graphic Array
WAN	Wide Area Network o Red de área extensa
WAP	Wireless Application Protocol
WWW	World Wide Web
XML	Extensible Markup Language

PHP5
PHP es uno de los lenguajes de programación elegidos a nivel mundial para el desarrollo de sitios web. Este manual brinda el conocimiento para comprender las mejoras introducidas en esta versión y aplicarlas en los proyectos.

COLECCIÓN: MANUALES USERS.CODE

Protege tu PC
Virus, spyware, troyanos y muchas amenazas más circulan por la Web buscando nuevas víctimas. ¿Cómo evitar intrusiones? ¿Cómo eliminar el spam? En este libro, las respuestas a estas preguntas.

COLECCIÓN: MANUALES USERS

Linux para todos
Esta obra explica, desde cero, cómo instalar y configurar Linux en nuestra PC. Personalización, optimización, mantenimiento, seguridad, las mejores aplicaciones y mucho más. ¡Llegó el momento de dar el gran paso!

COLECCIÓN: MANUALES USERS

Freeware
Una recopilación de los mejores programas de licencia libre, explicados en detalle. Guías visuales y procedimientos paso a paso para llevar el uso de la PC a una nueva dimensión. Además, en el CD incluido en el libro encontrará los programas listos para su instalación.

COLECCIÓN: USERS EXPRESS

Mi PC
256 páginas que lo introducirán en el mundo de la informática. Sepa cómo manejarse en el entorno Windows, y aprenda a configurar sus principales elementos y aplicaciones. Entienda cómo funcionan la PC y sus componentes.

COLECCIÓN: MI PC

XML
Este libro introduce al programador en los conceptos fundamentales de XML para crear documentos sólidos o construir y complementar aplicaciones. Una obra que apunta a lograr que el lector pueda visualizar y aplicar todas las ventajas de este metalenguaje.

COLECCIÓN: MANUALES USERS.CODE

Consejos de Superplanilla
Una recopilación de las dudas más interesantes enviadas por usuarios de Excel a la sección Superplanilla de la revista Users. Más de 200 preguntas con sus respectivas respuestas, en las que se brinda el conocimiento necesario para convertirse en un experto.

COLECCIÓN: MANUALES USERS

Armado de PC
Un libro único con 400 páginas a todo color, donde se detalla, paso por paso, cómo instalar y configurar de forma profesional los componentes internos de la PC. Además, se brindan soluciones a los problemas más frecuentes.

COLECCIÓN: MANUALES USERS

SQL Server
Una obra que recorre los fundamentos teóricos y prácticos necesarios para el desarrollo y la implementación de una base de datos en SQL Server 2005. Basado en miles de horas de experiencia en el diseño y la implementación de bases de datos.

COLECCIÓN: MANUALES USERS.CODE

Wireless
Un recorrido por los fundamentos de esta tecnología, el hardware necesario, los estándares inalámbricos y los pasos para efectuar una instalación de manera eficiente y segura.

COLECCIÓN: USERS EXPRESS

Project Management
Un libro que le permitirá adquirir las habilidades y las técnicas necesarias para cumplir con las especificaciones de un proyecto. Una por una, se explican todas las técnicas para planificar, ejecutar, administrar y liderar un proyecto eficientemente.

COLECCIÓN: PROFESSIONAL TOOLS

Seguridad informática
En este libro se explican los conceptos clave que hacen a la planificación, el diseño y la implementación eficiente de un plan de seguridad: políticas, dispositivos y metodologías para el diseño de una red libre de ataques.

COLECCIÓN: MANUALES USERS

>> Utilice nuestro sitio, obtenga información más detallada sobre cada libro y manténgase al tanto de las últimas novedades.

El Gran Libro del Hardware
Basado en una selección de las mejores notas de Power, ésta es una obra única e imprescindible, con 256 páginas a todo color donde se examinan cada uno de los componentes internos de la PC, y las claves para optimizar el sistema y obtener el máximo rendimiento.

COLECCIÓN: MANUALES USERS.POWER

Proyectos con PHP
Siete proyectos listos para implementar: un weblog, un foro de discusión, un álbum de fotografías, un calendario web, un sistema de encuestas online, un servicio de postales electrónicas y un sistema de búsqueda por directorio.

COLECCIÓN: MANUALES USERS.CODE

Office Total
Una colección de proyectos y actividades pensada para adquirir nuevas habilidades y agilizar las tareas diarias, al mismo tiempo que se aprende a manejar Excel, Word, Outlook, Access y PowerPoint.

COLECCIÓN: APRENDIENDO PC

Windows XP Total
Domine el sistema operativo más popular, de la mano de este libro que lo llevará a conocer todos y cada uno de sus secretos: descubra cómo configurar, personalizar y optimizar su sistema al máximo en esta obra única de más de 400 páginas.

COLECCIÓN: MANUALES USERS

Audio digital
Conozca los secretos para convertir su PC en un estudio de grabación virtual. Fundamentos teóricos y prácticos, el hardware indispensable, y las técnicas para operar dos de los mejores programas de grabación y edición: Sound Forge y Vegas.

COLECCIÓN: MANUALES USERS

PHP y MySQL
Éste es un libro que llevará al lector a afianzarse tanto en el manejo como en las diversas utilidades prácticas que pueden lograrse a partir de la combinación de dos de las herramientas de desarrollo más poderosas: PHP y MySQL.

COLECCIÓN: MANUALES USERS.CODE

Servicio de Atención al Lector >> **lectores@mpediciones.com**

Flash Master
A partir de la propuesta del desarrollo de siete proyectos interactivos, este libro se presenta como la oportunidad más clara de descubrir todo el potencial de Flash. Cada proyecto combina las herramientas de Flash con su lenguaje nativo: ActionScript.

COLECCIÓN: MANUALES USERS

Desarrollos móviles con .NET
Conceptos fundamentales que hacen al desarrollo de aplicaciones para dispositivos móviles, como celulares o PDAs, a través de ASP.NET Mobile y .NET Compact Framework. Las claves para quienes recién se introducen en el desarrollo de aplicaciones móviles y las herramientas para los que quieren profesionalizarse.

COLECCIÓN: MANUALES USERS.CODE

C#
C# es un lenguaje que combina la potencialidad de C, C++ y Java, con la agilidad y la velocidad para el desarrollo propias de Visual Basic. Esta obra es la puerta de entrada a la plataforma de desarrollo que ningún programador puede dejar de conocer.

COLECCIÓN: MANUALES USERS.CODE

Java
Esta obra se introduce en los fundamentos teóricos y prácticos del lenguaje, explorando cada una de las herramientas y las claves que lo ayudarán a escribir código en forma clara, correcta y robusta. Con este libro, podrá alcanzar el dominio total de esta tecnología.

COLECCIÓN: MANUALES USERS.CODE

Estadística aplicada a los negocios utilizando Microsoft Excel
Este libro busca introducir al lector en los conceptos fundamentales que hacen a esta ciencia, desarrollando la teoría y su aplicación con ejemplos concretos a través de las funciones de Excel.

COLECCIÓN: PROFESSIONAL TOOLS

Cómo funciona la PC
Ésta es la más completa guía del hardware. Todo lo que siempre quiso saber acerca de su PC y los periféricos que la rodean, en un solo libro: la historia y el funcionamiento de todos los componentes, las tecnologías del pasado, las actuales y las del futuro.

COLECCIÓN: MANUALES USERS

■ Un servicio exclusivo para responder a sus consultas sobre nuestros productos   > > > >

Reparación de componentes

Este manual es la guía indispensable para quienes desean iniciarse en el mundo de la asistencia técnica. Con explicaciones didácticas, imágenes e infografías a todo color, se detallan todos los pasos que se deben seguir al momento de reparar cualquiera de los periféricos de la PC.

COLECCIÓN: MANUALES USERS.POWER

Costos: cálculo y análisis con Microsoft Excel

Esta obra está pensada para estudiantes de todas las carreras empresariales, como así también para pequeños profesionales y empresas o ejecutivos que buscan ayuda en su tarea de conducción.

COLECCIÓN: PROFESSIONAL TOOLS

Técnicas de programación

En las páginas de este manual encontrará las bases para la implementación de los algoritmos de programación. Incluye dos capítulos dedicados a los principios de la programación orientada a objetos y la programación funcional.

COLECCIÓN: MANUALES USERS.CODE

ActionScript

Descubra los fundamentos del lenguaje ActionScript, que le permitirán potenciar sus actuales desarrollos realizados en Flash así como generar diseños propios desde cero. En este libro, las claves y los secretos esenciales para dominar este lenguaje.

COLECCIÓN: MANUALES USERS.CODE

ASP.NET

Este libro es la oportunidad más notable que tiene el lector de acercarse a este nuevo paradigma. Descubra los fundamentos del lenguaje, las herramientas para comenzar a trabajar y todas las claves del entorno de desarrollo web más poderoso.

COLECCIÓN: MANUALES USERS.CODE

Linux a fondo

Este libro se presenta como la guía de referencia y consulta permanente para el administrador. Se explican el uso y la configuración de los servicios de red más populares, así como los secretos más profundos de este poderoso sistema.

COLECCIÓN: MANUALES USERS

Software libre para sitios web
No es necesario saber programar para poder implementar verdaderos sitios profesionales. Este manual explica cómo aplicar los seis desarrollos gratuitos por excelencia listos para usar.

COLECCIÓN: MANUALES USERS

Excel Avanzado
Con esta obra tendrá a su alcance todas las herramientas necesarias para desempeñar con eficiencia su labor cotidiana: plantear escenarios de negocio, personalización de gráficos y análisis de la información son sólo algunos de los temas tratados.

COLECCIÓN: MANUALES USERS

Windows Server 2003
Este libro brinda la ayuda necesaria para efectuar la instalación, configuración, administración y mantenimiento de los servicios más usados por este robusto sistema operativo.

COLECCIÓN: MANUALES USERS

Redes
Redes LAN, WAN y mainframe. Topologías y arquitecturas. Todo el hardware de red y la configuración en diferentes sistemas operativos. Un manual con explicaciones claras, acompañadas de infografías y ejemplos prácticos que facilitan la comprensión.

COLECCIÓN: MANUALES USERS

Programación PHP
Todos los fundamentos del lenguaje para la programación de sitios web dinámicos e interactivos. Desde las funciones básicas hasta el trabajo con bases de datos, detallados en 200 ejemplos prácticos.

COLECCIÓN: MANUALES USERS.CODE

Office System 2003
Optimice la productividad de su empresa a través de las herramientas que brinda Office 2003: desde el análisis de la inversión hasta la presentación de nuevos productos.

COLECCIÓN: MANUALES USERS

■ Un servicio exclusivo para responder a sus consultas sobre nuestros productos   > > > >

>> Utilice nuestro sitio, obtenga información más detallada sobre cada libro y manténgase al tanto de las últimas novedades.

Programación para celulares con Java

Desarrollo, publicación y comercialización de aplicaciones a través del lenguaje J2ME y las herramientas MIDP: sus sentencias, clases, métodos y ejemplos prácticos.

COLECCIÓN: MANUALES USERS.CODE

S.O.S. PC

Todas las soluciones a los problemas más frecuentes de la PC: fallas en el disco rígido, inconvenientes con la impresora, optimización del sistema operativo, actualización del hardware, y mucho más.

COLECCIÓN: MANUALES USERS

Bases de datos

Una guía de referencia para el diseño y el armado de una base de datos. En esta obra encontrará el fundamento teórico así como su aplicación concreta a través de la más reconocida herramienta para la administración de bases de datos: SQL.

COLECCIÓN: MANUALES USERS.CODE

Fotografía digital

320 páginas **a todo color**. Consejos para comprar su próxima cámara; nociones de formato, encuadre, iluminación, retoques, montajes con Photoshop, y mucho más.

COLECCIÓN: MANUALES USERS

C++ Programación orientada a objetos

Conozca los fundamentos del lenguaje, incluyendo su sintaxis básica y aspectos avanzados como el preprocesador, el uso de arrays, clases, objetos, herencia y polimorfismo, entre otros temas.

COLECCIÓN: MANUALES USERS.CODE

La Biblia de Excel

La guía definitiva de la planilla de cálculo más popular. Más de 400 páginas con todas las funciones, el empleo de gráficos, y las principales novedades, secretos y consejos para obtener el máximo provecho de esta aplicación.

COLECCIÓN: MANUALES USERS

> > > > > > > > > Servicio de Atención al Lector >> **lectores@mpediciones.com**

Cómo actualizar su PC
Una práctica guía que le permitirá conocer el funcionamiento de cada uno de los dispositivos internos de su computadora, y los pasos a seguir para actualizarlos sin tener que recurrir a un técnico especializado.

COLECCIÓN: MANUALES USERS

Programación de macros
Aprenda a personalizar las funciones de Office mediante la programación de macros. Descubra los fundamento de Visual Basic a través de ejemplos prácticos y concretos.

COLECCIÓN: USERS EXPRESS

Computación para Pymes
Aproveche las herramientas de su computadora que le permitirán optimizar la productividad de su negocio. Aprenda a manejar la contabilidad y a crear documentos comerciales.

COLECCIÓN: MANUALES USERS

Office XP. 100 Respuestas Avanzadas
Una completa guía de consejos y soluciones prácticas que le permitirán obtener el máximo provecho de las herramientas de Office.

COLECCIÓN: MANUALES USERS

Excel para Pymes
Conozca las herramientas de Excel que le brindarán las mejores soluciones para su empresa. Aprenda a llevar adelante cálculos financieros y elaborar un análisis de los gastos.

COLECCIÓN: MANUALES USERS

Counter Strike
La guía definitiva para el jugador multiplayer: en detalle, todos los mapas, armas y equipamientos. Técnica y estrategia para convertirse en un verdadero experto de Counter-Strike. Además, consejos y trucos para Unreal Tournament 2003.

COLECCIÓN: USERS EXPRESS

Diseño Web
Teoría y práctica para el diseño de sitios. Conozca las principales herramientas de Flash, Photoshop y Dreamweaver para potenciar los recursos de su página en Internet.

COLECCIÓN: MANUALES USERS

Arme su propia red
Paso a paso, cómo instalar y configurar una red de computadoras. Arquitectura, cableado y software. Multiplique los recursos de su PC compartiendo archivos y dispositivos de hardware.

COLECCIÓN: USERS EXPRESS

Computación para contadores
Todas las herramientas para potenciar su actividad: software fiscal, aplicaciones prácticas con Office, correo electrónico e Internet, conceptos de hardware, redes y Linux.

COLECCIÓN: MANUALES USERS

Programación y algoritmos
El manual de referencia del programador. Los fundamentos de la programación, con ejercicios prácticos en diagramas de flujo, C y Pascal. Un libro ideal para estudiantes y autodidactas.

COLECCIÓN: MANUALES USERS

Programación C
Sea un experto programador. Teoría y práctica de un lenguaje imprescindible para el estudiante y el desarrollador. Desde el primer programa hasta las estructuras avanzadas de datos.

COLECCIÓN: MANUALES USERS

AutoCAD 2D & 3D
Aprenda progresivamente los elementos esenciales para el dibujo 2D y 3D, así como todos los comandos de edición e impresión. Si bien está basado en la versión 2002, contempla las necesidades de los usuarios de versiones anteriores.

COLECCIÓN: MANUALES USERS

Internet al máximo
Un completo recorrido
por todos los servicios que
ofrece Internet, y de qué
manera obtener el máximo
beneficio de ellos. Foros,
mensajería, seguridad, chat,
intercambio de archivos y
diseño de páginas personales.
Todo, en un solo libro.

COLECCIÓN: MANUALES USERS

La Biblia de Linux
Este libro trata los más
diversos temas, de forma tal
que quien no conozca Linux
pueda dar sus primeros
pasos, y los usuarios que
ya tengan experiencia
encuentren conceptos útiles
que les permitan mejorar
su productividad.

COLECCIÓN: MANUALES USERS

Computación desde cero
En sólo 10 lecciones prácticas
aprenda a utilizar a fondo
su PC. Este libro le permitirá
conocer todos los
componentes de su
computadora, dominar
Windows XP y aprender a
trabajar con los principales
programas: Word XP,
Excel XP, Internet Explorer
y Outlook Express.

COLECCIÓN: MANUALES USERS

**Sepa cómo usar su PC
al máximo**
Adquiera destreza en el uso
de las herramientas que
ofrecen los programas,
aplicándolas en múltiples
situaciones prácticas, en el
hogar o la oficina, y extraiga
de su computadora el
máximo beneficio posible.

COLECCIÓN: MANUALES USERS

**Guía práctica de
funciones en Excel**
Aprenda eficazmente cómo
y para qué se usan todas las
funciones de Excel. En el
libro verá, con ejemplos
prácticos, todo lo que puede
hacer con funciones de
diferentes categorías, lo que
le permitirá optimizar su
trabajo.

COLECCIÓN: USERS EXPRESS

**Access XP. Respuestas
Avanzadas**
Una guía de soluciones
prácticas en donde
encontrará las respuestas
a los problemas más
frecuentes así como
también a los de mayor
complejidad que surgen
al usar Access XP.

COLECCIÓN: USERS EXPRESS

■ Un servicio exclusivo para responder a sus consultas sobre nuestros productos   > > >